MERIAN*momente*

WIEN

CHRISTIAN EDER

W0230901

WIEN ENTDECKEN
Höhepunkte für eine unvergessliche Reise   4

WIEN ERLEBEN
Ausgesuchte Adressen und Empfehlungen   20

WIEN ERKUNDEN
Die Stadtteile, die Menschen, die Sehenswürdigkeiten
54

DAS UMLAND ERKUNDEN
Fahrten ins Grüne und in die Umgebung
156

WIEN ERFASSEN
Zahlen, Fakten, Hintergründe
166

IM FOKUS
Kleine Wiener Reportagen

KARTEN UND PLÄNE

Blick vom Dach des Naturhistorischen auf das Kunsthistorische Museum (▶ S. 141).

WIEN
ENTDECKEN

MEIN WIEN

Wien hat sich in den vergangenen 100 Jahren permanent verwandelt: Vom pulsierenden Herzen des Habsburgerreichs über die ärmliche Hauptstadt eines Kleinstaats zu einer modernen europäischen Metropole.

Wien hat sich verwandelt: von einer Hauptstadt mit etwas morbidem Charme zu einer modernen Weltstadt mit Flair. »Drah di net um, der Kommissar geht um«, sang ein gewisser Hans Hölzl, der sich den Künstlernamen Falco verpasst hatte, und setzte damit Wien und Österreich zum ersten Mal auf die Weltkarte des Pop. Sein »Kommissar« war sogar in den USA ein Hit. Das war Ende der 1970er-, Anfang der 1980er-Jahre, und in Wien herrschte Aufbruchstimmung.

Die Neue Österreichische Welle (die Austro-Variante der Neuen Deutschen Welle) drückte ein verändertes Lebensgefühl aus: Wien war auch zuvor schon UNO-Sitz und Sitz der Internationalen Atomenergiebehörde, aber gefühlt noch immer Provinz. Das rote Wien, wie es hieß, hatte für

◀ Schmale Gassen, hier die Naglergasse,
prägen Wiens 1. Bezirk (▶ S. 58).

sozialen Ausgleich und kleinbürgerliche Sicherheit gesorgt, aber von Glamour war das alles weit entfernt. Wien galt eher als verschroben-lustig: Die Personifizierung für das Wiener »Gmüat« (Gemüt) war der Mundl Sackbauer, der Held der Fernsehserie »Ein echter Wiener geht nicht unter« aus den späten 1970er-Jahren, die noch heute regelmäßig im Österreichischen Fernsehen wiederholt wird.

EUROPÄISCHE KULTURMETROPOLE

Doch irgendwie veränderte sich in den folgenden Jahren alles. Als ich in den späten 1980er-Jahren nach Wien kam, war die Stadt bereits angesagt: als Universitätsstadt, in der Mode, in der Architektur und sogar beim Lifestyle. Vorbei die Zeiten, als Wien vor allem Operettenflair, Sisi-Romantik und den Duft von frittiertem Wiener Schnitzel verbreitete. Events wie das Donauinselfest oder etwas später der schrill-glamouröse Lifeball, die Akademie für Angewandte Kunst, Modeschulen wie Hetzendorf und auch die Neue Österreichische Küche, die von Reinhard Gerer im Korso oder der Familie Reitbauer im Steirereck geprägt wurde, haben Wien neu erfunden. Architektenteams wie Coop Himmelb(l)au zählen längst zur internationalen Avantgarde und die Wiener Bar-, Club- und Beislszene war und ist weit über die Stadtgrenzen hinaus bekannt.

Wien ist heute neben London, Paris, Berlin oder Madrid eines der lebhaften Zentren Europas. Die Stadt ist schöner denn je – grüner, frischer, lebenswerter, auch glamouröser und fröhlicher als damals. Sogar der Wein ist besser geworden: Wiens junge Winzer zählen inzwischen zur Crème de la Crème Österreichs. Hansi Lang oder Falco, die Helden von einst, sind inzwischen gestorben. Dass sie aber Spuren hinterlassen haben, beweisen junge Bands wie beispielsweise »Ja, Panik«: Deren Sänger Andreas Spechtl bezeichnet Falco als einen seiner wichtigsten Vorbilder.

Das Wiener Stadtzentrum ist heute UNESCO-Weltkulturerbe. Das MuseumsQuartier oder die neue Albertina sind museale Juwelen, und Schönbrunn präsentiert sich so prachtvoll wie eh und je. Der Tiergarten Schönbrunn hat sich in den vergangenen 40 Jahren von einem zwar barocken, aber doch recht tristen Tierlager in eine moderne, artgerechte Aufzuchtstation und einen echten Garten verwandelt, in dem man sogar in den Baumwipfeln spazieren gehen kann. Wunderbare Profan- und Sakralbauten, die eine beispiellose Sammlung von Kunstschätzen bergen, sind über die gesamte Stadt verteilt, und trotzdem ist Wien eine der grünsten Hauptstädte Europas – das macht sein besonderes Flair aus.

Wien liegt zu Füßen des Wienerwalds, des nordöstlichsten Ausläufers der Alpen. Mitbestimmend für diese Landschaft ist auch die Donau, die sich hier mit bis zu 285 Meter Breite zwischen den Ausläufern des Wienerwalds in das Wiener Becken ergießt.

WUNDERVOLLE WELTSTADT WIEN

Wien ist trotz seiner Lage am östlichen Rand Österreichs das unumschränkte politische, wirtschaftliche und kulturelle Zentrum des Landes. Auch weltweit ist Wien Österreichs bekannteste Stadt, und genießt einen Ruf, mit dem vielleicht noch Salzburg mithalten kann. Wer kennt schon Linz, Innsbruck oder gar St. Pölten?

Aber die Zeiten ändern sich – auch in Wien. Da muss sich selbst die SPÖ, die Sozialdemokratische Partei Österreichs, die jahrzehntelang die Wiener Politikszene allein dominiert hat, mit einem Schwund ihrer Macht – und der absoluten Mehrheit im Rathaus – abfinden. Dem zunehmenden Einfluss der rechtskonservativen FPÖ versucht sie seit 2010 in einer Koalition mit den Grünen Paroli zu bieten.

Bereits um die Jahrhundertwende war durch Otto Wagners Stadtbahnplanung ein umfassendes Konzept für den Wiener Nahverkehr entstanden. An dessen Grundideen orientierte sich auch das in den 1970er-Jahren entstandene U-Bahn-Netz. Die U-Bahn ist übrigens noch immer – neben der Straßenbahn – die beste Methode, Wien zu erkunden. Zum Glück wurden weite Teile der Innenstadt verkehrsberuhigt, so ist man zwischen Dom und MuseumsQuartier auch zu Fuß sicher unterwegs.

IMMER NEUE EINKAUFSVIERTEL

Apropos Innenstadt: Aus dem mittelalterlichen Stadtzentrum, das von einer Stadtmauer umgeben war, entwickelte sich der heutige 1. Bezirk: Im »Ersten« sind nicht nur die wichtigsten kommunalen und staatlichen Verwaltungsstrukturen zu finden, sondern auch Universitäten und einige der bedeutendsten Museen. Die traditionell wichtigsten Einkaufsstraßen wie die Kärntner Straße, der Graben oder die Rotenturmstraße befinden sich ebenfalls hier. Die üblichen Filialen großer Einzelhandelsketten findet man in der verkehrsberuhigten Mariahilfer Straße jenseits der Ringstraße. Die Gässchen und Straßen rundherum bieten jedoch ein Sammelsurium an kleinen Designshops, Modegeschäften und Schmuckkreativen, bei denen man leicht fündig wird.

Das Gesamtbild Wiens ändert sich ständig: Ein 109 ha großes Einkaufs- und Wohnviertel entsteht gerade im Bereich des neuen Wiener Haupt-bahnhofs. Zu ihm gehört auf 20 000 m² auch eine BahnhofCity mit mehr als 100 Geschäften und Gastronomiebetrieben.

Neue architektonische Highlights sind hinzugekommen wie der Cam-pus Wirtschaftsuniversität, rund um die von Zaha Hadid designte Uni-Bibliothek, oder das Stilwerk im 2. Bezirk – eine gelungene Kreation des Architekten Jean Nouvel, in der Designwerkstätten, ein Hotel und zwei Restaurants zu finden sind.

Wien ist heute vor allem eine moderne europäische Hauptstadt im Zen-trum wichtiger Verkehrswege zwischen Ost und West, Nord und Süd. Die Metropole des alten »Mitteleuropa« hat wieder eine wirtschaftliche und politische Bedeutung. Die wichtigsten Universitäten und Ausbildungs-stätten Österreichs sind hier situiert, wie das als Schauspielschule welt-bekannte Max-Reinhardt-Seminar oder die Akademie für Angewandte Kunst. Walzerseligkeit und Sisi-Verehrung sind nur das Sahnehäubchen auf einer Sachertorte namens Wien.

MODERN UND DER TRADITION VERPFLICHTET

Ständig entdeckt man Neues: Trendige Lokale, coole Shops und Show-rooms junger Wiener Designer wachsen allerorts aus dem Boden. Und doch freut's mich, wenn ich einen Abstecher ins U 4 mache, zu einem Konzert in die Arena oder auf ein Achterl ins Krah Krah gehe. Ganz zu schweigen von einem Besuch in einem meiner Lieblingscafés, dem Sperl: Der Oberkellner ist zwar heute eine Kellnerin, aber immer noch so »grantig« wie damals, die Melange hat immer noch Klasse, und die Sperlschnitte als »Zubiss« passt dazu wie die Faust aufs Auge. Wien bleibt eben doch Wien, wie es schon Johann Schrammel, der legendäre Erfinder der Schrammelmusik, in seinem berühmten Marsch dichtete.

Der Autor Christian Eder, Jahrgang 1964, lebt mit seiner Familie in Salzburg und ist Reise- und Weinjournalist. Mit Wien verbindet ihn seit seiner Studienzeit eine Vorliebe für Heurige, Beisln und Kaffee-häuser – und einige der schönsten findet man davon in der Donau-metropole. Ebenso wie einige der besten Museen und Konzertsäle Österreichs, Designshops und Galerien. Von dem Autor sind noch drei weitere MERIAN*momente*-Reiseführer erschienen – Kärnten, Irland und Dublin.

MERIAN TopTen

Diese Höhepunkte sollten Sie sich bei Ihrem Besuch auf keinen Fall entgehen lassen: Ob Stephansdom, Schönbrunn oder MuseumsQuartier – MERIAN präsentiert Ihnen hier die wichtigsten Sehenswürdigkeiten Wiens.

1 Kärntner Straße

Die nobelste Einkaufsstraße der Stadt. Hier hat alles, was Rang und Namen hat, eine eigene Filiale (▶ S. 62).

2 Stephansdom

Wiens monumentale gotische Kirche St. Stephan gilt als Wahrzeichen Wiens. Von ihrem Turm, dem »Steffl«, hat man einen unvergesslichen Blick über die Stadt (▶ S. 62).

3 Hofburg

Habsburg, komprimiert auf 24 000 m². Besonders schön: Kaiserappartements, Sisi-Museum, die Winterreitschule und die Schatzkammer (▶ S. 76).

4 Kapuzinergruft

Ruhestätte vieler wichtiger Habsburger: von Maria Theresia bis zu Kaiserin Zita, der letzten Herrscherin. Aber nur ihre Körper ruhen hier (▶ S. 77).

5 Prater

Der große Vergnügungspark Wiens mit Riesenrad, Geisterbahn, Schießbuden, Wanderwegen und Teichen inmitten eines ehemaligen Jagdreviers (▶ S. 90).

6 Karlsplatz und Karlskirche

Beeindruckendes Ensemble: von der barocken Karlskirche über das Jugendstilgebäude der Secession bis zum Café Museum (▶ S. 101).

⭐ 7 Zentralfriedhof

Der schönste Friedhof der Stadt, viel besungen und einer der größten Europas – hier pflegt Wien auch die Gräber seiner Helden (▶ S. 132).

⭐ 8 Schönbrunn

Die Sommerresidenz Maria Theresias steht heute für die Pracht der Habsburger. Aber auch der wunderschöne Tiergarten und der weitläufige Park sind einen Besuch wert (▶ S. 136).

⭐ 9 Albertina

Eine beeindruckende Sammlung an Druckgrafiken und Gemälden – u. a. Dürers »Feldhase« – ist hier zu sehen; dazu gibt es laufend neue Ausstellungen von Weltformat (▶ S. 139).

⭐ 10 MuseumsQuartier

Das Museumszentrum versammelt das Leopold Museum, das MUMOK, die Kunsthalle, das Architekturzentrum und das Kindermuseum Zoom. Es ist eines der weltweit größten Kunst- und Kulturareale (▶ S. 142).

MERIAN Momente
Das kleine Glück auf Reisen

Oft sind es die kleinen Momente auf einer Reise, die am stärksten in Erinnerung bleiben – Momente, in denen Sie die leisen, feinen Seiten der Region kennenlernen. Hier geben wir Ihnen Tipps für kleine Auszeiten und neue Einblicke.

Ein Tag im Prater ⬥ H2

Der Wurstelprater ist zweifellos der Klassiker unter den Vergnügungsparks: Panoramablick vom Riesenrad, Gruseln in der Geisterbahn, Mitjubeln beim Kasperltheater, dazu Autodrom, Schießbuden und sonst noch allerlei findet man hier – nicht zuletzt die Liliputbahn, auf der die ganze Familie in 20 Minuten mit immerhin 10 km/h durch die Parklandschaft des Praters rattern kann. Die Eltern freuen sich dann schon auf ein frisch gezapftes Budweiser im Schweizerhaus.

II., Prater | U-Bahn: Praterstern | www.prater.at

Eichhörnchenfüttern im Wiener Stadtpark

Der »Hansi«, wie die Wiener die Eichhörnchen nennen, kommt immer näher, dann schnappt er sich ein Nüsschen und verschwindet schnell wieder hinter seinem Baum: Die Allee mit den Ahornbäumen schimmert im herbstlichen Licht, die Blätter am Boden rascheln leicht, wenn sich wieder einer der flinken Nager seinen Weg zu der

Hand mit den Nüssen bahnt. Wie im Wienerwald am Cobenzl sind auch im Stadtpark viele Eichhörnchen fast zahm, das Füttern sind sie gewohnt. Lässt man die Hand ruhig in Eichhörnchenhöhe über dem Boden, dann kommt ein Tierchen nach dem anderen auf einen zu und schnappt sich eine Nuss fürs Depot. Der nächste Winter steht bevor – und für die kalten und nebeligen Tage braucht man einen guten Vorrat.

III., Wienerwald | U-Bahn: Stadtpark

Fresken in der Karlskirche

F 4

Nur eine Handbreit entfernt vom Himmelsgewölk, auf dem der Sohn Gottes thront, können Sie jeden Pinselstrich von Michael Rottmayr, jede Farbschattierung genauestens erkunden. Dank sei einem Aufbau in 32 m Höhe, den man mit einem Panoramalift erreicht, um die im Stile des Barock geschaffenen opulenten Fresken Rottmayrs in der Karlskirche aus der Nähe zu betrachten. Sie stellen die drei christlichen Grundtugenden Glaube, Liebe und Hoffnung dar. Geht man schließlich eine Treppe höher, hat man von der Kuppellaterne einen herrlichen Panoramablick über Wien.

IV., Karlsplatz | U-Bahn: Karlsplatz | www.karlskirche.at | Mo–Sa 9–12.30, 13–18, So 12–17.45 Uhr | Eintritt 8 €, Kinder ab 10 Jahre 4 €

Eine Melange im Café Sperl

E 4

Auf der Suche nach dem typischen Wiener Kaffeehaus schlechthin machte schon manche amerikanische Filmproduktion hier halt. Aber auch wenn man nicht nach einer Filmlocation Ausschau hält, ist das alteingesessene Eck-Café Sperl in der Gumpendorfer Straße allemal einen Besuch wert: Lassen Sie sich in einer der Fensternischen mit Blick auf die Straße nieder, und genießen Sie eine Sperlschnitte mit einer Tasse Melange und – natürlich – einem Glas Wasser. Dabei blättern Sie genüsslich in einer der Tageszeitungen, die rechts neben der Theke ausliegen, und schauen zu, wie ältere Damen mit Hut ein Stück Schwarzwälder Kirschtorte verzehren. Oder spitzen Sie die Ohren, wenn an einem Tisch mit Studenten eifrig diskutiert wird.

VI., Gumpendorfer Str. 11 | U-Bahn: Kettenbrückengasse | www.cafesperl.at | Mo–Sa 7–23, So 11–20 Uhr (Juli und Aug. So geschl.)

5 Neue Mode in der Lindengasse C–D 4

Kurz in die »petite boutique«, um in kunstvollen Wäschespitzen zu kramen? Dann in die »Buntwäsche«, um sich sein eigenes T-Shirt zu kreieren? Oder im »Ozelot« mit ausgefallenen Taschen posieren, bevor man im »Lila Pix« einen handbedruckten Seidenschal für die beste Freundin erwirbt? Das alles gibt es rund um die Lindengasse bei vielen jungen Fashiondesignern, oft Absolventen der Wiener Modeschule, die hier ihre Studios und Shops haben. Mode, Schmuck, Möbel und anderes mehr kann man hier nicht selten auch recht günstig erwerben. Herz des Bezirks ist die Lindengasse, unweit der Mariahilfer Straße.

VII., Lindengasse | U-Bahn: Neubaugasse
– Buntwäsche (Lindengasse 31–33)
– la petite boutique (Lindengasse 25)
– Lila Pix (Lindengasse 5)
– Ozelot (Lindengasse 43)

6 Spazieren gehen im Zentralfriedhof südl. H 6

»Der Tod, das muss ein Wiener sein« heißt es in einem alten Volkslied. Deshalb wurden hier auch die Beerdigung und die »schöne Leich'« zur Kunst erhoben. Mit seinen 330 000 Gräbern und 2,5 km² Fläche ist der Zentralfriedhof nicht nur eine der größten Friedhofsanlagen Europas, sondern sogar so etwas wie ein Naherholungsgebiet, in dem man stundenlang flanieren kann: Vorbei an den Gräbern berühmter Wiener wie Johann Strauß Vater und Sohn, Joe Zawinul oder Falco, an Jugendstilgrabmälern oder dem Jüdischen Friedhof. Und auf dem Zentralfriedhof geht es polytheistisch zu: Neben Angehörigen verschiedener christlicher Konfessionen können sich auch Muslime und Buddhisten hier bestatten lassen.

Stilecht nimmt man dann die Straßenbahn Nummer 71 – die Zentralfriedhofsbahn – zurück zur Ringstraße. Zurück, wohlgemerkt, denn in Wien gibt es das Sprichwort: »Er hat den 71er genommen« – dann ist der Betreffende nämlich verstorben.

XI., Simmeringer Hauptstr. 234 | U-Bahn: Zentralfriedhof

7 Baden an der Alten Donau nordöstl. K 1

Angenehm kühl ist das Wasser, eine Erholung an diesem heißen Sommernachmittag. Die Liegewiesen sind nicht überfüllt, und im Wasser hat man immer noch genügend Platz, um ausgiebig ein paar Längen zu schwimmen. Im Hintergrund spielen Teenager Tischtennis, von einer Rutsche plumpst ein Dreikäsehoch nach dem anderen mit lautem Platschen ins Nass.

Wüsste man nicht, dass die Alte Donau ein stillgelegter Donauarm ist, würde man meinen, man wäre an einem abgelegenen Badesee. Lediglich die

Wohnhäuser am anderen Ufer erinnern daran, dass man sich mitten in einer europäischen Großstadt befindet. Nach einer kleinen Runde mit dem Tretboot gibt es zum Abschluss ein wohlverdientes Eis.

XXII. | U-Bahn: Alte Donau | www.alte-donau.info

8 Sisi-Frühstück ⚓ westl. A 6

Gönnen Sie sich doch ein Vergnügen, das einst nur der kaiserlichen Familie vorbehalten war: Frühstücken Sie mondän mit Kaisersemmerl und Mohnstriezerl bei herrlichem Sonnenschein auf der Terrasse der Gloriette – eines prunkvollen Lustpavillons mitten im Schlosspark von Schönbrunn. Begleitet werden Sie stilvoll mit live gespielter Pianomusik.

Das Sisi-Frühstück beinhaltet eine ganz besondere Spezialität: den Guglhupf mit kandierten Veilchen. Kaiserlich frühstücken kann man jeden Samstag, Sonntag und Feiertag ab 9 Uhr. Rechtzeitige Reservierung unter der Tel. 8 79 13 11 erforderlich.

XIII., Schönbrunner Schlossstr. 47 | U-Bahn: Schönbrunn | www.gloriette-cafe.at | Frühstück 33 €, Jugendliche 13–17 Jahre 21 €, Kinder 2–12 Jahre 13 €

9 Rebberg mit Aussicht ⚓ nördl. D 1

Zwischen den Rebzeilen mit ihren goldgelben Trauben schweift der Blick über den Donaustrom. Dahinter liegt der erste Bezirk, die Viertel jenseits des Donaukanals mit ihren Hochhäusern und dem Donauturm, noch weiter dahinter die fruchtbare pannonische Tiefebene. Man genießt ein Glas »G'mischten Satz«, dazu kredenzt der Wirt kleine Schmankerl wie selbstgemachten Liptauerkäse oder kalten Braten. Hinter dem Nussberg versinkt die Sonne langsam im Westen.

So genussvoll präsentiert sich ein Spätsommernachmittag in den »Rieden«, einer Buschenschenke oberhalb von Grinzing, wenn »ausgesteckt« ist: Welche andere Großstadt hat schon solch eine Aussicht zu bieten und nennt 680 ha Rebberge ihr Eigen?

NEU ENTDECKT
Jetzt nicht verpassen

Wien befindet sich stetig im Wandel: Sehenswürdigkeiten werden eingeweiht, es gibt neue Museen, Galerien und Ausstellungen, Restaurants und Geschäfte eröffnen, und ganze Stadtviertel gewinnen an Attraktivität, die Stadt verändert ihr Gesicht. Hier erfahren Sie alles über die jüngsten Entwicklungen – damit Sie keinen dieser aktuell angesagten Orte verpassen.

◀ In ihrem Restaurant Kim (▶ S. 17) kocht Kim Sohyi nach den »Fünf Elementen«.

MUSEEN UND GALERIEN

Bestattungsmuseum   🦋 südwestl. K 6

Im Untergeschoss der historischen Aufbahrungshalle 2 am Wiener Zentralfriedhof erfährt man im neuen, rund 300 m² großen Bestattungsmuseum alles, was man über die »Schöne Leich« wissen muss: Ein Herzstichmesser und ein Rettungswecker sind wohl die skurrilsten Exponate. Per Touchscreen können auch alle Ehrengräber abgerufen werden. Als Souvenir kann man eine original Lego Leichentram erwerben – inklusive Sarg und Figuren.

XI., Simmeringer Hauptstr. 234 (Wiener Zentralfriedhof) | Straßenbahn: Zentralfriedhof | Tel. 7 60 67 | www.bestattungsmuseum.at | Mo–Fr 9–16.30 Uhr | Eintritt 6 €

ÜBERNACHTEN

Grand Ferdinand   🦋 F 4

Große Vielfalt – Im neuesten Ringstraßenhotel reicht die Palette von der Luxus-Suite für rund 1500 € bis zum Achtbettzimmer um 30 € pro Bett, das man bei airbnb buchen kann. Drei Restaurants machen das Haus auch zu einem kulinarischen Abenteuer: Da gibt es u. a. Kaisersuppe, Russisches Ei nach Art der Prager Kochschule 1898 oder das große Tafelspitzmenü direkt vom Wagen serviert, danach Veilcheneis »Sisi«. Einen fabelhaften Blick auf die Stadt genießen die Gäste beim Frühstück in der Grand Étage oder beim Baden im Pool auf dem Dach.

I., Schubertring 10–12 | U-Bahn: Oper | Tel. 9 18 80 | www.grandferdinand. com | 188 Zimmer und Suiten | €–€€€€

Hotel Schani   🦋 F 6

Zeitgemäß – Modernes Hotel in der Nähe des Hauptbahnhofs. Hier kommt der Wiener Flair nicht nur im Schani-Garten zum Ausdruck: mobiles Check-in und Check-out, Zimmerschlüssel am Smartphone und Coworking Space in der Lobby. Das Konzept als »smartes Hotel« wurde mit dem Fraunhofer-Institut für Arbeitswirtschaft und Organisation (IAO) in Stuttgart entwickelt. Die Architektur und das Design des Interieurs stammen aus der Feder des Architekten Gabriel Kacerovsky und wurde mit dem Hotel & Design Award ausgezeichnet.

X., Karl-Popper-Str. 22 | U-Bahn: Südtiroler Platz | Tel. 9 55 07 15 | www.hotelschani.com | 135 Zimmer (davon 10 Maisonettes) | €€

ESSEN UND TRINKEN

RESTAURANTS
Amadors Wirtshaus & Greißlerei
🦋 nordwestl. K 1

Top Brettljause – Der deutsche Sternekoch Juan Amador kocht in einem ehemaligen Weinkeller in Grinzing wunderbar Wienerisch – u. a. wird hier eine kreative Küche inszeniert, für die er Wiener Paradeiser (Tomaten) und Schnecken verwendet. In der Greißlerei nebenan kommen u. a. eine Brettljause oder ein Rib-Eye-Steak auf den Tisch.

IXX., Grinzingerstr. 86 | Straßenbahn: Heiligenstädter Straße | Tel. 06 60/ 9 07 05 00 | www.amadors-wirtshaus. com | Wirtshaus: Di–Sa 18–23, Greißlerie: Di–Sa 12–23 Uhr | €–€€€

Kim   🦋 D 2

Fernost – Starköchin Kim Sohyi pflegt auch in ihrem neuen Restaurant (mit angeschlossenem Shop) ihre stets innovative Küche nach den »Fünf Elemente« – mit Fisch, Meeresfrüchten, etwas Fleisch, aber vor allem mit traditionellen Gewürzen und inspiriert von verschiedenen Kulturen.

IX., Währinger Str. 46 | Straßenbahn: Spitalgasse | Tel. 06 64/4 25 88 66 | www.sohyikim.com | Mi–Sa 12–15, 18–23 Uhr | €€–€€€

Pichlmaiers Zum Herkner 🍴 nördl. C 3

Traditionelle Machart – Regionale Zutaten werden hier zu österreichischen Klassikern wie Tellerfleisch, Krautfleckerl und Blunzenstrudel. Damit vereinen die Pichlmaiers die hundertjährige Tradition des Hauses, das den längst vergessenen Wienerwald-Charme ausstrahlt, mit den Raffinessen einer gehobenen Gastronomie.

XVII., Dornbacher Str. 123 | Straßenbahn: Neuwaldegg | Tel. 4 80 12 28 | www.zumherkner.at | Do–Mo 11–24 Uhr | €€

Winisan 🍴 D 2

Asia-Beisl – Einst eine alte Bäckerei, heute Café und Restaurant. Hier bereitet Wini Brugger feine japanische Yakitori-Spießchen mit hausgemachten Saucen zu.

VIII., Lange Gasse 34 | U-Bahn: Rathaus | Tel. 06 60/5 23 23 07 | www.winisan.com | Di–Sa 18–24 Uhr | €€

BARS

O Boufés 🍴 F 3

Gleich neben seinem Restaurant hat Wiens derzeit angesagtester Koch Konstantin Filippou eine Weinbar eröffnet: Zu den persönlich selektionierten Tropfen gibt es auch kleine Speisen.

I., Dominikanerbastei 17 | U-Bahn: Schwedenplatz | Tel. 5 12 22 29 10 | www.konstantinfilippou.com | Mo–Fr 11.30–15, 18–24 Uhr | €

EINKAUFEN

KULINARISCHES

Lingenhel 🍴 G 4

In der eigenen Käserei werden Büffel- und Ziegenmilch zu Camembert, Brie oder Mozzarella verarbeitet, im angeschlossenen Shop gibt's Brot, Schokolade, Wein und Olivenöl. Will man die hervorragenden Basisprodukte gleich vor Ort essen, kann man das im kleinen Restaurant.

III., Landstraßer Hauptstr. 74 | U-Bahn: Rochusgasse | www.lingenhel.com | Mo–Sa 8–22 Uhr

Marktwirtschaft & Die Liebe 🍴 D 4

Indoor-Gourmetmarkt, Restaurant, Bar und Café: Zu kaufen gibt's Brot, Fleisch, Käse und mehr (Biologisches) aus der Region und Ausgefallenes aus dem Rest der Welt. Das Restaurant »Die Liebe« serviert nicht nur ein hervorragendes Frühstück, sondern auch kostengünstige, gut schmeckende Mittagsmenüs.

VII., Siebensterngasse 21 | U-Bahn: Neubaugasse | Tel. 06 76/6 68 19 69 | www.marktwirtschaft.at | Di–Sa 10–19, So 10–18 Uhr; Restaurant »Die Liebe«: www.dieliebe.wien | Di–Sa 9–24, So 9–18 Uhr

MODE

Eva Blut 🍴 F 3

Leder wird von der Designerin Eva Buchleitner für ihr Taschenlabel »Eva Blut« mit modernen oder traditionellen Materialien kombiniert und das Ganze ist dann auch noch sehr tragbar und funktionell: Die Handtasche wird schnell zum Shopping-Bag. Das Label ist auch für seine Fahrradtaschenkollektion »Velocité« bekannt.

I., Kühfußgasse 2 | U-Bahn: Stephansplatz | www.evablut.com | Di–Fr 11–19, Sa 10–18 Uhr

Comod Vienna  E 4

Mode von ROEE, einem jungem Wiener Label, plus Schmuck von ZOECA und erschwingliche handgemachte Lingerie des Labels »i wanna«.

IV., Operngasse 32 | U-Bahn: Oper | www.facebook.com/Comodvienna | Di–Fr 12–19, Sa 12–18 Uhr

Milk F 3

Tragbare Avantgarde: Das Label Milk der Designerin Nicole Komitov kombiniert sportliche Eleganz mit raffinierter Lässigkeit und klarem Schnitt.

I., Spiegelgasse 15 | U-Bahn: Stephansplatz | www.pleasemilk.me | Mo–Fr 12–18, Sa 12–17 Uhr

Lena Hoschek Flagshipstore F 3

Die Designerin Lena Hoschek verarbeitet mit historischen Verarbeitungstechniken und viel Liebe zum Detail hochwertige Materialien zu zeitloser Mode – nicht selten mit einem Touch altes Hollywood. Zu sehen und zu probieren ist das im Flagshipstore in der Wiener Innenstadt.

I., Goldschmiedgasse 7a | U-Bahn: Stephansplatz | www.lenahoschek. com | Mo–Fr 10–19, Sa 10–18 Uhr

KULTUR UND UNTERHALTUNG
Electric Spring

Das MuseumsQuartier ist Schauplatz des im April 2015 neu gestarteten Festivals für elektronische Musik – vor allem aus Österreich. Ein Fokus innerhalb des Festivals widmet sich dem österreichischen Hip-Hop.

www.electricspring.at | Eintritt frei

Weitere Neuentdeckungen sind durch dieses Symbol gekennzeichnet.

Das Lingenhel (▶ S. 18), im Herzen von Wien, ist Genuss-Oase, Feinschmecker-Treffpunkt, Käse-Erlebniswelt und urbane Lebensmittel-Werkstätte in einem.

WIEN
ERLEBEN

Im Palmenhaus (▶ S. 82) kann man laue
Sommerabende genießen – bis 2 Uhr nachts.

ÜBERNACHTEN

*Damit Sie auf Ihrer Reise so unterkommen, wie Sie es sich vorstellen:
Hier erfahren Sie alles, was Sie über die Hotels und weitere
Übernachtungsmöglichkeiten in Wien wissen sollten.
Im Anschluss finden Sie besonders empfehlenswerte Adressen.*

Ob Traditions- oder Designhotel, Künstlerpension oder Schloss: Für
jeden Geschmack ist in Österreichs Hauptstadt etwas dabei – und für
jeden Geldbeutel ebenso. Gerade in den vergangenen Jahren sind in allen
Stadtvierteln neue Hotels entstanden, vom kleinen Boutiquehotel in der
Vorstadt bis zum Luxushotel am Ring. Moderne Architektur ist dabei mit
zeitgemäßem Komfort verbunden.

PENSIONEN UND PRIVATZIMMER

Die traditionsreichen Nobelhotels, allen voran das Grand Hotel und das
Sacher, genießen zu Recht einen exzellenten Ruf. Sehr charmant und nicht
selten beliebt bei Künstlern & Co. sind manche Pensionen der Innenstadt
– wenngleich nicht unbedingt billig. Aber natürlich gibt es auch preis-
wertere Quartiere, die sich ebenfalls in der City befinden, gepflegt und

◀ Das Sacher (▶ S. 24) gehört zu den ganz
Großen der internationalen Luxushotellerie.

sauber. Frühstück, meist vom Buffet, ist in fast allen Hotels – außer den Luxusherbergen – im Preis inbegriffen.

Wer eher kostengünstig wohnen will, findet natürlich auch ein Dach über dem Kopf. Es muss ja nicht immer ein Hotel sein: Will man Kontakt zu einer Wiener Familie, wird man am besten bei einem Privatzimmervermieter fündig. Apartments oder Bed & Breakfast gibt es in fast allen Teilen Wiens. Die Zimmer sind durchwegs sauber und das Frühstück reichhaltig. Hilfreich ist die Website www.netland.at/Wien von der **Landesvereinigung Wiener Privatvermieter**. Die Unterkünfte werden vom Bundesverband der Privatvermieter geprüft und sind mit einem Edelweiß gekennzeichnet: Die Qualität reicht von zwei Edelweiß (in der Economy-Klasse) bis zu vier (in der Premiumqualität). Ganz wichtig: Reservieren Sie Ihre Unterkunft – egal welcher Kategorie – rechtzeitig!

BESONDERE EMPFEHLUNGEN

Altstadt Vienna ⚓ D 3

Kunstsinnig wohnen – Im Hotel Altstadt Vienna gleich hinter dem MuseumsQuartier hat der Kunstsammler Otto Wiesenthal seine Passion in die Arbeit integriert: Originale von Christian Ludwig Attersee, Niki de Saint Phalle oder Andy Warhol schmücken die Wände. Alle Zimmer und Suiten sind aus Bürgerwohnungen entstanden.

VII., Kirchengasse 41 | U-Bahn: Volkstheater | Tel. 5 22 66 66 | www.altstadt.at | 42 Zimmer | 🐾 auf Anfrage | €€€

Aviano ⚓ F 3

Altwiener Stil – Charmante Pension in einer ruhigen Gasse im Stadtzentrum. Umfangreiches Frühstücksbuffet und stilvoll eingerichtete Zimmer. Idealer Ausgangspunkt für Stadterkundungen.

I., Marco-d'Aviano-Gasse 1 | U-Bahn: Stephansplatz | Tel. 5 12 83 30 | www.secrethomes.at | 17 Zimmer | 🐾 | €€€

Do & Co Hotel ⚓ F 3

Einzigartige Aussicht – Im Haas-Haus gegenüber dem Stephansdom hat die Restaurantkette Do & Co ein kleines, elegantes Boutiquehotel mit geräumigen Zimmern eingerichtet.

I., Stephansplatz 12 | U-Bahn: Stephansplatz | Tel. 2 41 88 | www.doco.com | 41 Zimmer, 2 Suiten | ♿ | 🐾 auf Anfrage | €€€€

Graben ⚓ E/F 3

Literatenhotel mit Flair – Der Dichter Peter Altenberg hat hier einige Zeit gelebt, ebenso die Schriftsteller Franz Kafka, Max Brod und Alfred Polgar.

I., Dorotheergasse 3 | U-Bahn: Stephansplatz | Tel. 51 21 53 10 | www.kremslehnerhotels.at | 56 Zimmer | 🐾 | €€

Grand Hotel Wien ⚓ F 4

Luxus an der Ringstraße – Das 1880 eröffnete First-Class-Hotel liegt direkt im Stadtzentrum und ist in einem mondänen Ringstraßenpalais aus dem 19. Jh. untergebracht.

I., Kärntner Ring 9 | U-Bahn: Karlsplatz | Tel. 51 58 00 | www.grandhotelwien.at | 205 Zimmer | ♿ | 🐕 | €€€€

Grand Ferdinand 🚩   📑 F 4

Große Vielfalt – In neuesten Ringstraßenhotel reicht die Palette von der Luxus-Suite für rund 1500 € bis zum Achtbettzimmer um 30 € pro Bett.

I., Schubertring 10–12 | U-Bahn: Oper | Tel. 9 18 80 | www.grandferdinand. com | 188 Zimmer und Suiten | €–€€€€

Hotel Fabrik   📑 B 6

Außergewöhnliches Design – Familiär geführtes Hotel in einer ehemaligen Wäschefabrik. Restaurierte Elemente des alten Gebäudes wurden mit viel Licht und Farbe kombiniert. Wiener Küche im angeschlossenen Restaurant.

XII., Gaudenzdorfer Gürtel 73 | U-Bahn: Margarethengürtel | Tel. 8 13 28 00 | www.hotel-fabrik.at | 39 Zimmer | 🐕 | €€€

Hotel Rathaus – Wein & Design 📑 D 3

Wein & Design – Jedes einzelne Zimmer ist einem österreichischen Topwinzer gewidmet. In der Wein-Lounge gibt's die dazugehörigen Weine und Gourmetsnacks.

VIII., Lange Gasse 13 | U-Bahn: Volkstheater | Tel. 4 00 11 22 | www.hotel-rathaus-wien.at | 39 Zimmer, 1 Suite | 🐕 auf Anfrage | €€€

Hotel Sacher   📑 E 4

Nomen est omen – Zumindest ein Stück Torte im Café Sacher ist für jeden Wien-Besucher Pflicht, aber auch das Hotel selbst zählt mit seiner etwas plüschigen Eleganz zu den Dauerbrennern in der Spitzenhotellerie der Stadt.

I., Philharmonikerstr. 4 | U-Bahn: Oper | Tel. 51 45 60 | www.sacher. com | 149 Zimmer | 🐕 | €€€€

Hotel Schani 🚩   📑 F 6

Smartes Hotel – Mobiles Check-in und Check-out, Zimmerschlüssel am Smartphone und Coworking Space in der Lobby.

X., Karl-Popper-Str. 22 | U-Bahn: Südtiroler Platz | Tel. 9 55 07 15 | www.hotelschani.com | 135 Zimmer (davon 10 Maisonetten) | €€

Kugel   📑 C 4

Gemütlich – Kleines Hotel in der Nähe des Spittelbergs. Wohnliche Zimmer, umfangreiches Frühstücksbuffet. Idealer Ausgangsort für Stadterkundungen.

VII., Siebensterngasse 43 | Straßenbahn: Neubaugasse | Tel. 5 23 33 55 | www. hotelkugel.at | 40 Zimmer | €€

Landhaus Fuhrgassl-Huber 👨‍👧

Im Grünen – Kleine, gemütliche Hotelpension am Stadtrand in Neustift am Walde mit Kinderbetreuung. Der nächste Heurige ist direkt vor der Tür.

XIX., Rathstr. 24 | Straßenbahn: Gatterburggasse, dann Bus: Station Neustift | Tel. 4 40 30 33 | www.fuhrgassl-huber. at | 40 Zimmer | €€

Mondial Appartement-Hotel 👨‍👧

📑 D 1

Familienbetrieb – Eine hervorragende Alternative für reisende Familien – gut ausgestattete Appartements für bis zu vier Personen in einem gepflegten Familienbetrieb in der Nähe des Palais Liechtenstein.

IX., Pfluggasse 1 | Straßenbahn: Nussdorfer Str. | Tel. 3 10 71 80 | www.mondial.at/apartment | 16 Apartments | €€

Pakat Suites Hotel

Viel Platz – Das innovative Design von Kristof Jarder und ein 24-Stunden-Service machen das Hotel zu einer komfortablen Basis für Kulturtrips.
IV., Mommsengasse 5 | U-Bahn: Taubstummengasse | Tel. 5 04 66 90 | www.pakatsuites.at | 52 Suiten | ♿ | €€€

Pension Wild ⚓ D 3

Schwulenfreundlich – Charmante Pension in Zentrumsnähe, ruhig gelegen. Ein idealer Ausgangspunkt besonders für eine Tour durch die vielen Lokale im 8. Bezirk.
VIII., Lange Gasse 10 | U-Bahn: Volkstheater | Tel. 4 06 51 74 | www.pension-wild.com | 26 Zimmer | 🐕 | €

Römischer Kaiser ⚓ F 3

Wohnlicher Barock – 300 Jahre altes Palais zwischen Dom und Oper. Jedes Zimmer ist mit Stilmöbeln eingerichtet und hat seinen eigenen Charakter.
I., Annagasse 16 | U-Bahn: Stephansplatz | Tel. 51 27 75 10 | www.hotel-roemischer-kaiser.at | 24 Zimmer | 🐕 auf Anfrage | €€€

The Guesthouse Vienna ⚓ E 3

Schick und hell – Modernes Boutiquehotel gegenüber der Albertina. Helle, luftige Zimmer mit toller Aussicht. Hervorragend essen Sie in der hauseigenen Brasserie & Bakery.
I., Führichgasse 10 | U-Bahn: Karlsplatz | Tel. 5 12 13 20 | www.theguesthouse.at | 39 Zimmer | €€

Preise für ein Doppelzimmer mit Frühstück:
€€€€ ab 250 €   €€€ ab 150 €
€€ ab 80 €   € bis 80 €

Gegenprogramm zum Einerlei der Hotelketten: Die Zimmer im Traditionshotel Kugel (▶ S. 24) sind individuell eingerichtet und verströmen den unwiderstehlichen Altwiener Charme.

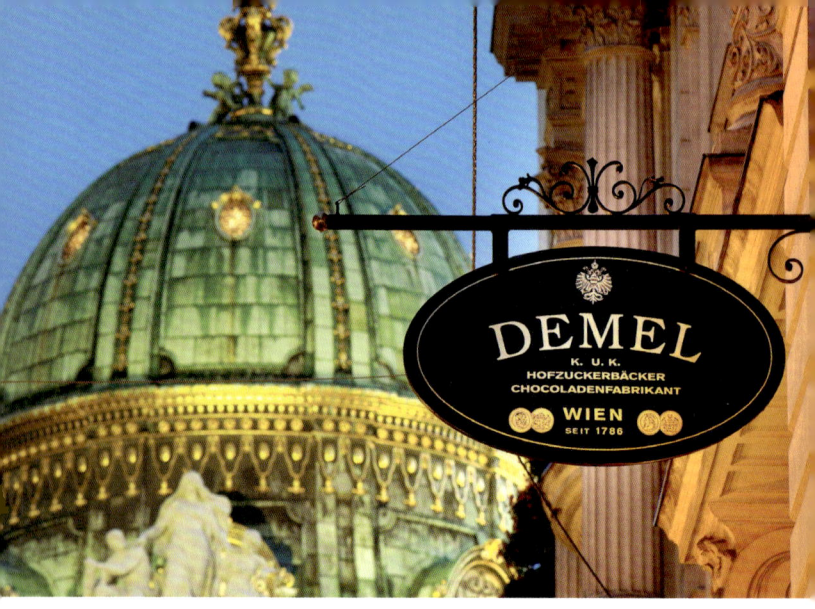

ESSEN UND TRINKEN

*Gehen Sie in Wien auf kulinarische Entdeckungsreise:
Hier erfahren Sie alles, was Sie über die lokale Küche
und Gastronomie wissen sollten. Im Anschluss finden Sie
besonders empfehlenswerte Adressen aus diesem Band.*

Es ist gar nicht so lange her, da war die Wiener Küche eine Kleinbürger-
küche: fett, fantasielos und mit viel Fleisch; das hat sich seit gut 20 Jahren
geändert. Als Nachwehe der minimalistischen Nouvelle Cuisine orientierte man sich damals in Österreich wieder an den traditionellen Rezep-
ten, derer es in Wien aus allen Teilen der ehemaligen Monarchie viele
gab und gibt. Man modelte sie ein wenig um, verwendete beste Zutaten,
bereitete die Speisen auf leichte Weise zu und verringerte die Portionen.

BEISL, KAFFEEHAUS UND HEURIGE

Anfangs waren es nur einige Spitzenrestaurants, aber im Laufe der Jahre
sprach sich die Küchenkunst auch in den unteren Regionen des Koch-
olymps herum, und inzwischen kann man sogar in vielen Beisln hervorragend essen. Apropos **Beisl**: Das kleine Wirtshaus um die Ecke – vielleicht

◀ In der Konditorei Demel (▶ S. 28) kam
die erste Sacher-Torte aus dem Backofen.

vom sozialen Anspruch einem britischen Pub ähnlicher als einem »normalen« Gasthaus – diente als Treffpunkt der Wiener, um zu trinken, zu essen, zu diskutieren oder einfach die Zeit totzuschlagen. Daran hat sich bis heute nichts geändert.

Bei den berühmten Wiener **Kaffeehäusern** sieht es leider nicht ganz so rosig aus: Zwar konnte die Entwicklung der 1970er- und 1980er-Jahre, als Supermärkte und Banken die Ringstraße für sich eroberten, vorerst aufgehalten werden, aber immer wieder sperren alte Traditionscafés zu – Starbucks und McCafé ziehen beim jungen Publikum mehr.

Neben Beisl und Kaffeehaus ist der **Heurige** die dritte Urform der Wiener Geselligkeit: Seit der Zeit Kaiser Josephs II. ist es den Winzern erlaubt, ihre Produkte während einiger Monate des Jahres selbst zu vermarkten. Als Zeichen, dass diese Zeit wieder angebrochen ist, kann der Winzer einen »Buschen ausstecken«, d. h. einen geschmückten Zweig (meist Föhrenzweige) vor die Tür hängen – daher stammt der Name »Buschenschenke«. Zwar gibt es noch immer **Buschenschenken**, die nur während einiger Monate »ausgesteckt« haben, aber die meisten Heurigen sind inzwischen das ganze Jahr hindurch geöffnet. Eine Besonderheit dieses Lokaltyps ist, dass es auch tatsächlich den »Heurigen« ausschenkt, also den jungen Wein Marke Eigenbau (meist keine bestimmte Rebsorte, sondern eine Mischung aus allen, die im eigenen Weingarten wachsen), und dazu kalte oder warme Speisen anbietet, meist zur Selbstbedienung am Buffet – von verschiedenen delikaten Aufstrichen bis zu knusprigen Schweinestelzen.

BESONDERE EMPFEHLUNGEN

RESTAURANTS

Restaurant Walter Bauer ⚑ F 3

Kreativ – Liebevoll geführtes Restaurant mit gehobener österreichischer Küche, die um neue Nuancen (z. B. Szegedinergulasch mit Hummer) nicht verlegen ist. Viele vegetarische Gerichte, große Weinkarte (▶ Karte S. 60).
I., Sonnenfelsgasse 17 | U-Bahn: Schwedenplatz | Tel. 5 12 98 71 | Di–Fr 12–15 und 18–24, Mo 18–24 Uhr | €€€

Steirereck ⚑ G 4

Wiens Gourmettempel – Wiens kulinarische Nummer eins tischt neue österreichische Küche auf. Das sternbekränzte Steirereck ist mittags und abends geöffnet. Angenehm ungezwungene Atmosphäre. Vorbestellung erforderlich (▶ Karte S. 96).
III., Am Heumarkt 2a | U-Bahn: Stadtpark | Tel. 7 13 31 68 | www.steirereck.at | Mo–Fr 11.30–14.30 und ab 18.30 Uhr | €€€€

Weibels Wirtshaus   F 3

Urig – Günstige Tagesteller und dazu eine einmalige Auswahl österreichischer Weine (▶ Karte S. 60).

I., Kumpfgasse 2 | U-Bahn: Stephansplatz | Tel. 5 12 39 86 | www.weibel.at | tgl. 11.30–24 Uhr | €€

Wiener Kochsalon   F 3

Bewusst essen – Vegetarische Gerichte, aber auch hochwertiges Fleisch und frischer Fisch (▶ Karte S. 60).

I., Bauernmarkt 10 | U-Bahn: Stephansplatz | Tel. 5 33 15 26 | www.wiener-kochsalon.com | Mo–Sa 12–22 Uhr | €€

BARS UND KNEIPEN

Alt Wien   F 3

Tagsüber ein Kaffeehaus, abends ein Beisl. Dann wird auch die Stimmung ausgelassener, die Musik lauter und die Gäste sind jünger. Legendär ist hier das deftige Gulasch (▶ Karte S. 60).

I., Bäckerstr. 9 | U-Bahn: Stubentor | Tel. 5 12 52 22 | tgl. 10–2 Uhr

Krah-Krah   F 2

Der »Urvater« der Wiener Innenstadtlokale, einer der ersten Szenetreffs im Bermuda-Dreieck und noch immer so beliebt wie seinerzeit (▶ Karte S. 60).

I., Rabensteig 8 | U-Bahn: Schwedenplatz | Tel. 5 33 81 93 | ww.krah-krah. at | tgl. 11–2 Uhr

Loos American Bar   F 3

Ein Meisterwerk aus dem Jahr 1908. Stilvoller lässt sich ein Cocktail kaum genießen. Über die Preise sollte man jedoch hinwegsehen (▶ Karte S. 60).

I., Kärntner Durchgang 10 | U-Bahn: Stephansplatz | www.loosbar.at | Do–Sa 12–5, So–Mi 12–4 Uhr

Rote Bar   D 3

Im Obergeschoss des Volkstheaters (eigener Eingang) findet man diesen stilvollen In-Treff: Nach den Vorstellungen werden Drinks und Köstlichkeiten aus der Küche angeboten. In der Bar finden von Zeit zu Zeit auch Konzerte oder Lesungen statt (▶ Karte S. 108).

VII., Neustiftgasse 1 | U-Bahn: Volkstheater | www.volkstheater.at | tgl. 18.30–1 Uhr | Sonntagsbrunch 10–14 Uhr

CAFÉ-KONDITOREIEN

Demel   E 3

Wer an exzellente Wiener Mehlspeisen denkt, denkt an Demel. Von der hier erfundenen Sachertorte bis zur Schwarzwälder Kirsch – alle teuren Leckereien gibt es auch zum Mitnehmen. Das barocke Ambiente ist noch immer ein bevorzugter Treffpunkt älterer Damen mit kleinem Hund. Es gibt sogar ein kleines Museum (▶ Karte S. 74).

I., Kohlmarkt 14 | U-Bahn: Herrengasse | Tel. 5 35 17 17 | www.demel.at | tgl. 9–19 Uhr | Museum Fr 10–12 Uhr

Kurkonditorei Oberlaa   E 4

Die Stadtfiliale der renommierten Kurkonditorei mit ihren fantasievollen Tortenkreationen gilt als Beste ihrer Art in ganz Österreich (▶ Karte S. 60).

I., Neuer Markt 16 | U-Bahn: Stephansplatz | Tel. 5 13 29 36-0 | tgl. 8–20 Uhr

Tichy   südl. G 6

Immer noch eine echte Institution. Hier gibt es das beste hausgemachte Eis von Wien – und das seit Jahrzehnten in unveränderter Qualität.

X., Reumannplatz 13 | U-Bahn: Reumannplatz | Tel. 60 44 44 60 | tgl. 10–23 Uhr, Okt.–März geschl.

KAFFEEHÄUSER

Café Museum E4

Kaffeehausklassiker. Klimt und Schiele waren hier zu Gast (▶ Karte S. 74).

I., Operngasse 7 | U-Bahn: Karlsplatz | Tel. 24 10 06 20 | www.cafemuseum.at | tgl. 8–24 Uhr

Hawelka E3

Das wohl berühmteste Kaffeehaus der Stadt. An den Wänden hängen Bilder, mit denen Künstler einst ihre Rechnungen bezahlt haben (▶ Karte S. 74).

I., Dorotheergasse 6 | U-Bahn: Stephansplatz | Tel. 5 12 82 30 | www.hawelka.at | Mo–Sa 8–1, So 10–1 Uhr

Landtmann E2

Sehr gediegen, viel Flair, man kann aber immer noch in Ruhe Zeitung lesen. Die Melange ist recht teuer (▶ Karte S. 74).

I., Universitätsring 4 | U-Bahn: Rathaus | Tel. 2 41 00 | www.landtmann.at | tgl. 7.30–24 Uhr

Meinl's Café E3

Mit mehr als 30 verschiedenen Kaffeevariationen interpretiert das Meinl die traditionelle Wiener Kaffeehauskultur. Dazu werden Torten aus der hauseigenen Patisserie serviert. Delikatessen im Erdgeschoss, Restaurant im 1. Stock, Weinbar im Keller (▶ Karte S. 74).

I., Graben 19 | U-Bahn: Stephansplatz | Tel. 5 32 33 34 | www.meinlamgraben.at | Mo–Fr 8–19.30, Sa 9–18 Uhr

Weitere Adressen finden Sie im Kapitel WIEN ERKUNDEN.

Preise für ein dreigängiges Menü:

€€€€	ab 60 €	€€€	ab 40 €
€€	ab 25 €	€	bis 25 €

KLEINE WARENKUNDE
Original Sacher-Torte

Die berühmteste Mehlspeise Österreichs kommt aus Wien: Von der »Original Sacher-Torte« werden pro Jahr 360 000 Stück produziert.

Die Geschichte der berühmten Torte begann mit Fürst Metternich. Dieser beauftragte 1832 seine Hofküche, ein Dessert zu kreieren: Für den kranken Koch musste der 16-jährige Lehrling Franz Sacher einspringen und erfand den Vorgänger der heutigen Spezialität. Sein Sohn Eduard schuf die erste Sacher-Torte in ihrer heutigen Form, als er seine Ausbildung beim k.u.k. Hofzuckerbäcker Demel absolvierte. Über die Verwendung der Bezeichnung »Original Sacher-Torte« entbrannte bald ein Rechtsstreit: Da die Torte im Demel kreiert wurde, wurde dort auch die »Original Sacher-Torte« verkauft,. Heute ist die »Original-Sacher-Torte« dem Hotel Sacher vorbehalten, im Demel wird die Torte mit der Aufschrift »Eduard Sacher-Torte« verkauft. Die beiden unterscheiden sich vor allem durch die Zahl ihrer Marmeladenschichten.

Im Fokus
Das Wiener Kaffeehaus

Der eine schätzt die Atmosphäre im Bräunerhof, der andere
die Schnitte im Sperl, der Dritte die Prominenz im Landtmann.
Für viele Einheimische sind die rund 100 Kaffeehäuser
der Stadt das »zweite Wohnzimmer«.

Über den Ursprung des Kaffeehauses kursieren verschiedene Versionen:
Eine beginnt mit der zweiten Türkenbelagerung von Wien 1683: Als Türke
verkleidet, bringt der Spion Georg Franz Kolschitzky dem Feldherrn Karl
von Lothringen eine Botschaft durch die feindlichen Linien. Für diese
Heldentat wird er mit einem Baugrund, einer Gewerbeberechtigung
und mit Kriegsbeute belohnt, darunter Säcke mit mysteriösen dunklen
Bohnen – Kaffee. Kolschitzky lässt die Bohnen mahlen und brüht sie
auf – und eröffnet bald das erste Kaffeehaus in der Nähe des Stephansdoms. Eine andere Legende besagt, dass das erste Wiener Kaffeehaus von
einem armenischen Spion ins Leben gerufen wurde. Dieser wusste aufgrund seiner Herkunft, den Kaffee optimal zuzubereiten.
Wie auch immer es begann: Nachdem die Bohne in der Donaumetropole Einzug gehalten hatte, entwickelten sich die Kaffeehäuser schnell zu
einem Renner. 1788 wurde das erste Konzertcafé eröffnet und hatte durch-
schlagenden Erfolg: Wolfgang Amadeus Mozart ging ins Kaffeehaus, um

◀ Das Café Griensteidl (▶ S. 32) auf einem
Aquarell von Reinhold Völkel, 1896.

seine Musik vor Publikum zu erleben, und Ludwig van Beethoven musizierte gar selbst. Bei den Gästen überaus beliebt waren die Aufführungen des Streichquartetts rund um Josef Lanner und Johann Strauß senior, ein Erfolg, der sie schließlich auf Europatourneen führte. Aber nicht nur die Musiker, auch die Literaten entdeckten das Kaffeehaus bald als zweites Wohnzimmer.

ALLEIN IN GESELLSCHAFT

»Im Kaffeehaus sitzen die Leute, die allein sein wollen, aber dazu Gesellschaft brauchen«, schrieb der Schriftsteller und Journalist Alfred Polgar. Damals, Anfang des 20. Jh., erlebten Wiens Kaffeehäuser ihre Blüte. Alles, was Rang und Namen hatte in Kunst, Politik oder Wirtschaft, verbrachte seine Frei- und manchmal auch die Arbeitszeit im Café: Literaten wie Karl Kraus, Peter Altenberg oder Alfred Polgar im Café Central und später im Herrenhof, die Börsianer im Residenzcafé und die Maler im Café Sperl.

Stefan Zweig erinnert sich in »Die Welt von gestern«: »Aber unsere beste Bildungsstätte für alles Neue bleibt das Kaffeehaus. Es ist eigentlich eine Art demokratischer, jedem für eine billige Schale Kaffee zugängiger Klub, wo jeder Gast für diesen kleinen Obolus stundenlang sitzen, diskutieren, schreiben, Karten spielen, seine Post empfangen und vor allem eine unbegrenzte Zahl von Zeitungen und Zeitschriften konsumieren kann.« Alfred Polgar hatte Zeit, »im Kaffeehaus darüber nachzudenken, was die anderen draußen nicht erleben«. Selbst die Russische Revolution machte in Wien Zwischenstation: Leo Trotzki spielte in seiner Emigrationszeit vor dem Ersten Weltkrieg im Café Central stundenlang Schach. Darum rankt sich auch – wie um so vieles aus der Wiener Kaffeehausgeschichte – eine Anekdote: Ein hoher Beamter des Außenministeriums soll seinem Minister aufgeregt gemeldet haben: »Exzellenz, in Russland ist Revolution!« Da hat der Minister ungläubig gelächelt und geantwortet: »Gehn'S, wer soll denn in Russland Revolution machen? Vielleicht der Herr Trotzki aus dem Café Central?«

Das Kaffeehaus ermöglichte den Literaten die Arbeit an den eigenen Texten in Gesellschaft, man konnte debattieren oder Billard spielen und sich bei Bedarf auch anrufen lassen. Der Schriftsteller Peter Altenberg gab das Café Central sogar als seine Adresse an.

Ein vorläufiges Ende der Wiener Kaffeehauskultur kam mit dem Dritten Reich – mit der jüdischen Bevölkerung Wiens und den »Linken« verschwanden auch ihre Treffs. Nach dem Krieg zogen in die Wiener Kaffeehäuser neue Künstler ein: Die Schauspieler Helmut Qualtinger oder Oskar Werner gehörten dazu, und auch Literaten wie Thomas Bernhard, der das Café Bräunerhof zu seinem Stammcafé erkoren hatte. Aber immer mehr Etablissements mussten zusperren.

Dann begann die Stadt Wien, sich um den Erhalt der berühmten Kaffeehäuser zu kümmern. Was nicht schon verschwunden war, wurde renoviert, wie das Café Central; es steht sogar am selben Ort wie sein Vorgänger. Das Griensteidl wurde in einem Bank-Neubau untergebracht, und das Herrenhof, einst ein prächtiges Jugendstil-Café, ist zu einem kleinen Espresso geschrumpft.

SCHWARZ ODER BRAUN?

Gerne wird vergessen, dass ein Kaffeehaus nichts ist ohne das dazugehörige Getränk. Und obwohl man an Getränken in Kaffeehäusern fast alles bekommt, was das Herz begehrt, ist dabei doch vor allem der Kaffee gemeint. In Wien gleicht die Vielfalt, ihn zuzubereiten, noch heute einer Wissenschaft: Es gibt mehr als 30 Möglichkeiten, vom Mokka über den Einspänner bis zum Gestürzten. Dazu kommen noch die Varianten »mit« oder »ohne«, »gestreckt« oder »kurz«, »licht«, »braun«, »gold« oder »melange«. Am besten beraten ist der Neuling, wenn er einen kleinen Braunen, einen großen Braunen oder auch eine Melange (mit heißer Milch) bestellt. Dazu wird normalerweise ein Glas Wasser gereicht. Der Löffel liegt, wenn korrekt serviert wird, oben am Glas.

Aber Großer Brauner, Melange oder auch Kapuziner (aus dem sich übrigens der Cappuccino entwickelte) – diese Begriffe gab es früher nicht. Stattdessen bekam man vom Kellner eine Farbpalette mit den Schattierungen des Kaffees. Bestellt wurde je nach Farbe: je schwärzer, desto stärker, je heller, desto milder.

Was gehört sonst noch zu einem typischen Wiener Kaffeehaus? Viele Zeitungen und Zeitschriften und, für den kleinen Hunger, ein »Zubiss«, mag das nun ein Stück Torte sein oder ein Paar Frankfurter (wie die Wiener Würstchen hierzulande heißen). Der traditionelle Wiener Kaffeehaustyp ist das Eck-Café: Der Eingang ist am Eck, der Raum selbst in einer L-Form gebaut: In einer Hälfte des Lokals findet man die »normalen Kaffeehausbesucher«, in der anderen die »Spieler«: Schach, Billard oder Karten. Allerdings werden auch diese immer weniger.

Jede Bevölkerungsschicht hat in Wien ihr Café: Manche hat die Jeunesse dorée mit Beschlag belegt, andere werden von Pensionisten frequentiert, von Beamten, von den Studenten der Wirtschaftsuniversität, der Geisteswissenschaften, der Kunsthochschule, von Journalisten und Bankern. Und dann gibt es natürlich noch die anderen, die »tieferen Cafés«. Die Lokale, wo Studenten oder Intellektuelle verkehren, die auch spät in der Nacht von Zigarettenqualm erfüllt sind und wo eher selten ein Kaffee bestellt wird. Das Alt-Wien oder das Kleine Café im ersten Bezirk zählen zu dieser Kategorie.

OBERKELLNER »HERR FRANZ«

Nicht wegzudenken ist der »Herr Franz« oder »Herr Josef« genannte Oberkellner, dessen Autorität sogar der gelegentliche Besucher anerkennen muss. Er ist die oberste Instanz im Haus, sein Spruch ist Gesetz. Man mag noch so dringend auf seine Bestellung warten – wehe dem, der den Oberkellner zur Eile antreibt. Ein strenger Blick ist das Mindeste, was den Frevler erwartet.

Selbstverständlich kann man in einem Kaffeehaus nicht einfach als Oberkellner beginnen. Jeder »Ober« begann als Piccolo. Die Aufgabe dieses Azubis war es vor allem aufzupassen, dass das Wasserglas des Gastes nie leer wurde, und immer wieder nachzuschenken. Frauen waren übrigens bis 1840 kaum im Kaffeehaus zu finden. Die einzige weibliche Person war die Sitzkassierin: Sie überwachte in ihrer Loge die Verteilung des Zuckers und nahm die Abrechnung vor.

NUR DAS GLAS WASSER BLIEB

Aber vieles hat sich geändert seit damals: Selbst der Oberkellner ist inzwischen nicht selten weiblich, und die freundliche Sitzkassierin hat einer elektronischen Registrierkasse Platz gemacht. Mittlerweile haben viele Cafés sogar die Funktion von Restaurants übernommen: angeboten werden wechselnde Tagesgerichte, ein Mittagsmenü oder gleich die Auswahl einer kompletten Speisekarte.

Man kann natürlich heute noch stundenlang bei einem »kleinen Schwarzen« sitzen. So trennt man die Spreu vom Weizen: In einem »echten« Wiener Kaffeehaus bekommt man nach wie vor zu seinem immer kühler werdenden Getränk »alle halben Stunden frisches Wasser serviert«, wie der Schriftsteller Egon Friedländer einst schrieb. In einem weniger echten fragt der Kellner von Mal zu Mal genervter, ob man noch etwas wünscht. Dann weiß man, dass es Zeit ist, das Etablissement zu wechseln.

Grüner reisen
Urlaub nachhaltig genießen

Wer zu Hause umweltbewusst lebt, möchte vielleicht auch im Urlaub Menschen unterstützen, denen ein verantwortungsvoller Umgang mit der Natur am Herzen liegt. Empfehlenswerte Projekte, mit denen Sie sich und der Umwelt einen Gefallen tun können, finden Sie hier.

Was haben »Ochsenherz«, »Grünes Zebra«, »Smaragdapfel« und »Rote Riesen« gemeinsam? Alle vier bezeichnen delikate alte Paradeiser-Sorten aus der Gemüsemetropole Wien. Die Stadt könnte sich nämlich mit Tomaten & Co. selbst versorgen. Wien hat, für eine Millionenstadt ungewöhnlich, eine florierende Landwirtschaft innerhalb der Stadtgrenzen: 16 % der Stadtfläche werden landwirtschaftlich genutzt.

In Wien gibt es etwa 700 land- und forstwirtschaftliche Betriebe, die rund 3500 Menschen ein Auskommen bieten. Der größte Bauernhof in Wien ist allerdings der stadteigene – er verfügt über 2500 ha Ackerfläche und 35 ha Rebfläche. Ackerbau wird in den südlichen Randbezirken sowie im Norden und Osten der Stadt betrieben, insgesamt werden 8000 ha landwirtschaftlich genutzt. Der sogenannte Erwerbsgartenbau – für Gemüse und Obst – ist im 11. und 22. Bezirk konzentriert, während sich die Weinberge großteils an den Hängen des Kahlenbergs, Nussbergs und rund um den Bisamberg ausdehnen.

◀ Auf dem Wiener Naschmarkt (▶ S. 36) sind
regionale Bioprodukte längst keine Nische mehr.

Rechnerisch könnten die Wiener Bauern die Bewohner der Stadt zu 100 %
mit frischem Gemüse versorgen. Sie produzieren insgesamt 18 000 Tonnen
Tomaten pro Jahr, dazu 35 Mio. Gurken, 24 Mio. Paprikaschoten, 7 Mio.
Salatköpfe und 5 Mio. Bund Radieschen. Immer häufiger wird Gemüse
aus Wien nach der Herkunft gekennzeichnet, und nicht wenige Landwirte
produzieren biologisch.Läden mit biologisch erzeugten Produkten findet
man in fast allen Stadtvierteln, und besonders Biomärkte florieren. Allerdings nicht nur wegen der Einhaltung biologischer Kriterien, sondern weil
gerade auch die neue Regionalität boomt: Immer mehr Wiener schätzen
Gemüse und andere Produkte, die vor ihrer Haustür gedeihen.

BESONDERE EMPFEHLUNGEN
ÜBERNACHTEN

Hotel Stadthalle 🚲 B 4
Dieses Boutiquehotel nahe der Wiener Stadthalle gilt als das erste Null-
Energie-Bilanz-Hotel der Welt. Seine
gesamte Energie wird mittels Wärme-
pumpen und Photovoltaik erzeugt.
Die Passivbauweise garantiert, dass die
Zimmer im Sommer durch Grundwas-
ser gekühlt und im Winter durch dieses
beheizt werden. Demnächst sollen drei
Windräder in Betrieb gehen. Restener-
gie wird in das Stromnetz eingespeist
und Regenwasser zum Gießen der
Blumen verwendet. Dass man bei so
viel gutem Gewissen auch noch schön
wohnen kann, beweisen die Zimmer,
die individuell eingerichtet sind. Zum
Teil blickt man auf das hauseigene La-
vendelfeld oder in den Garten, in dem
man an schönen Tagen auch frühstücken kann. Für die Stadtbesichtigung
stehen E-Bikes zur Verfügung.
XV., Hackengasse 20 | U-Bahn: West-
bahnhof | Tel. 9 82 42 72 | www.
hotelstadthalle.at | 80 Zimmer |
♿ | 🐾 auf Anfrage | €€

ESSEN UND TRINKEN

Cuadro 🍴 🚲 D 5
Im Café und Diner am Margareten-
platz stehen exzellente (quadratisch ge-
formte) Burger, Salate und vegetarische
Gerichte auf der Karte. Wirklich bio ist
nur das Frühstück (bis 16 Uhr), aber
man legt im Cuadro viel Wert auf regionale Lieferanten und selbst Gemachtes.
Schöner Gastgarten.
V., Margaretenstr. 77 | U-Bahn: Pilgram-
gasse | Tel. 5 44 75 50 | www.cuadro.
at | Mo–Sa 8–24, So 9–23 Uhr | €

Lebenbauer 🚲 E 2
Elfriede und Karl Lebenbauer sorgen
mit ihrem Vollwert-Restaurant dafür,
dass gesunde Küche (Gemüse und Ge-
treide aus biologischer Landwirtschaft,
dazu viel Fisch) auch von Restaurant-
kritikern hoch geschätzt wird. Zum
Restaurant gehört einer der schönsten
Gastgärten im Zentrum. 2014 erhielt
Lebenbauer die Auszeichnung »Wein-
wirt des Jahres«.
I., Teinfaltstr. 3 | U-Bahn: Herrengasse |
Tel. 5 33 55 56 | www.lebenbauer.eu |
Mo–Fr 11–15 und 17.30–22.30 Uhr | €€

Natürlich Wrenkh   🌿 F 3

Zentrumsnaher vegetarischer Vollwertimbiss, in dem man sich gesund mit Snacks oder einem Menü für die Sightseeingtour stärken kann. Täglich frische Salate. Biosäfte und Bier. Es ist der »Kleiner Bruder« des Restaurants Wrenkh am Bauernmarkt.

I., Rauhensteingasse 12 | U-Bahn: Stephansplatz | Tel. 5 13 58 36 | Mo–Fr 11–16 Uhr | €

Tian   🌿 F 3

Innovativ, fleischlos – »himmliach« gut: Dass sich vegetarische und Gourmetküche nicht unbedingt ausschließen, beweist das Tian mitten im 1. Bezirk. Gerichte wie »Sweet Underground« oder »Sunny Side Up« kombinieren außergewöhnliche Kreativität mit hervorragenden Zutaten. Tolle Weinauswahl, abends gibt's Sechs-, Acht- oder Zehn-Gänge-Menüs.

I., Himmelpfortgasse 23 | U-Bahn: Stephansplatz | Tel. 8 90 46 65 | www.taste-tian.com | Di–Sa 12–14, 17.45–21 Uhr (Küchenzeiten) | €€€

EINKAUFEN

Biobauernmarkt Freyung   🌿 E 2

Europas größter Biobauernmarkt geht freitags und samstags auf der Freyung in Wiens 1. Bezirk über die Bühne. Neben den klassischen Produkten aus biologischer Landwirtschaft findet man hier auch Besonderheiten wie Rosenmarmelade und -kosmetik, Bioseifen, Wolle und Felle. Oder man spaziert einfach zwischen den »Standeln« und kostet hier und da.

I., Freyung | U-Bahn: Stephansplatz | www.biobauernmarkt-freyung.at | Fr, Sa 9–18 Uhr

Biowelt am Naschmarkt   🌿 E 4

Brot und Backwaren, Gemüse, Fleisch und Käse … all das gibt es in diesem schönen Geschäft am Naschmarkt. Passend dazu: Weine in jeder Preisklasse, außerdem Säfte und Süßigkeiten. Im Tewa nebenan kann man – ebenfalls nachhaltig – orientalisch-mediterran schmausen (eine weitere Tewa-Filiale gibt es auch am Karmelitermarkt in der Leopoldstadt im 2. Bezirk).

IV., Naschmarkt Stand 364–367 | U-Bahn: Tel. 06 76/8 47 74 12 01 | www.biowelt-naschmarkt.at | Mo–Fr 9–19, Sa 8–18 Uhr

Heuriger Wieninger

Wiens renommiertester Winzer Fritz Wieninger stellte schon 2008 auf biodynamischen Weinbau um. Darüber hinaus macht er sich für den »Wiener Gemischten Satz« stark, den traditionellen Wein, der aus den bis zu 15 Sorten, die im Rebberg wachsen, hergestellt wird und seit 2013 eine eigene Ursprungsbezeichnung hat. Verkosten kann man die Wieninger-Weine im Heurigen von Bruder Leo.

XXI., Stammersdorfer Str. 78 | Straßenbahn: Stammersdorf | Tel. 2 92 41 06 | www.heuriger-wieninger.at | Feb.–April Fr 15–24, Sa, So 12–24; April–Dez. Do, Fr 15–24, Sa, So 12–24 Uhr

Sonnentor   🌿 F 3

In dem hübschen Laden in der Wollzeile bietet Sonnentor ein buntes Sortiment an Biotees, -gewürzen, ökologischen Duft- und Pflegeprodukten sowie eine Vielzahl an nachhaltig-kreativen Geschenkartikeln.

I., Wollzeile 14 | U-Bahn: Stephansplatz | Tel. 3 36 03 39 | www.sonnentor.de | Mo–Fr 9–18.30, Sa 9–17 Uhr

AKTIVITÄTEN

Lobau

Der »grüne Dschungel Wiens« liegt im Osten der Stadt und macht mit seinen 2300 ha fast ein Drittel des Nationalparks Donau-Auen aus, eine der letzten großen Flussauenlandschaften Mitteleuropas. Die frei fließende Donau ist die Lebensader dieses Parks, der sich aber nur auf die Flussauen beschränkt. Er ist 37 km lang und zieht sich bis an die slowakische Grenze, misst aber an seiner breitesten Stelle gerade 4 km. Hier findet man Biber, Gottesanbeterinnen und Graureiher, und das Wahrzeichen des Nationalparks, den Eisvogel, bekommt man mit etwas Glück auch zu Gesicht. Die Auenlandschaft ist einem steten Wechsel unterworfen. Dafür sorgen die Pegelschwankungen der Donau von bis zu 7 m, die das Gleichgewicht in der Natur immer wieder verändern.

Mit dem NationalparkBoot gelangt man von der Wiener Innenstadt direkt in die Lobau. Zentrum des Parks ist das Nationalparkhaus. Ausstellungen und Informationsveranstaltungen versorgen hier die Besucher mit dem nötigen theoretischen Wissen, bevor sie sich auf Erkundungstour machen.

Durch die gesamte Lobau zieht sich ein weitläufiges Netz aus Wander- und Radwegen, auf dem man den »Wiener Dschungel« individuell kennenlernen kann. 11 km lang ist z. B. der Napoleon-Rundwanderweg, der das ehemalige Hauptquartier Napoleons auf seiner Runde mit einschließt.

Geführte Rad- und Wandertouren bucht man über die Nationalpark-Forstverwaltung Lobau (Tel. 40 00-4 94 80, Mo–Fr 8–16 Uhr). Das NationalparkBoot verkehrt vom 2. Mai bis 26. Okt. täglich. Abfahrt 9 Uhr an der Salztorbrücke, Abgang Franz-Josefs-Kai (Anmeldung Tel. 40 00-4 94 80).

XXII., Dechantweg 8 | Bus: Nationalparkhaus | Tel. 40 00-4 94 95 | www.donauauen.at | Feb.–Okt. Mi–So 10–18 Uhr

Hereinspaziert – Heuriger Wieninger (▶ S. 36) bietet erstklassge Weine aus dem eigenen Keller, typisch österreichische Schmankeln und jede Woche ein neues Menü à la carte.

EINKAUFEN

*Damit das Einkaufen Spaß macht und Sie wissen, wonach Sie
Ausschau halten können: Hier sind Anregungen zu dem speziellen
Angebot und zu individuellen Mitbringseln. Im Anschluss
finden Sie besonders empfehlenswerte Adressen aus diesem Band.*

Den Ruf einer Einkaufsmetropole genießt Wien zwar nicht unbedingt –
meist kommt man der Kultur wegen in die Donaustadt. Mit Fred Adlmül-
ler oder Helmut Lang hat die Stadt aber zwei namhafte Modeschöpfer hervorgebracht. Sie können sich auch bei den innovativeren Modellen junger
österreichischer Designer umschauen oder aber klassische österreichische
Tracht und Leder beziehungsweise handgefertigte Schuhe als Souvenir
mit nach Hause nehmen. Hervorragendes eigenständiges Design findet
man darüber hinaus bei Schmuck und Accessoires, bei Biedermeier- und
Jugendstilmöbeln, die natürlich auch ihren Preis haben.

MÖBEL UND PORZELLAN

Wer Billiges erwerben will, geht am besten auf den Flohmarkt, allerdings
stößt man selten auf Raritäten; die haben meist schon einen Kenner

◀ Bei Lobmeyr (▶ S. 40) in der Kärtner Straße gibt es Glas in allen erdenklichen Formen.

gefunden, bevor sie hier landen. Eine Besonderheit ist natürlich das **Doro-theum**: Dort kann man Kunst und Möbel zu einem angemessenen Preis ersteigern oder in einem der Geschäfte käuflich erwerben. Die Porzellan-manufaktur Augarten hat in Wien ihren Stammsitz; hier werden kleine Mitbringsel wie Porzellan-Lipizzaner hergestellt. In Sachen Sport haben die Wiener Geschäfte viel zu bieten: Österreichische Skier und Winter-sportmode genießen Weltruf, ebenso Jagdwaffen und -ausrüstung.

CULINARIA AUF DEM NASCHMARKT

Was man in Wien immer kaufen kann und auch sollte, sind hervorra-gende kulinarische Produkte aus der Region wie Käse, Speck, Schnäpse oder Wein und Sekt: Eine Flasche Riesling oder G'mischter Satz aus dem Anbaugebiet im Norden oder Süden Wiens oder eine Flasche Apfelessig der Essigmanufaktur Gegenbauer am **Naschmarkt** sind Mitbringsel, die garantiert gute Erinnerungen an Wien wachhalten.

Apropos Naschmarkt: Wiens traditioneller Marktplatz blüht seit dem Jahr 1916. Blunz'n (Blutwurst) und Wildschweinschinken, Wiener Schnecken und Wein, Käse aus ganz Europa und natürlich frisches Obst und Gemüse – hier gibt es alles, was das kulinarische Herz begehrt. Die Standbetreiber sind zwar meist nicht mehr die urigen alten Marktweiber von einst, aber dafür atmet der Naschmarkt wieder das Flair des einstigen Vielvölker-staats der Donaumonarchie.

Die Mitarbeiter der Geschäfte sind normalerweise von 9 bis 18, teils von 9 bis 19 Uhr für ihre Kunden da, am Samstag meist von 9 bis 17 Uhr.

BESONDERE EMPFEHLUNGEN

AUKTIONEN

Dorotheum   F 3

Eines der größten und ältesten Aukti-onshäuser der Welt für Kunst, Möbel und Schmuck mit mehr als 600 Auktio-nen pro Jahr, gegründet 1707 von Kaiser Joseph I. Gehen Sie ruhig hinein, und sehen Sie bei einer der vielen Verstei-gerungen zu – das ist ein echtes Erleb-nis. »Tante Dorothee«, wie die Wiener ihre Pfandleihanstalt liebevoll nennen, hat auch einen angeschlossenen Shop: Dort kann man einkaufen wie in einem ganz normalen Geschäft (▶ Karte S. 74).

I., Dorotheergasse 17 | U-Bahn: Herren-gasse | www.dorotheum.at

BÜCHER

Kuppitsch   E 2

Die älteste Buchhandlung Wiens mit deutsch- und fremdsprachiger Literatur, Zeitschriften und Tonträgern für klassische Musik (▶ Karte S. 74).

I., Schottengasse 4 | U-Bahn: Schotten-tor | www.kuppitsch.at

DESIGN

MAK Design Shop ▶ G3

Junges österreichisches Design im Laden des Museums für Angewandte Kunst: von Buchstützen über Feuerzeuge und Postkarten bis hin zu Lampen und Geschirr (▶ Karte S. 60).

I., Stubenring 5 | U-Bahn: Stubentor | www.mak.at

GLAS

Lobmeyr ▶ F3

Ob edle Kristallgläser, fantasievolle Trinkbecher oder die Kronleuchter der Wiener Staatsoper – alles stammt aus der 1832 gegründeten Glasmanufaktur Lobmeyr. Im angeschlossenen kleinen Museum kann man die Geschichte der Glasbläserkunst verfolgen. Die Front des Hauses ist übrigens eines der letzten original erhaltenen Geschäftsportale der Kärntner Straße (▶ Karte S. 60).

I., Kärntner Str. 26 | U-Bahn: Stephansplatz | www.lobmeyr.at

LEBENSMITTEL

Meinl am Graben ▶ E3

Feinkostgeschäft mit angeschlossenem Gourmetrestaurant. Gute Qualität zu moderaten Preisen, auch eine große Auswahl an Weinen (▶ Karte S. 74).

I., Graben 19 | U-Bahn: Stephansplatz | www.meinlamgraben.at

Trześniewski ▶ E/F3

Der Name ist zwar ein Zungenbrecher, die weltbekannten Brotaufstriche und kleinen Snacks (auch zum Mitnehmen)

sind jedoch reine Poesie. Es gibt neun Filialen, darunter (▶ Karte S. 60):

I., Dorotheergasse 1 | U-Bahn: Stephansplatz | www.trzesniewski.at

MODE

Cachil ▶ E3

Hier findet man die schönsten Hüte für Damen: viele Einzelstücke, klassische, aber auch Avantgarde-Kreationen von Waltraud Jungwirth (▶ Karte S. 74).

I., Seilergasse 14 | U-Bahn: Stephansplatz | www.cachil.at

R. Horn's Wien ▶ F3

In zwei Shops werden handgemachte Stücke von österreichischen und internationalen Designern offeriert. Reiches Angebot an Accessoires für Damen und Herren (▶ Karte S. 74).

I., Bräunerstr. 7 und Mahlerstr. 5 | U-Bahn: Herrengasse | www.rhorns.com

Ringstraßen-Galerien ▶ F4

Die Gebäude der Ringstraße wurden zu einer Einkaufspassage der gehobenen Klasse verbunden: Haute Couture, Schmuck und Accessoires sind hier zu erwerben. In Bars und Cafés kann man Pianomusik lauschen oder man flaniert einfach durch die Gänge (▶ Karte S. 60).

I., Kärntner Ring | U-Bahn: Oper/Karlsplatz, Straßenbahn: Kärntner Straße | www.ringstrassengalerien.at

SCHOKOLADE

Altmann & Kühne ▶ F3

Handgefertigtes Konfekt der Spitzenklasse in fantasievoller Verpackung, z. B. in bemalten Nähkästchen oder Schmuckschatullen (▶ Karte S. 60).

I., Graben 30 | U-Bahn: Stephansplatz | www.altmann-kuehne.at

SCHMUCK
Heldwein   ⚑ E3

Heldwein ist das Wiener Traditions-
geschäft für klassische Juwelierware
schlechthin. Auch kostbare Stücke
aus Nachlässen sind hier im Angebot.
Durchweg gehobene Qualität, die frei-
lich ihren Preis hat (▶ Karte S. 60).
I., Graben 13 | U-Bahn: Stephansplatz |
www.heldwein.at

A. E. Köchert   ⚑ F3

Schon die funkelnden Edelsteine im
Haar der Kaiserin Elisabeth stammten
von Köchert. Der ehemalige Hofliefe-
rant produziert nun schon in sechster
Generation. Das Geschäft ist aber auch
aufgrund der modernen Schmucklinien
einen Besuch wert (▶ Karte S. 60).
I., Neuer Markt 15 | U-Bahn: Karlsplatz/
Oper | www.koechert.at

SCHUHE
Ludwig Reiter   ⚑ E2

Handgenähte Schuhe – klassisch oder
für die Freizeit. Unter den rund 100
Modellen finden sich aber auch ausgefallene Stücke (▶ Karte S. 74).
I., Mölker Steig 1 | U-Bahn: Herren-
gasse | www.ludwig-reiter.com

STOFFE
Backhausen   ⚑ F4

Backhausen lagert hier mehr als 3500
Originalentwürfe für Wohntextilien.
Die 1849 entstandene Firma war auch
bei der Gründung der Wiener Werkstätte beteiligt (▶ Karte S. 60).
I., Schwarzenbergstr. 10 | U-Bahn:
Karlsplatz | www.backhausen.at

Weitere Geschäfte und Märkte finden Sie im
Kapitel WIEN ERKUNDEN.

Für Liebhaber exklusiver Teesorten gibt es keinen eleganteren Ort als die Teeabteilung bei
Meinl am Graben (▶ S. 40), Wiens erste Adresse für Delikatessen aus aller Welt.

KULTUR UND UNTERHALTUNG

*Für alle, die am Abend noch mehr von Wien erleben möchten:
Hier bekommen Sie einen Überblick über das Kultur-
und Nachtleben der Stadt. Im Anschluss finden Sie besonders
empfehlenswerte Adressen aus diesem Band.*

Klassisches Theater, trendige Bars und Jazzclubs – die Wiener Szene ist lebendiger denn je und okkupiert immer wieder neue Locations. Nach so illustren Plätzen wie dem Volksgarten oder der Meierei im Stadtpark wurde z. B. eine ungenutzte Fußgängerunterführung in einen Club verwandelt. Passage heißt er passend – mit futuristischem Ambiente, großer Lichtanlage und gepflegtem Clubsound auf den Plattentellern (I., Opernring/Ecke Babenbergerstraße, www.club-passage.at). Aber auch einige Pioniere des legendären Bermuda-Dreiecks in der Innenstadt – Krah-Krah oder Roter Engel – gibt es immer noch, und wenn man das allabendliche Gedrängel sieht, mag man kaum glauben, dass diese Lokale bereits seit über 30 Jahren angesagt sind.
Neue Errungenschaften der Bar- und Beislszene sind indes längst nicht mehr auf die Innenstadt beschränkt: Neben einer Reihe trendiger Lokale

◄ Konzentration: die Philharmoniker beim Neujahrskonzert im Musikverein (▶ S. 45).

in den Bögen der Stadtbahn am Gürtel – was gleichzeitig eine Revitalisierung des dortigen Rotlichtbezirks bedeutete – hat sich auch ein »Grätzel«, wie das Freihausviertel beim Naschmarkt, unter den beliebten Ausgehadressen etabliert.

VON DER BURG ZUM HEURIGEN

Aber Wien hat natürlich weit mehr zu bieten als Bars, Diskotheken und Beisln. Gerade die Kultur zieht ja verstärkt Gäste nach Wien: Seien es die klassischen Aufführungen in der Staatsoper, das renommierte Burgtheater, zugkräftige Musicals im Theater an der Wien oder schwungvolle Operetten in der Volksoper – das Programm ist vielfältig. Dazu kommt eine Reihe von Programmkinos und – im Sommer – die viel besuchten Freiluftkinos im Augarten, in der Arena oder am Rathausplatz.

Und es soll auch noch Leute geben, die den Tag am liebsten beim Heurigen ausklingen lassen.

BESONDERE EMPFEHLUNGEN

CLUBS UND DISKOTHEKEN

Flex ⚓ F 1/2

Die fettesten Bässe, die besten DJs und Liveauftritte – gute Argumente, um die Tanzfläche am Donaukanal zu füllen. Ins Flex gelangt man über die Abgänge an der Augartenbrücke und hinter der U-Bahn-Station Schottenring.

IX., Donaukanal-Promenade | U-Bahn: Schottenring | www.flex.at | tgl. 21–4 Uhr

U4 ⚓ A/B 6

Beim Eingang zur U-Bahn Nr. 4 gelegen, verströmt die Disco noch immer etwas von der Atmosphäre der späten 1970er-Jahre, als sie sich als New-Wave- und Punk-Schuppen einen Namen gemacht hat. Heute tanzt man hier zu Musik jeder Couleur, und hin und wieder gibt's auch ein Livekonzert.

XII., Schönbrunner Str. 222 | U-Bahn: Meidlinger Hauptstr. | www.u-4.at | Mo 22–4, Di–So 22–5 Uhr und je nach Veranstaltung

Volksgarten ⚓ E 4

Ein Tanzpavillon im Stil der 50er-Jahre und Wiens erste Adresse fürs Clubbing. Gastspiele namhafter DJs (House, Techno) und andere wechselnde Events, entweder im Volksgarten-Pavillon oder in der Disco (▶ Karte S. 74).

I., Burgring 1 | U-Bahn: Volkstheater | www.volksgarten.at | Fr, Sa 23–6 Uhr und je nach Veranstaltung

KINOS

Burg Kino ⚓ E 4

Im ältesten Kino der Stadt erwarten Sie Theateratmosphäre und ein anspruchsvolles Programm. Alle Filme laufen in Originalsprache (▶ Karte S. 74).

Die Inszenierungen des Burgtheaters (▶ S. 45) sind in Wien Stadtgespräch. Seine aktuellen und ehemaligen Ensemblemitglieder zählen zu den Stars des deutschsprachigen Schauspiels.

I., Opernring 19 | U-Bahn: Karlsplatz/ Oper | Tel. 5 87 84 06 | www.burg kino.at

Österreichisches Filmmuseum ⚑ E3
Leckerbissen für Cineasten in einem erneuerten Kinosaal mit 163 komfortablen Polstersesseln (▶ Karte S. 74). I., Augustinerstr. 1 | U-Bahn: Karlsplatz/ Oper | Tel. 5 33 70 54 | www.film museum.at | Juli und Aug. geschl.

Votivkino ⚑ D2
Hier genießt man die Filme noch in einem schönen alten Saal. Anspruchs-

volles Kinoprogramm und viele Originalfassungen (▶ Karte S. 123). IX., Währinger Str. 12 | U-Bahn: Schotten-tor | Tel. 3 17 35 71 | www.votivkino.at

JAZZ, ROCK, POP
Arena ⚑ K6
Die Arena in Erdberg veranstaltet neben Livekonzerten regelmäßige Clubbing-Abende. In der warmen Jahreszeit flimmert das Sommerkino unter freiem Himmel (▶ Karte S. 96). III., Baumgasse 80 | U-Bahn: Erdberg | Tel. 7 98 85 95 | www.arena.co.at | Reservierung Mo–Fr 11–17 Uhr

Porgy & Bess F 3

Wiens Jazzclub Nummer eins – nicht nur für die Puristen, sondern auch für Freunde von Avantgarde, anspruchsvoller und generell innovativer Musik (▶ Karte S. 60).

I., Riemergasse 11 | U-Bahn: Stephansplatz | Tel. 5 12 88 11 | www.porgy.at

KONZERT, OPER, THEATER

Burgtheater E 3

»Die Burg«, widmet sich den Klassikern der Weltliteratur, ihre Schauspieler, Dramaturgen und Regisseure gehören traditionell zur Crème de la Crème der deutschsprachigen Theaterzunft. Allein die Tatsache, dass Burgschauspieler auf dem Zentralfriedhof in Ehrengräbern bestattet werden, ist ein Beleg dafür, wie hoch dieses Haus und dessen Kunst in der Stadt geschätzt werden. Regelmäßig ausverkauft (▶ Karte S. 74).

I., Universitätsring 2 | U-Bahn: Rathaus | Information und Karten: Bundestheaterverband, Hanuschgasse 3 | Tel. 5 14 44 41 40 | www.burgtheater.at

Musikverein F 4

Die Heimat der renommierten Wiener Philharmoniker. Sind sie nicht auf den Bühnen der Welt unterwegs, spielen sie hier (▶ Karte S. 60).

I., Bösendorferstr. 12 | U-Bahn: Karlsplatz | Tel. 5 05 65 25 | www.wiener philharmoniker.at

Ronacher F 3

In früheren Zeiten lief im Ronacher noch Kabarett und auch André Heller machte hier Programm. Inzwischen ist das »Establissement« eine Musicalbühne und hat sich auf Broadway-Produktionen eingespielt (▶ Karte S. 60).

I., Seilerstätte 9 | U-Bahn: Stephansplatz | Tel. 5 88 85 | www.musical vienna.at

Staatsoper E 4

Hier geben sich alljährlich auch die ganz Großen die Klinke in die Hand. Verdi und Puccini stehen ebenso auf dem Programm wie Mozart oder Richard Strauss. Und natürlich ist die Oper auch Schauplatz des legendären Opernballs (▶ Karte S. 74).

🕐 Günstige Stehplatzkarten werden ab 80 Minuten vor Vorstellungsbeginn an der Stehplatzkasse verkauft. Der Zugang befindet sich in der Operngasse.

I., Opernring 2 | U-Bahn: Karlsplatz/ Oper | Tel. 5 14 44-22 50 | www. wiener-staatsoper.at | Infos über den Kartenverkauf und Vorbestellungen gibt's unter den Arkaden im Gebäude der Staatsoper, Herbert-von-Karajan-Platz, 1010 Wien | Mo–Fr 9 Uhr bis eine Stunde vor Vorstellungsbeginn, Sa 9–17 Uhr | Telefonverkauf (Kreditkarteninhaber) unter 5 13 15 13, tgl. 10–21 Uhr

Wiener Konzerthaus F 4

Die »Stätte für die Pflege edler Musik«, so die Laudatio bei der Einweihung 1913, ist Wiens zweite große Konzertbühne neben dem Musikverein. Internationale Orchester, aber auch die Wiener Symphoniker treten hier regelmäßig auf. Und das Konzerthaus ist der Veranstaltungsort von »Wien Modern« und »Resonanzen« (▶ Karte S. 60).

III., Lothringerstr. 20 | U-Bahn: Stadtpark | Tel. 24 20 02 | www.konzert haus.at

Weitere empfehlenswerte Adressen finden Sie im Kapitel WIEN ERKUNDEN.

FESTE FEIERN

Der Opernball ist der berühmteste und wichtigste, aber fast für jeden Geschmack hat Wien einen eigenen Ball anzubieten. Und auch sonst findet man in der Stadt immer einen Grund zu feiern – und dies das ganze Jahr über.

Fesche Debütantinnen und Debütanten drehen sich lächelnd im Walzertakt, für die Gäste in den Logen gibt es Champagner und Tafelspitz bis zum Abwinken und mehr oder weniger prominente Stars und Ehrengäste sorgen für einen Hauch von Glamour: Das ist der **Opernball**, Wiens wohl wichtigste Ballveranstaltung und ein solches Highlight, dass er sogar live im österreichischen Fernsehen übertragen wird. Sein Flair erhält er durch die prachtvolle Kulisse – die Staatsoper, in der getanzt wird – und sein illustres Publikum, zu dem alles zählt, was in Österreich Rang und Namen hat oder zu haben meint.

MEHR BÄLLE, ALS DAS JAHR TAGE HAT

Der Opernball ist wahrscheinlich der bekannteste, aber beileibe nicht der edelste der rund 450 Events des Wiener Balljahrs: Prunkvoller ist der

◀ Das Donauinselfest (▶ S. 48) zieht alljährlich 3 Mio. Musikfans an – bei freiem Eintritt.

Philharmonikerball im Musikvereinssaal, intimer oder lustiger sind der **Ball der Kaffeesieder**, der **Bonbonball** oder der **Johann-Strauß-Ball** im Rathaus. Da bleibt einem nur die Qual der Wahl. Während des Faschings gibt es kaum ein Wochenende ohne Ballveranstaltung.

EUROPAS GRÖSSTES OPEN-AIR-FESTIVAL

Aber Wien ist nicht nur eine Stadt der Bälle, auch Festivals jedweder Couleur findet man das ganze Jahr über: Die meisten haben natürlich mit Musik zu tun. Die Palette reicht von klassischer über Rockmusik bis zu »Wean hean«, dem Festival für Wiener Musik. Tanzfreunde kommen ebenso auf ihre Kosten wie Film- oder Akkordeonfans. Eine Besonderheit ist aber das **Donauinselfest** – Europas größtes Freiluft-Musikfestival. Fast drei Millionen Besucher kommen jedes Jahr, um Rock- und Popgrößen zu hören. Ist das Wetter schön, kann man in Hörweite der Bühnen wunderbar im grünen Gras oder am Donaustrand chillen.

FESTKALENDER
JANUAR
Neujahrskonzert der Wiener Philharmoniker
Strauß, Mozart und Beethoven begrüßen am 1. Januar im Musikvereinssaal das neue Jahr. An Karten zu kommen ist schwierig, aber das Konzert von Wiens Vorzeigeorchester wird weltweit im Fernsehen übertragen.
www.wienerphilharmoniker.at

Resonanzen – Das Festival für Alte Musik
Der Musik zwischen Mittelalter und Barock ist dieses Festival im Wiener Konzerthaus gewidmet. International renommierte Ensembles treten auf, hinzu kommen Filmvorführungen und Künstlergespräche.
Mitte bis Ende Januar | www.konzert haus.at

FEBRUAR
Opernball
Der Opernball in der Staatsoper ist Wiens wichtigste Ballveranstaltung. Wer in Österreich etwas auf sich hält, darf ihn sich nicht entgehen lassen.
www.wiener-staatsoper.at

MÄRZ
Akkordeonfestival Wien
Jazz, Klassik, Folk, Wiener Schrammeln und Klezmer gehen bei diesem feinen, kleinen Musikfestival eine Liaison ein. Gespielt wird einen Monat lang in Kirchen, Kneipen und Theatersälen.
Ende Februar bis Ende März | www. akkordeonfestival.at

APRIL
Osterklang
Musikfestival an mehreren Orten, u. a. im Theater an der Wien. Die Wiener

Philharmoniker und andere Größen interpretieren alte und neue Musik.
Ostern | www.osterklang.at

Electric Spring D 4

Das MuseumsQuartier ist Schauplatz des Festivals für elektronische Musik – vor allem aus Österreich.
www.electricspring.at | Eintritt frei

Wean hean

Mit renommierten Interpreten wird bei »Wien hören« einen Monat lang das Wienerlied gefeiert. Regelmäßig treten z. B. Roland Neuwirth, Karl Hodina oder das Kollegium Kalksburg auf.
April–Mai | www.weanhean.at

MAI

Maifest

Das nach wie vor rote Wien feiert am 1. Mai den Tag der Arbeit im Prater – gleichzeitig ist Start für die Pratersaison, die Mitte Oktober wieder endet.
1. Mai | www.praterservice.at

MAI/JUNI

Wiener Festwochen

Das größte Wiener Kulturspektakel bietet etwas für jeden Geschmack: Es reicht von Konzerten über Kooperationen im Filmmuseum bis zu Musiktheater und Schauspiel. Das Eröffnungsfest ist bei freiem Eintritt auf dem Rathausplatz.
Mitte Mai bis Mitte Juni | www.festwochen.at

JUNI

Donauinselfest

Am letzten Juniwochenende ist die Donauinsel drei Tage lang Schauplatz eines riesigen Gratis-Freiluft-Events auf und um 20 Bühnen.

Ende Juni | XXII., Donauinsel | U-Bahn: Donauinsel | www.donauinselfest.at

JUNI/JULI

Jazzfest Wien

Das Wiener Jazzfest, das die Stadt an ungewöhnlichen Veranstaltungsplätzen wie der Staatsoper swingen lässt, ist nichts für Puristen. Größen des zeitgenössischen Jazz treten hier ebenso auf wie Seun Kuti, Marianne Faithfull oder Helge Schneider.
Ende Juni bis Anfang Juli | www.viennajazz.org

JULI/AUGUST

ImPulsTanz

Ein wichtigstes Festival für zeitgenössischen Tanz, Tanztheater und -performances, bei dem alles zusammenkommt, was Rang und Namen hat. Zu den Spielstätten gehören das MuseumsQuartier, das Volkstheater oder das Akademietheater.
Juli bis August | www.impulstanz.com

KlangBogen

Große Oper und klassische Konzerte von mittelalterlicher Kammermusik bis zu zeitgenössischen Kompositionen. Im Musikverein findet traditionell das Abschlusskonzert mit den Wiener Philharmonikern statt.
Mitte Juli bis Mitte August | www.klangbogen.at

OKTOBER

Film-Festival Viennale

Die Viennale ist Österreichs bedeutendstes Filmfestival mit einem umfangreichen Rahmenprogramm.
Ende Oktober bis Anfang November | www.viennale.at

Jüdisches Filmfestival Wien

In Zusammenarbeit mit dem Österreichischen Filmarchiv werden u. a. das Metro Kino, das Votivkino und selbst das Jüdische Theater bespielt.

Oktober | www.jfw.at

OKTOBER/NOVEMBER
Wien modern

Die Musik des 20. und 21. Jh. steht bei dieser Konzertreihe im Mittelpunkt: Renommierte Komponisten kommen dabei ebenso zum Zug wie Newcomer. Im »Dschungel Wien« im Museums Quartier läuft dazu ein Parallelfestival für junges Publikum.

Ende Oktober bis Mitte November | www.wienmodern.at

NOVEMBER
Feschmarkt

Festival für junges Design, fast 200 Aussteller sorgen für ein breites Angebot. Mitte November | XVI; verschiedene Schauplätze | www.feschmarkt.at

DEZEMBER
Christkindlmarkt

Der Rathausplatz ist während der Adventszeit der schönste Ort, um sich an heißen Kastanien und Glühwein zu wärmen. Stimmungsvoll geht es aber auch in Schönbrunn und am Karlsplatz zu. Ein Tipp ist das Weihnachtsdorf im Universitätscampus (dem Alten AKH). Hier gibt es sogar ein Kinderkarussell und eine Weihnachtseisenbahn.

Advent | www.weihnachtsdorf.at

Hofburg Silvesterball

Bis 2011 hieß der Silvesterball in der Hofburg »Kaiserball«. Der letzte (oder schon der erste?) der großen Bälle – in diesem Fall steht er ganz im Zeichen der Habsburger.

Silvester | www.kaiserball.at

Die Eröffnung der Festwochen (▶ S. 48) vor dem Rathaus zählt zu den Höhepunkten des Kulturkalenders. Geboten werden Oper, Konzert, Theater, Performance, Film und vieles mehr.

MIT ALLEN SINNEN
Wien spüren und erleben

*Reisen – das bedeutet aufregende Gerüche und neue Geschmacks-
erlebnisse, intensive Farben, unbekannte Klänge und unerwartete
Einsichten; denn unterwegs ist Ihr Geist auf besondere Art und
Weise geschärft. Also, lassen Sie sich mit unseren Empfehlungen
auf das Leben vor Ort ein, fordern Sie Ihre Sinne heraus und erleben
Sie Inspiration. Es wird Ihnen unter die Haut gehen!*

◀ Am Pool des Badeschiffs (▶ S. 51) lässt es sich aushalten – und vorzüglich speisen.

BESONDERE EMPFEHLUNGEN
ESSEN UND TRINKEN
Holy Moly am Badeschiff ◢ G 2

In der Kombüse wird aufgekocht, im Laderaum und am Hauptdeck gespeist: An einem lauen Sommerabend schweift der Blick über den Donaukanal und den 2. Bezirk, tagsüber wird hier auch gebadet (daher der Name Badeschiff). Der zuständige Koch ist Christian Petz, der das Schiff an der Donau gemeinsam mit einem Partner betreibt. Inzwischen geht jeder, der in Wien hervorragend essen will, hier an Bord. Mittags werden Suppen und Eintöpfe serviert.

I., Ankerplatz: Donaukanallände zwischen Schwedenplatz und Urania | U-Bahn: Schwedenplatz | Tel. 06 99/15 13 07 50 | www.badeschiff.at | Mo–Sa 18-1 Uhr (Küche bis 22 Uhr) | Holy Moly Unterwasserclub im Laderaum: tgl. 22–4 Uhr | €€€

Kunst und Genuss ◢ F 3

Ein sonntäglicher Brunch in der Beletage des Palais Todesco im 1. Bezirk nahe dem Kärntner Ring: Dabei tischt das Restaurant Gerstner ein opulentes Buffet auf; zu Walzerklängen wird unter den Fresken des Kunstmalers Carl Rahl geschmaust. Und wer noch Lust auf mehr (Kunst) hat, kann gegen einen kleinen Aufpreis gleich bei einer Führung durch die nahe Gemäldesammlung der Galerie der Akademie der Bildenden Künste flanieren und u. a. das »Weltgerichtstriptychon« von Hieronymus Bosch bewundern.

I., Kärntner Str. 51 | U-Bahn: Stephansplatz | Tel. 3 16 65-24 88 | www.gerstner.at | So 11–14.30 Uhr | 47 € mit Begrüßungscocktail

KULTUR UND UNTERHALTUNG
Haus der Musik ◢ F 4

Dass Wien eine Stadt der Musen ist, beweist dieses musikalische Erlebnismuseum im historischen Palais Erzherzog Carl, das ganz den Tönen gewidmet ist – vom Ursprung des Klangs bis zu Hyperinstrumenten. Samstags um 14 Uhr und sonntags um 10 und 14 Uhr ist Kinderführung, bei der die Nachwuchs-Karajans virtuell das Orchester der Wiener Philharmoniker dirigieren dürfen und Interessantes über Mozart und andere Musikgrößen erfahren. Aber auch Erwachsenen wird im Haus der Musik ein abwechslungsreiches Programm geboten.

I., Seilerstätte 30 | U-Bahn: Stephansplatz | Tel. 5 13 48 50 | www.hdm.at | tgl. 10–22 Uhr | Eintritt 12 €, Kinder 5,50 €

Josephinum ◢ D 1

In der einstigen chirurgisch-medizinischen Militärakademie befindet sich die von Kaiser Joseph II. in Auftrag gegebene Kollektion von anatomischen Wachsfiguren. Der Kaiser ließ seine

Militärärzte daran die inneren Organe des Menschen studieren – er fand, dass die Mediziner zu schlecht ausgebildet waren. Heute ergötzen sich Museumsbesucher an den lebensecht gestalteten Ausstellungsstücken, deren künstlerischer Wert sicher außer Frage steht. Zu sehen sind Frauen mit offen gelegten Organen, perlengeschmückt auf Samt gebettet, und Männer mit abgeschälten Muskelpaketen in hohen Glasvitrinen und anderes mehr.

IX., Währinger Str. 25 | Straßenbahn: Sensengasse | www.josephinum.ac.at | Fr, Sa 10–18 Uhr | Führung Fr 11 Uhr nach Anmeldung unter Tel. 4 01 60-2 60 02 oder E-Mail sammlungen@meduniwien. ac.at | Eintritt 4 €, Kinder frei

EINKAUFEN

Blühendes Konfekt C 5

Michael Diewald bringt Pralinen zum Blühen: Aus Früchten und in Zucker konservierten Blüten zaubert er Köstlichkeiten wie Limetten-Hollerblüten-Marzipan in Gelbwurz oder Kamillenblüten-Schokolade. Die Zutaten stammen zum Teil aus biologischem Anbau. Bei einer Verkostung in der Werkstatt gehört auch heiteres Zutatenrätseln dazu.

VI., Schmalzhofgasse 19 | Tel. 66 03 41 19 85 | www.bluehendes-konfekt.com | Mi–Fr 10–18.30 Uhr | Termine für Verkostungen auf Anfrage

Magazin am Getreidemarkt E 4

Einen bunten Mix von Casual bis Ball vereint der Modeshop Magazin am Getreidemarkt. Zu finden sind hier Labels wie Frau Blau aus Tel Aviv oder Mark&Julia und CF-Selection aus Wien, daneben gibt es Kunstausstellun-

gen. Man kann aber auch einfach nur in Modemagazinen schmökern oder ein Glas Sekt genießen.

VI., Getreidemarkt 11 | U-Bahn: Museumsquartier | www.magazinam getreidemarkt.at

Duftendes am Graben E/F 3

Ein Duft aus Wien? Schon zu k.-u.-k.-Zeiten waren sie Hoflieferanten: Nägele & Strubell oder J. B. Filz gibt es noch heute, ihre Geschäfte liegen in bester Lage am Graben. Das Lavendelwasser »Eau de Lavende« hat J. B. Filz bekannt gemacht und wurde auch in Heimito von Doderers Roman »Die Strudlhofstiege« erwähnt. Die Originalrezeptur für diesen Duft stammt aus dem Jahr 1892 und ist eine Mischung aus drei verschiedenen Lavendelsorten mit einem Hauch Rose.

Auch der Herrenausstatter Knize hat einen zeitlosen Herrenduft entwickelt. »Knize Ten« war der Legende nach 1925 die erste Herrenduftserie der Welt und wurde damals für die Pariser Filiale des Wiener Herrenausstatters entwickelt. Der Name des auf Ledernoten basierenden Parfums steht für zehn Punkte, die höchste Vorgabe beim Polospiel.

– Parfumerie J. B. Filz | I., Graben 13 | www.parfumerie-filz.at
– Modeatelier Knize | I., Graben 13 | www.knize.at

AKTIVITÄTEN

Amalienbad südl. G 6

Wien besitzt eine Reihe von teilweise sehr prachtvoll ausgestatteten Hallenbädern und Saunen – ein Beitrag zur Volksgesundheit, denn in vielen alten »Substandardwohnungen« gab es kein Badezimmer. Das sicher schönste ist das Amalienbad am Reumannplatz – gegenüber vom Eissalon Tichy. Das aufwendig renovierte Jugendstilgebäude lohnt schon wegen der Architektur einen Besuch.

X., Reumannplatz 23 | U-Bahn: Reumannplatz | www.wien.gv.at/freizeit/baeder | Di 9–18, Mi 9–21.30, Do 7–21.30, Fr 9–21.30, Sa 7–20, So 7–18 Uhr | Eintritt 5,30 €, Kinder 1,80 €

Rund ums Fetzenlaberl

Obwohl die österreichische Nationalmannschaft schon bessere Zeiten gesehen hat, ist das Fetzenlaberl (Dialektausdruck für den Fußball aus den Zeiten, als er noch aus alten Stoffresten bestand) aus dem Wiener Leben nicht wegzudenken. Oder besser gesagt: Es gibt zwei große Glaubensrichtungen: Rapid Wien (Vereinsfarbe: Grün-Weiß), das im Gerhard-Hanappi-Stadion in Hütteldorf beheimatet ist, und Austria Wien (Vereinsfarbe: Violett), das in der Generali Arena am Laaer Berg spielt. Besonders bei den Wiener Derbys in der Österreichischen Bundesliga kommt Volksfeststimmung auf.

www.skrapid.at | www.fk-austria.at

Schönbrunn erleben westl. A 6

Unter dem Namen »Schönbrunn erleben« werden Besucher in zwölf Räume im Westtrakt des Schlosses in die Zeiten Maria Theresias und ihrer Kinder entführt. Im Rahmen dieser 1,5-stündigen Führung erfährt man, wie man gekonnt mit einem Fächer kokettiert oder fachmännisch eine Perücke frisiert. Kinder können eine Puppe oder sich selbst mit barocken Kleidern ausstaffieren und sich als Prinz oder Prinzessin fotografieren lassen. Dazu lernt man einiges über das höfische Leben der Kinder von einst.

XIII., Schönbrunner Schlossstr. | U-Bahn: Schönbrunn | Tel. 81 11 32 39 | www.schoenbrunn.at, www.kaiserkinder.at | Termine für die Kinderführung auf Anfrage | Eintritt 7,50 €, Kinder 6 €

Die Austria feiert: Das Wiener Derby (▶ S. 53) zwischen SK Rapid Wien und FK Austria Wien ist mit 400 Austragungen das am zweithäufigsten gespielte Fußballderby Europas.

Die bunten Bänke im MuseumsQuartier
(▶ S. 142) werden »Enzis« genannt.

WIEN
ERKUNDEN

EINHEIMISCHE EMPFEHLEN

*Die schönsten Seiten Wiens und Orte, die man besser meidet,
kennen am besten diejenigen, die dort zu Hause sind.
Zwei Bewohner lassen wir hier zu Wort kommen – Menschen,
die eines gemeinsam haben: die große Liebe zu ihrer Stadt.*

Wolfgang Rosam, Herausgeber der Zeitschrift »Falstaff«

Für den Wiener ist der Wein ein Stück seiner Seele. Wien ist auch die einzige Hauptstadt der Welt, wo aktiv Weinbau betrieben wird. Für mich sind Wien und der Wein eine unschlagbare Symbiose zwischen einer einzigartigen Landschaft und Kultur und einem Geschmackserlebnis, das für mich einen großen Lustgewinn bedeutet. Man darf nicht vergessen: Ich lebe seit mehr als 30 Jahren in Wien, und für mich war das die erste Begegnung mit dem Wein überhaupt.

Wir verbuchen in der Bundeshauptstadt jährlich rund 12 Mio. Nächtigungen, und ein Wien-Besucher möchte

Österreichische Küche auf höchstem Niveau verspricht das Steirereck (▶ S. 27). Chefkoch Heinz Reitbauer verwendet nur Produkte aus der Umgebung und aus eigener Landwirtschaft.

zur Wiener Küche in der Regel auch einen Wiener Wein trinken. Wenn ich in der Toskana bin, bestelle ich ja auch keinen Barolo. Deshalb sehe ich für den Wiener Wein eine große Zukunft: Die Lagen sind gut, der fortschreitende Klimawandel tut ein Übriges. Mein größter Wunsch – ich lebe in Hietzing neben Schloss Schönbrunn – war immer, dass ich meinen eigenen Weinkeller in den einzigartigen Weinbergen von Grinzing hätte.

Ein wunderbarer Ort, um Wiener Weine und gutes Essen zu genießen, ist das Steirereck im Stadtpark: Seit Jahrzehnten kümmert sich die Familie Reitbauer hervorragend um Küche und Keller, immer auf Topniveau, und das Restaurant ist bis heute ein kulinarischer Fixpunkt der Stadt.

Andreas Gugumuck, Schneckenzüchter

Die Geschichte der Wiener Weinbergschnecke reicht bis ins Mittelalter zurück. Ursprünglich ein Armeleuteessen, kam die Weinbergschnecke im 19. Jh. wegen ihrer aphrodisierenden Wirkung wieder in Mode. In Wien gab es sogar einen eigenen Schneckenmarkt, auf dem die Schnecke von Schneckenweibern als »Wiener Auster« angeboten wurde. Man verzehrte die Weichtiere, die bis zu 8 cm groß werden können, am liebsten gekocht und gezuckert oder gebacken oder auch mit Speck gebraten zum Weinkraut. Schneckenrezepte befinden sich in nahezu allen traditionellen Kochbüchern Österreichs.

Heute tummeln sich in der Hochsaison 200 000 bis 300 000 Tiere auf dem Hausacker meiner Familie in Rothneusiedl im Süden von Wien. Jeden Tag

»Ein Wien-Besucher möchte zur Wiener Küche auch einen Wiener Wein trinken. Wenn ich in der Toskana bin, bestelle ich ja auch keinen Barolo.«

Wolfgang Rosam

werden rund 1000 Weinbergschnecken auf dem 400 Jahre alten Wiener Bauernhof verarbeitet und dann in der österreichischen Topgastronomie oder direkt ab Hof verkauft.

Zu unseren ganz besonderen Spezialitäten gehören Schneckenkaviar, weiße Perlen, die geschmacklich an Radieschen oder Cassis erinnern, und die Schneckenleber, die durch ihren feinen Geschmack die Genießer immer wieder in Erstaunen versetzt.

1. BEZIRK: INNERE STADT

Im Herzen der Stadt findet man fast alles, was Wien berühmt gemacht hat: vom Stephansdom über die Staatsoper, die Kärntner Straße bis zur Sachertorte. Und trotzdem gibt es gerade im 1. Bezirk noch vieles zu erforschen.

Wien ist für Touristen leicht zu »erobern« – am besten natürlich zu Fuß, mit dem Fahrrad oder neuerdings auch mit dem Segway. In der »Inneren Stadt«, dem Kern des mittelalterlichen Wiens, kann man so hautnah erleben, was die Faszination dieser Stadt ausmacht. Die Bandbreite der einzigartigen Architekturmelange reicht von verschachtelten Gassen über barocke Kirchen und klassizistische Paläste bis hin zu modernem Design. Entstanden ist der 1. Bezirk auf den Resten des ehemaligen Römerlagers Vindobona. Das heutige Wien entwickelte sich erst im Mittelalter und wurde dann aber schnell Herrschaftszentrum der Babenberger und später der Habsburger. Für Wien-Besucher aus der ganzen Welt ist die Innere Stadt stets das erste Ziel. Doch bekanntlich haben Touristen ihren Zeitplan und auch ihre Saisonen – und zwischendrin findet man immer wieder Tage oder nur Momente, in denen man sich in Ruhe z. B. am »Fenstergu-

◀ 230 000 bunte Ziegel bedecken das 110 m lange Dach des Stephansdoms (▶ S. 62)

cker« des Dombaumeisters Anton Pilgram ergötzen kann.

Zur Erholung empfiehlt sich ein Spaziergang entlang des Donaukanals oder ein Bummel durch die Kärntner Straße oder den Graben; noch immer sind einige der mondänsten Geschäfte Wiens hier zu finden oder zumindest deren Fassaden, hinter denen sich internationale Modeketten einquartiert haben. Zwischendurch müssen Sie natürlich die einzigartige Atmosphäre in einem Wiener Kaffeehaus wie dem Central, dem Bräunerhof oder dem Hawelka schnuppern, ein Wiener Schnitzel genießen oder den »Wiener G´mischten Satz« verkosten. Vielleicht kommt man sich mit ein paar Einheimischen zwischenmenschlich ein wenig näher und es wird noch ein langer, gemütlicher Abend, der irgendwo im Bermuda-Dreieck ausklingt.

SEHENSWERTES

1 Altes Rathaus F 2

Im Hof des ehemaligen Rathauses (1316, später barockisiert) ist eines der Hauptwerke des Barockbildhauers Georg Raphael Donner zu sehen: der Andromedabrunnen von 1741 mit einem Bleirelief, das die Sage von Perseus und Andromeda darstellt.
Wipplingerstr. 8 | U-Bahn: Stephansplatz

2 Ankeruhr F 3

Eine in Form einer 10 m langen Brücke zwischen zwei Häusern (eines davon die ehemalige Anker-Versicherung, daher der Name) gebaute Jugendstiluhr von Franz Matsch: Zwölf Figurenpaare aus der Geschichte Wiens – von Marc Aurel bis Joseph Haydn – wandern innerhalb von zwölf Stunden am alten Stadtwappen vorbei. Gehen Sie unbedingt um 12 Uhr mittags hin, dann paradieren alle Figuren vorbei.
Hoher Markt 10–11 | U-Bahn: Schwedenplatz

3 Haas-Haus F 3

Auf dem prominenten Platz gegenüber dem Stephansdom stand einmal das Einrichtungshaus Philipp Haas & Söhne. Der heutige Bau, in dessen Glasflächen sich der Stephansdom und die umliegenden Bürgerhäuser spiegeln, wurde vom Architekten Hans Hollein 1985 bis 1990 als Geschäfts- und Bürohaus errichtet. Sehenswert ist die Onyx-Bar – und ein Blick von der Dachterrasse bleibt unvergesslich.
Stephansplatz 12/Stock-im-Eisen-Platz 4 | U-Bahn: Stephansplatz

SEHENSWERTES

1. Altes Rathaus
2. Ankeruhr
3. Haas-Haus
4. Maria am Gestade
5. Mozarthaus
6. Pestsäule
7. Peterskirche
8. Postsparkasse
9. Ruprechtskirche
10. Synagoge
11. Winterparlais des Prinzen Eugen

MUSEEN UND GALERIEN

12. MAK
13. Römermuseum
14. Galerie Ernst Hilger
15. Galerie Krinzinger
16. Galerie nächst St. Stephan
17. Galerie Slavik

ESSEN UND TRINKEN

18. Artner
19. Buxbaum
20. Cantinetta Antinori
21. Das Schick
22. Der Kuckuck
23. Do & Co
24. Figlmüller
25. Gastwirtschaft Stopfer
26. Griechenbeisl
27. Konstantin Filippou
28. Labstelle
29. Miznon Vienna
30. Motto am Fluss
31. Pfudl
32. Restaurant Bauer
33. Restaurant im Palais Coburg
34. Restaurant Opus
35. Salonplafond
36. Unkai
37. Weibels Wirtshaus
38. Wiener Kochsalon
39. Zu den 3 Hacken
40. Alt Wien
41. Krah-Krah

42. Loos American Bar
43. O Boufés
44. Kurkonditorei Oberlaa
45. Eis-Greißler
46. Eissalon am Schwedenplatz
47. Zanoni & Zanoni
48. Zwölf Apostelkeller
49. Café Engländer
50. Frauenhuber
51. Hawelka

EINKAUFEN

52. Frick
53. Shakespeare & Co.
54. MAK Design Shop
55. Alt-Österreich
56. Lobmeyr
57. Gerstner
58. Trzesniewski
59. Amicis Outlet
60. Cachil
61. Eva Blut
62. Knize
63. Lena Hoschek
64. Milk
65. Palmers Paradise
66. Per La Donna
67. Ringstraßen-Galerien
68. Steffi
69. Altmann & Kühne
70. A.E. Köchert
71. Heldwein
72. Backhausen
73. Staltner & Fürlinger

KULTUR UND UNTERHALTUNG

74. Jazzland
75. Porgy & Bess
76. Roter Engel
77. Garage X Theater
78. Musikverein
79. Ronacher
80. Wiener Konzerthaus

TopTen

⭐ Kärntner Straße
⭐ Stephansdom

1 Kärntner Straße   F 3/4

Die große Fußgängerzone der City – einst Ausgangspunkt bzw. Schlussstück eines alten Reisewegs zwischen Wien und der Adria, der über Kärnten führte – ist heute die größte Nobel-Shoppingmeile der Stadt. Die Kärntner Straße und ihre Verlängerung, der Graben, sind außerdem eine Bühne für Straßenmusikanten und Selbstdarsteller, und man findet nette »Schanigärten«: Von dort lässt sich das Leben in der Innenstadt bequem beobachten.
U-Bahn: Stephansplatz

4 Maria am Gestade   F 2

Ein gotisches Juwel: Einst stand die Kirche Maria am Gestade am Steilufer über einem Donauarm, heute erhebt sie sich, umrahmt von Wohn- und Geschäftshäusern, über dem Donaukanal. Der helle Chor datiert aus der Mitte, das dunkle – dadurch kontrastierende – Langhaus vom Ende des 14. Jh. Die plastische Gestaltung der Wand weist auf eine Arbeit der Wiener Dombauhütte hin. Der von zarten Facetten durchbrochene Maßwerkkuppelhelm auf dem 56 m hohen Turm aus dem Jahr 1430 gilt als einer der Höhepunkte gotischer Kunst in Österreich.
Salvatorgasse | U-Bahn: Schwedenplatz

5 Mozarthaus Vienna   F 3

Die einzige bis heute erhaltene Wiener Wohnung Mozarts, in der der Komponist von 1784 bis 1787 wohnte und komponierte. In der historischen Wohnung erfährt man auch einiges über die Zeit, in der Mozart lebte.
Domgasse 5 | Tel. 5 12 17 91 | www.mozarthausvienna.at | tgl. 10–19 Uhr | Eintritt 10 €, Kinder 3 €

6 Pestsäule   E/F 3

Mehrere Künstler schufen von 1682 bis 1693 die barocke Dreifaltigkeitssäule. Vorbild vieler Pestsäulen in Österreich.
Graben | U-Bahn: Stephansplatz

7 Peterskirche   E/F 3

Eine einst an dieser Stelle errichtete Kirche soll nach 792 von Karl dem Großen gestiftet worden sein, um den heidnischen Einfluss in der Stadt einzudämmen. Auf jeden Fall wurde die heutige Peterskirche am Standort wesentlich älterer Vorgängerinnen 1702 bis 1733 als hochbarockes Schmuckstück erbaut. Sehenswert ist vor allem das großartige Kuppelfresko.
Petersplatz | U-Bahn: Stephansplatz

8 Postsparkasse   G 3

Einer der bedeutendsten Bauten Otto Wagners in Wien: Er gestaltete von 1904 bis 1906 und von 1910 bis 1912 die Front mit Marmorplatten und Aluminiumknöpfen sowie das Interieur.
Georg-Coch-Platz 2 | Straßenbahn: Georg-Coch-Platz

9 Ruprechtskirche   F 2

Teile der Römersiedlung Vindobona wurden im 12. Jh. für den Bau dieser romanischen Kirche verwendet. Ihre Grundmauern sind die ältesten Mauern der Stadt, die noch benutzt werden.
Ruprechtsplatz | U-Bahn: Schwedenplatz

2 Stephansdom   F 3

Der bedeutendste Kirchenbau Wiens: Der kurz »Steffl« genannte Dom gilt als Wahrzeichen Wiens. Benannt ist er nach dem Hl. Stephanus, dem ersten christlichen Märtyrer.

»Treffen wir uns bei der Ankeruhr.« Die kuriose Spieluhr (▶ S. 59) des Jugendstilmalers Franz Matsch gilt als beliebter Treffpunkt in der Wiener Innenstadt.

Die Westfassade mit dem Riesentor und den beiden Heidentürmen hat sich noch vom romanischen Bau erhalten, der Rest hingegen ist gotisch: In den Jahren 1304 bis 1340 wurde der dreischiffige Hallenchor errichtet, 1359 folgte das Langhaus. 1433 wurde der Südturm vollendet. Die Arbeiten am Nordturm wurden 1511 eingestellt.

Im ehemals höchsten Gebäude Wiens wurde 1534 eine Feuerwache eingerichtet. Ein Türmer versah in 73 m Höhe seinen Dienst. Die Stube im Südturm ist noch heute über 343 Stufen zu erreichen. Der Letzte seiner Zunft hielt bis 1955 nach Feuersbrünsten Ausschau. Im Inneren ist die von Anton Pilgram 1514/15 geschaffene Kanzel – der »Fenstergucker« an ihrem Sockel ist der Dombaumeister selbst – sehenswert. Auch das Grabmal von Kaiser Friedrich III. in rotem Marmor (erbaut 1467–1513 von Niclas Gerhaert van Leyen) und der Wiener Neustädter Altar, ein kunstvoll verzierter gotischer Flügelaltar (1477), lohnen den Blick. Das barocke Grabmal Prinz Eugens von Savoyen befindet sich ebenfalls in der Kirche. Neben dem Aufzug zum Nordturm liegt der Abgang zu den Katakomben: Hier stehen 56 Urnen mit Eingeweiden von Habsburgern, deren Körper in der Kapuzinergruft ruhen. Auch Herzog Rudolf der Stifter und 14 weitere Habsburger sind hier bestattet.

Stephansplatz | U-Bahn: Stephansplatz | www.stephanskirche.at | Mo–Sa 6–22, So 7–22 Uhr | Führungen: Mo–Sa 9–11.30 und 13–16.30, So 13–16.30 Uhr | Eintritt 5 €, Kinder 2 € Südturm/Treppe: 9–17.30 Uhr | Eintritt: 4 €, Kinder 1,50 €

Nordturm/Aufzug: Jan.–Juni 8.15–16.30, Juli, Aug. 8.15–18, Sept.–Dez. 8.15–16.30 Uhr | Eintritt 5 €, Kinder 2 €
Katakomben: Mo–Sa 10–11.30, 13.30–16.30, So 13.30–16.30 Uhr (halb- oder viertelstündlich) | Eintritt 5 €, Kinder 2 €

Wollen Sie's wagen?

Auch ohne vollendeten Nordturm (in dem seit 1958 die gewaltige Glocke »Pummerin« läutet) ist der »Steffl« mit dem imposanten, 137 m hohen Südturm das Wahrzeichen Wiens. Von oben bietet sich eine grandiose Aussicht über die Stadt; allerdings muss man dazu die 343 Stufen bis zur in 73 m Höhe gelegenen Türmerstube überwinden und dem »Drehwurm« auf der steilen Wendeltreppe trotzen. Einfacher kommt man auf den Nordturm – per Aufzug.

⑩ Synagoge (Stadttempel) 🚋 F2
Die Synagoge in der heutigen Seitenstettengasse überstand als einzige Synagoge der Stadt die Verwüstungen der Pogromnacht von 1938. Vorher hatte Wien 94 Synagogen. Das jüdische Gotteshaus stammt aus der Biedermeierzeit und wurde 1825/26 nach Plänen von Josef Kornhäusel entworfen.
Seitenstettengasse 2–4 | U-Bahn: Schwedenplatz

⑪ Winterpalais des Prinzen Eugen
🚋 F3
Begonnen von Johann Bernhard Fischer von Erlach, fertiggestellt von Johann Lucas von Hildebrandt: Das ist des Prinzen Eugens barockes Win-

terpalais in der Himmelpfortgasse. Zu sehen sind u. a. der Blaue Salon mit einem Deckenfresko von Louis Dorigny, der Rote Salon, das frühere Audienzzimmer, das Goldkabinett und der Schlachtenbildersaal mit Gemälden von Ignace Jacques Parrocel. Das innovative Konzept des Hauses sieht vor, dass hier barockes Interieur und die Sammlungen des Belvedere auf Werke zeitgenössischer Künstler treffen.
Himmelpfortgasse 8 | U-Bahn: Stephansplatz | www.belvedere.at | tgl. 10–18 Uhr | Eintritt 9 €, Kinder frei

MUSEEN UND GALERIEN
MUSEEN
⑫ Österreichisches Museum für Angewandte Kunst (MAK) ▸ S. 144
⑬ Römermuseum am Hohen Markt ▸ S. 145

GALERIEN
⑭ Galerie Ernst Hilger ▸ S. 147
⑮ Galerie Krinzinger ▸ S. 147
⑯ Galerie nächst St. Stephan ▸ S. 147
⑰ Galerie Slavik ▸ S. 147

ESSEN UND TRINKEN
RESTAURANTS
⑱ Artner 🚋 F3
Hausgemachtes – Seien es Duroc-Schweine, Jura-Lämmer, frische Fische oder hausgemachter Rohmilch-Ziegenkäse – alles harmoniert perfekt miteinander und mit dem stilvollen Ambiente dieses Lokals. Dazu werden ausgesuchte Weine vom eigenen Gut in Höflein kredenzt. Gerne werden auch Geschenkgutscheine ausgestellt.
Franziskanerplatz 5 | U-Bahn: Stephansplatz | Tel. 5 03 50 34 | www.artner.co.at | Mo–Sa 12–24 Uhr | €€

⑲ Buxbaum F3

Barock – Im idyllisch angelegten Hofensemble des Heiligenkreuzerhofs, einem Unikat aus dem 12. Jh., wird traditionelle Wiener Küche kredenzt. Die Zutaten sind vorwiegend biologischen Ursprungs. Mittagskarte 11.30–16 Uhr.

Grashofgasse 3 (im Heiligenkreuzerhof) | U-Bahn: Stephansplatz | Tel. 2 76 82 26 | www.buxbaum. restaurant | Mo–Fr 11.30–23.30, Sa 10–23.30 Uhr | €€

⑳ Cantinetta Antinori ✈ E3

Toskana pur – Fast wie in Florenz: italienische Küche und dazu die passenden Weine. Alles auf hohem Niveau, in einem historischen Gebäude.

Jasomirgottstr. 3 | U-Bahn: Stephansplatz | Tel. 53 37 722 | www.cantinetta-antinori | tgl. 11.30–24 Uhr | €€€

㉑ Das Schick ✈ F3

Stylish und urban – Über den Dächern Wiens genießt man in dem Gourmet-Restaurant im Hotel Am Parkring bei fantastischem Panoramablick auf die Sehenswürdigkeiten des 1. Bezirks raffinierte österreichische Küche mit spanischen Nuancen. Empfehlenswert ist auch das Business Lunch.

Parkring 12 (im Hotel am Parkring) | U-Bahn: Stephansplatz | Tel. 51 48 04 17 | www.das-schick.at | Mo–Fr 12–15, 18–22.30, Sa, So 18–22.30 Uhr | €€€

㉒ Der Kuckuck ✈ F3

Ehrlich und günstig – Gediegene österreichische Küche und eine große Auswahl an heimischen Weinen.

Himmelpfortgasse 15 | U-Bahn: Stephansplatz | Tel. 5 12 84 70 | www.der kuckuck.com | Mo–So ab 17 Uhr | €€

700 Sitzplätze gibt es im Stadttempel, der Hauptsynagoge von Wien (▸ S. 64). Der prunkvolle Gebetsraum ist oval mit einem umlaufenden Kranz von zwölf ionischen Säulen.

23 Do & Co F 3

Blick auf den Steffl – Seit Langem ein kulinarischer Fixpunkt mit offener einsehbarer Sushi- und Hauptküche und Wok-Station. Der Stil ist asiatisch/wienerisch auf hohem Niveau.
Stephansplatz 12 (Haas-Haus) | Tel. 5 35 39 69 | www.doco.com | tgl. 12–24 Uhr | €€€€

24 Figlmüller F 3

Schnitzelwirt – Die »Heimat des Schnitzels« heißt es so schön: Ob es die besten sind, sei dahingestellt, aber sicherlich sind es die berühmtesten Schnitzel von Wien. Dazu werden solide Weine eingeschenkt. Eine Dependance gibt's in der Bäckerstraße 6.
Wollzeile 5 | U-Bahn: Stephansplatz | Tel. 5 12 61 77 | tgl. 11–22 Uhr | €

25 Gastwirtschaft Stopfer F 2

Runde Versuchung – Wer Knödel liebt, wird in dem traditionellen Familienbetrieb glücklich. Man kann die Schmankerl aus der einheimischen Küche auch im »Schanigarten« mit 60 Sitzplätzen genießen. Hausgemachte Mehlspeisen.
Rudolfsplatz 4 | U-Bahn: Stephansplatz | Tel. 5 33 64 62 | www.gastwirtschaft-stopfer.at | Mo–Fr 11–23 Uhr | €€

26 Griechenbeisl F 3

Historisch gut – Das älteste Gasthaus Wiens besucht man nicht nur wegen seiner langen Geschichte, sondern auch wegen seiner kulinarischen Kreationen: Versuchen Sie den Zwiebelrostbraten. Abends Live-Musik in der gemütlichen Zitherstube.
Fleischmarkt 11 | U-Bahn: Stephansplatz | Tel. 5 33 19 77 | www.griechenbeisl.at | tgl. 11–1 Uhr | €€

27 Konstantin Filippou F 2/3

Kulinarisches Neuland – Wiens gastronomischer Senkrechtstarter serviert ungemein kreative Gerichte, die durch ihr Crossover zwischen österreichischer Tradition und Mittelmeerküche bestechen. Wer kulinarisches Neuland betreten will, ist hier richtig. Von nahezu jedem Tisch kann man dem Chef beim Kreieren seiner kulinarischen Kunstwerke zusehen.
 Reservieren Sie einen Platz am »Kitchentable«. Zwei Personen haben Platz und können dem Chef direkt auf die Finger schauen!
Dominikanerbastei 17 | U-Bahn: Schwedenplatz | Tel. 5 12 22 29 | www.konstantinfilippou.com | Mo–Fr 12–15, 18.30–24 Uhr | €€€€

28 Labstelle F 3

Regionale Küche – Traditionelle Küche, modern umgesetzt. Die Zutaten stammen großteils aus der Umgebung von Wien und das Brot wird selbst gebacken. Der Gastgarten wird von hängenden Pflanzen geschmückt.
Lugeck 6 | U-Bahn: Stephansplatz | Tel. 2 36 21 22 | www.labstelle.at | Mo–Sa 10–2 Uhr | €€

29 Miznon Vienna F 3

Multikulti – Das Miznon Vienna ist der momentane Hotspot in Wien. Der israelische Starkoch Eyal Shani lässt in einem frischen, lebendigen Lokal im ersten Bezirk Streetfood unter anderem in Form von gefüllten Pitas mit Fleisch oder Gemüse auftischen.
I., Schulerstraße 4 | U-Bahn: Stephansplatz | www.facebook.com/miznonvienna | Mo–So 12–22.30 Uhr | €

30 Motto am Fluss F 2

Schiffsküche – Die Anlegestation des Twin City Liners am Donaukanal ist gleichzeitig auch ein schickes Restaurant und eine Bar: Das Motto-Café mit seiner Terrasse ist ein perfekter Platz zum Frühstücken, mit Süßspeisen aus der Patisserie.

Schwedenplatz 2 | U-Bahn: Schwedenplatz | www.motto.at/mottoamfluss | tgl. 11.30–14.30, 18–2 Uhr, Bar 18–24 Uhr | €€€

31 Pfudl F 3

Wiener Gasthaus – Original Wiener Küche mit hervorragendem Preis-Leistungs-Verhältnis. Man koste das faschierte Kalbsbutterschnitzel, das einem auf der Zunge zergeht.

Bäckerstr. 22 | U-Bahn: Stubentor | Tel. 5 12 67 05 | www.gasthauspfudl.com | tgl. 10–24 Uhr | €€

32 Restaurant Walter Bauer ▸ S. 27

33 Restaurant im Palais Coburg
F 4

Bester Koch – Silvio Nickol kombiniert Kreativität mit hervorragenden saisonalen Zutaten. So stehen hier auch Steinpilze, Lamm und heimisches Milchkalb – fantasievoll verfeinert – auf der Speisekarte.

Coburgbastei 4 | U-Bahn: Stubentor | Tel. 51 81 88 00 | www.palais-coburg. com | Di–Sa 18–21.30 Uhr | €€€€

34 Restaurant Opus F 4

Art déco – Im Interieur von Josef Hoffmann serviert man leichte Gerichte aus vorwiegend regionalen Zutaten. Sehr gute Auswahl österreichischer Weine. Zwei Hauben.

I., Kärntner Ring 16 (Hotel Imperial) | U-Bahn: Staatsoper | Tel. 50 11 03 89 | www.restaurant-opus.at | Di–So 18–24 Uhr | €€€

35 Salonplafond im MAK G 3

Speisen im Museum – Tim Mälzer stand Pate für die Küche im MAK, die allerdings auf der Wiener Küchentradition basiert. Hier kommen schlichte und schnörkellose Gerichte auf den Tisch. Täglich wechselnde Mittagsgerichte. Die Museumsnähe macht sich beim Interieur bemerkbar, das von den Künstlern Oswald Haertl und Josef Frank stammt.

Stubenring 5 | U-Bahn: Stubentor | Tel. 2 26 00 46 | www.salonplafond. wien | Di–So 10–24, Mo 18–24 Uhr | €€

36 Unkai F 4

Food-Artistik – Exzellenter Japaner im 7. Stock des Grand Hotels. Sushi, Sashimi und Grillspezialitäten haben ihren Preis, die artistischen Einlagen des Kochs sind inklusive. Jeden Samstag und Sonntag Sushi-Brunch.

Kärntner Ring 9 | U-Bahn: Karlsplatz/ Oper | Tel. 5 15 80 91 10 | www.unkai-grandhotel.com | Di–So 12–14.30, Mo–So 18–22.45 Uhr | €€€€

37 Weibels Wirtshaus ▸ S. 28
38 Wiener Kochsalon ▸ S. 28

39 Zu den 3 Hacken F 3

Klassiker – Gilt als eines der besten Traditionsrestaurants der Stadt. Reservierung empfehlenswert.

Singerstr. 28 | U-Bahn: Stephansplatz | Tel. 5 12 58 95 | www.zudendreihacken. at | Mo–Sa. 11–24, Feiertag 11.30–23 Uhr | €€€

BARS UND KNEIPEN
40 **Alt Wien** ▸ S. 28
41 **Krah-Krah** ▸ S. 28
42 **Loos American Bar** ▸ S. 28

43 **O Boufés**   F 3

Gleich neben seinem Restaurant hat Wiens derzeit angesagtester Koch Konstantin Filippou eine Weinbar eröffnet: Zu den persönlich selektionierten Tropfen gibt es auch kleine Speisen.
Dominikanerbastei 17 | U-Bahn: Schwedenplatz | Tel. 5 12 22 29 10 | www.konstantinfilippou.com | Mo–Fr 11.30–15, 18.00–24 Uhr | €

CAFÉ-KONDITOREIEN
44 **Kurkonditorei Oberlaa** ▸ S. 28

EISDIELEN
45 **Eis Greißler**   F 3

Die Milch der Kühe Mizzi, Anna und Berta wird mit frischen Früchten und allerlei Feinem aufs »Stanitzel« drapiert – Sie werden vermutlich süchtig!
Rotenturmstr. 14 | U-Bahn: Stephansplatz | www.eis-greissler.at | tgl. 11–22 Uhr | Dez.–Feb. Saisonpause

46 **Eissalon am Schwedenplatz** F 2

Vom Ahnherrn Arcangelo im Jahre 1886 gegründet, führt Familie Molin Pradel die Eisdiele heute in fünfter Generation. Absolute Topadresse.
Schwedenplatz/Franz-Josef-Kai 17 | U-Bahn: Stephansplatz | Tel. 5 33 19 96 | www.gelato.at | tgl. 10–23.15 Uhr

47 **Zanoni & Zanoni**   E 3

Der bekannteste italienische Eissalon Wiens befindet sich im »Bermuda-Dreieck«: Vom Eis bis zum Personal ist alles »tipico italiano«.

Lugeck 7 | U-Bahn: Stephansplatz | Tel. 51 27 97 90 | www.zanoni.co.at | tgl. 7–24 Uhr

HEURIGE/WEINBARS
48 **Zwölf-Apostelkeller**   F 3

Teile des Gewölbes in diesem Stadtheurigen sind 900 Jahre alt. Die Fassade stammt von Lukas von Hildebrandt.
Sonnenfelsgasse 3 | U-Bahn: Stephansplatz | Tel. 5 12 67 77 | www.zwoelf-apostelkeller.at | tgl. 11–24 Uhr

KAFFEEHÄUSER
49 **Café Engländer**   F 3

Traditionelles Kaffeehaus, das aber auch wegen seines hervorragenden Mittagstischs einen Besuch lohnt.
Postgasse 2 | U-Bahn: Stephansplatz | Tel. 9 66 86 65 | www.cafe-englaender.com | tgl. 8–1 Uhr

50 **Frauenhuber**   F 3

Hier wird seit 1824 Kaffee gebrüht. Dementsprechend original ist das Interieur: Die Plüschbänke, die Holzvertäfelung und sogar der Oberkellner scheinen noch aus alter Zeit zu sein.
Himmelpfortgasse 6 | U-Bahn: Stephansplatz | Tel. 5 12 53 53 | www.cafefrauenhuber.at | Mo–Sa 8–23 Uhr

51 **Hawelka** ▸ S. 29

EINKAUFEN
BÜCHER
52 **Frick**   E 2

Große Auswahl an Literatur, Fach und Sachbüchern, aber auch CDs und Videos auf drei Etagen.
Graben 27 | U-Bahn: Stephansplatz | www.buchhandlung-frick.at

Durch die riesigen Fenster der Onyx-Bar im 6. Stock des Haas-Hauses (▶ S. 59) kann man den Stephansdom (▶ S. 62) aus nächster Nähe unter die Lupe nehmen.

53 Shakespeare & Co. F2

Alles, was englischsprachig und sonst nur schwer erhältlich ist, kann man hier erstehen. Im Angebot ist auch ins Englische übersetzte Literatur zu Wiener Themen.

Sterngasse 2 | U-Bahn: Schwedenplatz | www.shakespeare.co.at

DESIGN

54 MAK Design Shop ▶ S. 40

GESCHENKE

55 Alt-Österreich  F3

In diesem kleinen Kellergeschäft findet man alles über Film und Theater, Autogramme, Postkarten, Bücher und Relikte aus der k.-u.-k.-Zeit.

Himmelpfortgasse 7 | U-Bahn: Stephansplatz, | Tel. 5 13 48 70

GLAS

56 Lobmeyr ▶ S. 40

LEBENSMITTEL

57 Gerstner k. u. k. Hofzuckerbäcker F3

Bereits seit 1847 steht das Traditionshaus Gerstner für höchste Wiener Zuckerbäckerkunst, die schon der Hof schätzte. Daran erinnern nicht nur die Veilchenblüten, die auch Sisi so sehr geliebt hat, sondern vor allem die exquisiten Tortenkreationen, feinste Trüffel und exklusives Konfekt. Köstlich sind auch die Strudel.

Kärntner Str. 13–15 | U-Bahn: Stephansplatz | Tel. 5 12 49 63 | www.gerstner. at | Mo–Sa 8.30–20, So 10–18 Uhr

58 Trześniewski ▶ S. 40

MODE

59 Amicis Outlet ⚑ F3

In diesem edlen Outletstore findet man neben Topmarken (z. B. Saint Laurent, Stella McCartney oder Seven) auch die neueste Mode von Helmut Lang. Verlockende Preise und Lounge-Musik.

Seilerstätte 11 | U-Bahn: Stephansplatz | Mo–Fr 10–18.30, Sa 10–18 Uhr | www.amicis.at

60 Cachil ▶ S. 40 ⚑ E3

61 Eva Blut ⚑ F3

Designerin Eva Buchleitner kombiniert für ihr Label Eva Blut Leder mit modernen und auch traditionellen Materialien. Alles sehr tragbar und funktionell.

Kühfußgasse 2 | U-Bahn: Stephansplatz | www.evablut.com | Di–Fr 11–19, Sa 10–18 Uhr

62 Knize ⚑ E3

Traditionsreicher Damen- und Herrenschneider. Neben teuren Maßanfertigungen gibt es auch Preiswerteres.

Graben 13 | U-Bahn: Stephansplatz | www.knize.at

63 Lena Hoschek Flagshipstore ⚑ F3

Die Designerin verarbeitet mit historischen Techniken hochwertige Materialien zu zeitloser Mode – nicht selten mit einem Touch altes Hollywood.

Goldschmiedgasse 7a | U-Bahn: Stephansplatz | www.lenahoschek.com | Mo–Fr 10–19, Sa 10–18 Uhr

64 Milk ⚑ F3

Designerin Nicole Komitov kombiniert für ihr Label sportliche Eleganz mit raffinierter Lässigkeit und klarem Schnitt.

Zusammen mit dem Kohlmarkt und dem Graben bildet die Kärntner Straße (▶ S. 62) das sogenannte »Goldene U« an traditionsreichen innerstädtischen Einkaufsstraßen.

Spiegelgasse 15 | U-Bahn: Stephans-
platz | www.pleasemilk.me |
Mo–Fr 12–18, Sa 12–17

65 Palmers Paradise　　　　F 3

Nicht billig, aber leistbar. Hier gibt es
trendige, unbeschwerte Kollektionen
(Wäsche, Dessous, Bademode) von
Palmers und anderen bekannten Des-
sous-Marken, aber auch hochwertige
Kosmetika und Modeschmuck.
Rotenturmstr. 6 | U-Bahn: Stephans-
platz | www.palmers.at

66 Per La Donna　　　　E/F 2

Verführerisches »Darunter« von Mali-
zia, La Perla u. a., präsentiert in einem
würdigen Ambiente.
Judenplatz 5 | U-Bahn: Stephansplatz |
Mo 14–19.30, Di–Fr 11.30–19.30,
Sa 11.30–18 Uhr | www.perladonna.at

67 Ringstraßen-Galerien ▸ S. 40

68 Steffl　　　　F 3

Mit dem Steffl hat Wien sein Jahrhun-
dertwende-Kaufhaus in neuem Kleid
zurückerhalten: Auf 14 000 m² findet
man Trachtenmode, Avantgarde, Designer aus London, Paris und Wien, Accessoires und Wiener Kunsthandwerk.
In der obersten Etage laden ein Nobel-
restaurant und die Sky-Bar zum Blick
über Wien ein.
Kärntner Str. 19 | U-Bahn: Stephans-
platz | www.steffl-vienna.at

SCHOKOLADE
69 Altmann & Kühne ▸ S. 40

SCHMUCK
70 A. E. Köchert ▸ S. 41
71 Heldwein ▸ S. 41

STOFFE
72 Backhausen ▸ S. 41
73 Staltner & Fürlinger　　　　F 3

Hier gibt es wirklich »der Welt schönste
Stoffe«, wie Geschäftsinhaberin Bettina
Hirsch-Stronstorff stolz behauptet.
Singerstr. 8 | U-Bahn: Stephans-
platz | Mo–Fr 10–18, Sa 10–17 Uhr |
www.staltner.at

KULTUR UND UNTERHALTUNG

JAZZ, ROCK, POP
74 Jazzland　　　　F 2

Wer traditionellen Jazz liebt, ist in diesem Club richtig: Von New Orleans
über Chicago bis Wien führt die Reise.
Franz-Josefs-Kai 29 | U-Bahn: Schweden-
platz | Tel. 5 33 25 75 | www.jazzland.
at | Mo–Sa ab 19 Uhr

75 Porgy & Bess ▸ S. 45

76 Roter Engel　　　　F 2

Mit dem Roten Engel begann Ende
der 1970er-Jahre der Rummel um das
Bermuda-Dreieck. Oft Livemusik.
Rabensteig 5 | U-Bahn: Schwedenplatz |
Tel. 5 35 41 05 | www.roterengel.at |
tgl. 17–4 Uhr

KONZERT, OPER, THEATER
77 GARAGE X Theater　　　　E/F 3

Kleine Bühne mit anspruchsvollem
Programm, die erfolgreich versucht,
dem repräsentativen Habitus der großen Häuser etwas entgegenzusetzen.
Petersplatz | U-Bahn: Stephansplatz |
Kartenreservierung: Marc-Aurel-Str. 3 |
Tel. 5 35 32 00 11 | www.garage-x.at

78 Musikverein ▸ S. 45
79 Ronacher ▸ S. 45
80 Wiener Konzerthaus ▸ S. 45

1. BEZIRK:
RUND UM DIE HOFBURG

Das politische Zentrum der Republik Österreich, einst Mittelpunkt der Donaumonarchie, liegt ebenfalls im 1. Bezirk. Rund um die Hofburg befinden sich das Parlament und Ministerien, aber auch einige der bedeutendsten Museen des Landes.

Als Ausgangspunkt für eine Entdeckungsreise durch Wien und seine Geschichte sind die Hofburg und ihre Umgebung ideal: In den Wohn- und Arbeitsräumen des Kaisers blickt man in das Alltagsleben der Habsburger, in der Augustinerkirche kann man den Wiener Sängerknaben lauschen und in der Kapuzinergruft (Kaisergruft) den letzten Überresten von Maria Theresia und ihren Nachfahren einen Besuch abstatten. In den Straßen rund um die Hofburg sind heute das Bundeskanzleramt, die Ministerien der Republik und das Parlament untergebracht.

Wer sich in Details vertiefen möchte, kann zum Beispiel die juwelenge-schmückte Kaiserkrone des Heiligen Römischen Reiches in der Schatz-kammer, die Infantin von Velàzquez im Kunsthistorischen oder die Venus

◀ Der Riesenportal genannte Eingang zur
Hofburg (▶ S. 76) am Michaelerplatz.

von Willendorf im Naturhistorischen Museum bewundern. Apropos Museen: Die Kunstsammlungen
des **MuseumsQuartiers** (7. Bezirk)
sind nur wenige Schritte von der
Hofburg entfernt, allen voran die
Schiele- und Klimt-Kollektionen
der Sammlung Leopold.

Rund um die Hofburg findet man aber nicht nur Politik, Kunst und Kultur. Das Café Landtmann verlockt auf eine Melange und auf der Terrasse
des Palmenhauses kann man die Sonne geniessen. Durch den stillen **Burggarten** darunter pflegten einst Kaiser und Kaiserin zu flanieren, dem Volk
war der Volksgarten auf der anderen Seite der Hofburg vorbehalten. Heute
sind beide gleichermaßen der Öffentlichkeit zugänglich und ein grüner
Hort im 1. Bezirk.

PRUNKBAUTEN AN DER RINGSTRASSE

Wiens Prachtallee, die Ringstraße, beginnt ebenfalls am Heldenplatz und
verläuft von hier nach Osten und Westen. Kaiser Franz Josef I. ließ sie von
1857 bis 1865 als Ersatz für die ehemalige Stadtmauer und die umliegenden
Wiesen (das »Glacis«) anlegen. Entlang der Straße entstanden in den Jahren
danach zahlreiche Prunkbauten – Baumeister wie Gottfried Semper, Heinrich Ferstel und Theophil Hansen schufen antike, gotische und barocke
Paläste. Um sich die prächtigen Fassaden anzusehen kann man die Vienna
Ring Tram (halbstündlich, Ticket 9 €) benutzen, noch besser flaniert man
allerdings zu Fuß entlang der Alleen. Zur Erholung empfiehlt sich ein Spaziergang im Burggarten, wo schon der Kaiser flanierte, oder entlang des
Donaukanals. Auch ein Bummel durch die **Kärntner Straße** ist lohnens-
wert, noch immer sind einige der mondänsten Geschäfte hier zu finden.
Zwischendurch müssen Sie natürlich die einzigartige Atmosphäre in
einem Wiener Kaffeehaus wie dem Landtmann, dem Bräunerhof, dem
Frauenhuber oder dem Central schnuppern, ein Wiener Schnitzel oder
einen Gemüsestrudel genießen oder den »Wiener G'mischten Satz« verkosten. Vielleicht kommt man sich mit ein paar Einheimischen »zwischenmenschlich« ein wenig näher, und es wird noch ein langer, gemütlicher Abend, der irgendwo im Bermuda-Dreieck ausklingt.

SEHENSWERTES

❶ Am Hof   📖 E 2/3

Hier residierten ab dem 12. Jh. die Babenberger; diese erste Pfalz der Herren von Österreich war damals noch ein loser Häuserkomplex mit dem Wohnhaus des Herzogs. Heute bietet der Platz ein barockes Bild: Das Zeughaus von 1732 schmücken eine Dreieckgiebelfassade und eine Attika mit Skulpturen, die eine vergoldete Weltkugel tragen. Die Kirche Am Hof ist die ehemalige Jesuitenkirche, ein ursprünglich gotisches Gotteshaus, das 1610 im Stil des Jesuitenbarock umgestaltet wurde.

Herrengasse | U-Bahn: Herrengasse

❷ Augustinerkirche   📖 E 3

Seit dem 17. Jh. die Familienkirche der Habsburger. Der ursprünglich gotische Bau wurde damals barockisiert und 1784/85 wieder regotisiert. In der Kirche befindet sich die Herzgruft der Habsburger mit den Herzen von 54 Familienmitgliedern. Ihre Körper ruhen in der Kapuzinergruft, die Eingeweide im Stephansdom.

🕐 Führungen finden nach der Sonntagsmesse statt, eine Spende ist angebracht.

Augustinerstr. 3 | U-Bahn: Karlsplatz

❸ Burggarten   📖 E 3/4

Der ehemalige Kaisergarten und der Volksgarten, auf den von Napoleon geschleiften ehemaligen Wehranlagen der »Burg« entstanden, wurden 1919 der Öffentlichkeit zugänglich gemacht. Im Burggarten befindet sich das sehenswerte Schmetterlinghaus mit tropischen Faltern.

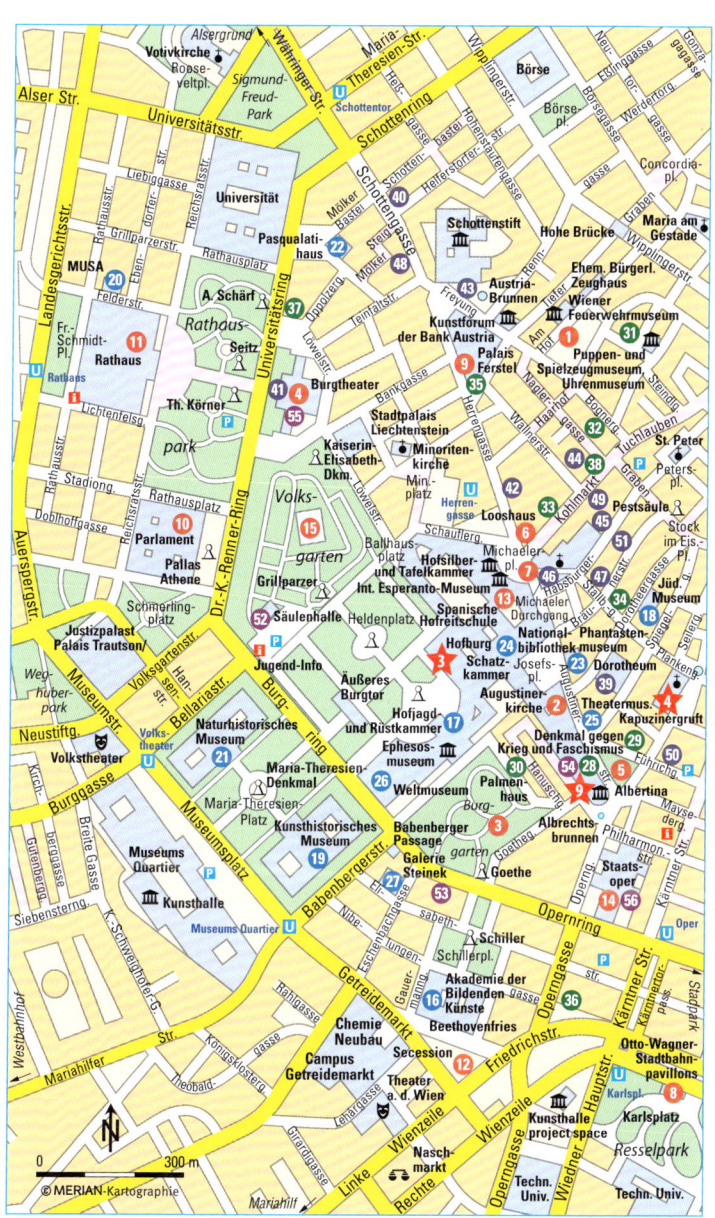

Burgring | U-Bahn: Karlsplatz | Straßen-
bahn: Burgring
– Burggarten: April–Okt. tgl. 10–16.45,
Nov.–März tgl. 10–15.45 Uhr
– Schmetterlinghaus: www.schmetter
linghaus.at | April–Okt. Mo–Fr 10–16.45,
Sa, So 10–18.15, Nov.–März tgl. 10–15.45
Uhr | Eintritt 6 €, Kinder ab 3 Jahre 3 €

4 Burgtheater ⚓ E3

Das frühere Hof- und Nationalthea-
ter, gegründet 1776, übersiedelte 1888
in das Haus am Ring. Gottfried Semper und Karl Hasenauer konzipierten
die Kultstätte der deutschsprachigen
Schauspielkunst im Stil der italienischen Hochrenaissance. Höhepunkte
der Besichtigung sind der neobarocke
Zuschauerraum, der 1340 Zuschauern
Platz bietet, und die riesige 31 × 25 m
messende Bühne.
Universitätsring | Straßenbahn: Burg-
theater | www.burgtheater.at | Füh-
rungen Sept.–Juni tgl. 15 Uhr | Eintritt
5,50 €, Kinder 2 €

5 Denkmal gegen Krieg und Faschismus ⚓ E3

Der 2009 verstorbene österreichische
Künstler Alfred Hrdlicka schuf von
1988 bis 1991 diese mehrteilige Plastik
aus Stein, Bronze und Marmor. Sie ge-
denkt der Opfer des Zweiten Weltkriegs
und der nationalsozialistischen Herrschaft in Österreich. Die Skulpturen
rund um den »straßenwaschenden Juden« stießen bei den Wienern anfangs
auf recht wenig Gegenliebe.
Helmut-Zilk-Platz | U-Bahn: Karlsplatz

 Hofburg ⚓ E3

In der »Burg« residierten bis 1918 die
Habsburger. Seit 1945 ist sie der Amts-

sitz des Österreichischen Bundesprä-
sidenten, hier sind aber auch Teile der
Österreichischen Nationalbibliothek,
verschiedene Museen und das Bundes-
denkmalamt zu finden.
Seit dem 13. Jh. und dem Bau des ur-
sprünglichen Schweizerhofes wurde
hier immer wieder umgebaut, erweitert oder neu gestaltet. Den letzten
Plänen – eine Erweiterung der Hofburg durch einen zweiten Flügel auf
der rechten Seite des Heldenplatzes
– machten der Erste Weltkrieg und
der Sturz des Hauses Habsburg einen
Strich durch die Rechnung. Von der ur-
sprünglichen mittelalterlichen »Burg«
ist heute nur mehr die Burgkapelle zu
sehen. In dem später barock umgebauten Kirchlein finden an Sonn- und
Feiertagen (außer im Sommer) Messen
unter Beteiligung der Wiener Sängerknaben statt.
In der Renaissance entstand die Stallburg, mit ihrem Arkadenhof das
schönste Bauwerk dieser Epoche in
Wien; hier haben die Lipizzaner ihre
Stallungen. Die Amalienburg (erbaut
1575–88) wurde im 17. Jh. durch den
frühbarocken Leopoldinischen Trakt
mit dem Schweizerhof verbunden. Auf
der anderen Seite entstanden im frühen 18. Jh. der Reichskanzleitrakt und
die Hofbibliothek. Zum Michaelerplatz hin wurde die Winterreitschule
angebaut, das Ensemble des Michae-
lerplatzes konnte aber erst 150 Jahre
später mit dem Riesenportal und der
Michaelerkuppel fertiggestellt werden.
Den Abschluss des heute sichtbaren
Gebäudetrakts bildete ab 1900 die Neue
Hofburg. Hier befindet sich der Eingang zur Verleihstelle der Nationalbibliothek, hier sind das Ephesos-Museum

und die Musik- und Waffenkammer zu finden sowie das bedeutende Museum für Völkerkunde.

Besonders die Kaiserappartements, die 19 Arbeits- und Wohnräume von Kaiser Franz Joseph und seiner Gemahlin, sind sehenswert. Hier sieht man noch zum größten Teil das Originalmobiliar. Die Keramiköfen wurden, um die Räume nicht zu verschmutzen, durch einen separaten Heizgang befeuert. Die Kristalllüster waren ursprünglich mit Kerzen bestückt. Erst 1891 wurde die Hofburg elektrifiziert. Sie war allerdings nicht ganzjährig bewohnt: Sie diente der kaiserlichen Familie als Winterresidenz – den Sommer verbrachte sie in Schönbrunn.

Im Sisi-Museum kann man originale Exponate aus dem Leben der berühmten und beliebten Kaiserin bewundern. Die Silberkammer schließlich zeigt den Luxus der einstigen Tafelkultur anhand von Servicen, kostbarem Porzellan und der kaiserlichen Tafel- und Küchenwäsche.

Zugang von Heldenplatz, Michaelerplatz, Josefsplatz | U-Bahn: Herrengasse | www.hofburg-wien.at
– Kaiserappartements/Sisi-Museum, Silberkammer: Sept.–Juni 9–17.30, Juli und Aug. 9–18 Uhr | Eintritt 11,50 €, Kinder 7 €, mit Führung 13,50 €, Kinder 8 €

⭐ Kapuzinergruft 🏳 E/F 3

In dieser auch Kaisergruft genannten Grabstätte wurden zahlreiche Habsburger beigesetzt – von Maria Theresia in ihrem riesigen verschnörkelten Sarkophag bis zu Kaiserin Zita, Österreichs letzter Herrscherin, die 1989 im Alter von 97 Jahren verstarb und deren Sarg stets mit frischen Blumen überhäuft ist.

Auch Elisabeth, besser bekannt als Sisi, fand hier ihre letzte Ruhe.

Zwölf Kaiser, 16 Kaiserinnen und um die 100 Erzherzöge wurden hier beigesetzt. Besonders imposant ist der Doppelsarkophag von Maria Theresia und ihrem Gemahl Kaiser Franz I., schlicht hingegen der nur mit einem Kreuz geschmückte glatte Metallsarg von Sohn Joseph II. Die Kapuzinergruft liegt unter der Kapuzinerkirche, die 1633 als »Kirche zur hl. Maria von den Engeln« geweiht wurde; seit dieser Zeit werden die Habsburger hier beigesetzt.

Neuer Markt/Tegetthoffstr. | U-Bahn: Stephansplatz | www.kaisergruft.at | tgl. 10–18 Uhr | Eintritt 5,50 €, Kinder 2,50 €

6 Looshaus   E3

Als Konterpart zum üppigen Michaelertor gilt dieser 1910/11 von Adolf Loos (1870–1933) errichtete Wohn- und Geschäftsbau. Die Erscheinung des betont schmucklosen »Hauses ohne Augenbrauen« wurde damals mit Kanalgittern verglichen. Heute ist es ein zentrales Beispiel zweckbestimmter Architektur der Wiener Moderne.

Michaelerplatz 3 | U-Bahn: Herrengasse

7 Michaelerplatz 🏳 E3

Vor dem ornamentlosen Looshaus sieht man Reste einer zivilen römischen Siedlung außerhalb des militärischen Römerlagers Vindobona. Die ehemalige Hofpfarr- und Barnabitenkirche Sankt Michael auf der anderen Seite stammt in ihrem Kern aus der ersten Hälfte des 13. Jh. Sehenswert ist der barocke Portalvorbau mit dem »Engelssturz« in der ansonsten klassizistischen Fassade. Ein Besuch der schaurigen Gruft ist nur im

Rahmen einer Führung möglich und nichts für zarte Gemüter.

Michaelerplatz | U-Bahn: Herren-gasse | www.michaelerkirche.at | tgl. 7–22 Uhr | Gruft (nur mit Führung): Nov.–März Do–Sa 11 und 13 Uhr | Eintritt 7 €, Kinder 3 €

8 Otto-Wagner-Stadtbahn-pavillons ◢◤ E/F 3

Die Wiener Stadtbahn gilt als Gesamt-kunstwerk des Jugendstilarchitekten Otto Wagner: vor allem die Brücken und Stationsgebäude, aber auch Leuch-ten und Geländer wurden von ihm ge-plant. Besonders sehenswert sind der Stadtbahnpavillon Hietzing, die Halte-stellen Schönbrunn und Stadtpark so-wie die kunstvollen Abgänge am Karls-platz – einer davon wird im Sommer als Café genutzt.

Karlsplatz | U-Bahn: Karlsplatz | www.wienmuseum.at | April–Okt. Di–So 10–18 Uhr | Eintritt 4 €

9 Palais Ferstel ◢◤ E 2/3

Das Palais wurde von Heinrich von Ferstel 1856 bis 1860 im Stil der italie-nischen Renaissance erbaut. Bis 1877 war dort die Börse untergebracht. Florenti-nische und venezianische Einflüsse be-stimmen die erste, in den 1980er-Jahren komplett renovierte Geschäfts- und Bü-ropassage Wiens – ein Labyrinth däm-meriger Durchgänge, überdachter Höfe und geschwungener Treppenaufgänge. Luxuriöse Geschäfte locken heute die Kauflustigen, und das wiedereröffnete Café Central, vor dem Ersten Weltkrieg Treffpunkt der Künster, empfängt müde Touristen zu Speis und Trank.

Strauchgasse 4 | U-Bahn: Herrengasse

Geraffte Perspektive: Figuren auf dem Dach des Parlaments (▶ S. 79), links dahinter die Türme des Rathauses (▶ S. 79) und der Kamin der Müllverbrennungsanlage Spittelau in der Ferne.

⑩ Parlamentsgebäude   ⚑ D 3

Das Parlamentsgebäude wird umgangssprachlich auch als »das Parlament« bezeichnet. In ihm tagen die beiden Kammern des österreichischen Parlaments. Das Gebäude ist einer der eindrucksvollsten Prunkbauten der Ringstraße. Der von der griechischen Antike faszinierte Architekt Theophil von Hansen schuf das ehemalige Reichsratsgebäude von 1874 bis 1883 im neoklassischen Stil. Es war das erste größere Gebäude Wiens, das in der 1871/72 eingeführten neuen Maßeinheit Meter geplant und ausgeführt wurde. Ab 2017 wird das Gebäude saniert.

Dr.-Karl-Renner-Ring 3 (Zugang unter der Parlamentsrampe) | U-Bahn: Volkstheater, Straßenbahn: Parlament | www.parlament.gv.at | öffentliche Führungen Mitte Sept.–Mitte Juli Mo–Do 11, 14, 15 und 16, Fr 11, 13, 14, 15 und 16, Sa 11–16 Uhr (stdl.), Mitte Juli–Mitte Sept. Mo–Sa 11–16 Uhr (stdl.) | Eintritt 5 €, Kinder frei

⑪ Rathaus   ⚑ D 2/3

Der Kölner Dombaumeister Friedrich Schmidt errichtete 1872 bis 1883 an der Ringstraße das neugotische Rathaus. Auf dem fast 98 m hohen Turm thront der eiserne Rathausmann, der mit seiner Standarte 6 m misst. Der höchste der fünf Türme durfte auf Wunsch Kaiser Franz Josephs I. nicht die nahe gelegene 99 m hohe Votivkirche überragen. Der gewiefte Architekt errichtete einen um 1 m niedrigeren Turm, setzte dann aber noch die Figur des Ritters auf die Turmspitze.

Der Wiener Bürgermeister, dessen Amtsräume sich im sogenannten Neuen Rathaus (um es vom Alten zu unterscheiden) befinden, übt seit 1922 zusätzlich die Funktion des Landeshauptmanns des Bundeslandes Wien aus. Im Rathaus tagen daher auch Landesregierung (Stadtsenat) und Landtag (Gemeinderat).

Auf dem Platz vor dem Rathaus finden inzwischen fast das gesamte Jahr über vielfältigste Veranstaltungen statt: Konzerte, Freiluftkino, Eislaufen … und eine Reihe von Ständen serviert dazu Kulinarisches.

Rathausplatz | U-Bahn, Straßenbahn: Rathaus | www.wien.gv.at | Führungen Mo, Mi, Fr 13 Uhr (außer an Sitzungstagen), Gruppenführungen Mo–Fr 8–14 Uhr | Eintritt frei

⑫ Wiener Secession   ⚑ E 3

Eine prachtvolle Kuppel mit 3000 vergoldeten, stilisierten Lorbeerblättern und darunter der Spruch »Der Zeit ihre Kunst. Der Kunst ihre Freiheit«. Das Jugendstilgebäude wurde 1897/98 von Josef Maria Olbrich errichtet und war der Ort einer Revolution gegen das konservative Künstlerhaus. Die Secessionisten rund um Otto Wagner und Gustav Klimt schufen sich damit ein der neuen Kunstform entsprechendes Ausstellungsgebäude. Fragmente des 34 m langen Beethovenfrieses von Klimt werden ausgestellt.

Friedrichstr. 12 | U-Bahn: Karlsplatz | www.secession.at | Di–So 10–18 Uhr | Eintritt 9 €, Kinder 5,50 €

⑬ Spanische Hofreitschule   ⚑ E 3

Wenn Reiter in Livree und weißen Hirschlederhosen auf weißen Pferden ihre Pirouetten drehen, dann weiß man, wo man ist: in der Spanischen Hofreitschule. Sie besteht seit 1572 und ist das älteste Reitinstitut der Welt. Die Pferde werden in der Weststeiermark gezüchtet und verbringen dort auch ihren »Sommerurlaub« (deshalb ist die Reitschule im Juli und August geschlossen). Die Stallungen sind im Renaissancebau der Stallburg untergebracht. Im Reitsaal der benachbarten Winterreitschule, der vielen als der schönste der Welt gilt, finden die öffentlichen Vorführungen statt. Man kann den Schimmeln und ihren Rittmeistern auch bei der Morgenarbeit zusehen oder das Lipizzanermuseum besuchen.

Michaelerplatz 1 (Eingang vom Josefsplatz) | U-Bahn: Stephansplatz | www.srs.at | Voranmeldung empfohlen, Vorführungen und Preise siehe Homepage | Morgenarbeit mit Musik: Mo–Sa 10–12 Uhr, Eintritt 14 €, Karten im Besucherzentrum (Mo–So 9–16 Uhr)

14 Staatsoper E 4

Die Staatsoper wurde von Eduard van der Nüll und August von Sicardsburg zwischen 1861 und 1869 im Stil der italienischen Renaissance errichtet und gilt als das imposanteste Gebäude an der Ringstraße. Die Oper kann nach telefonischer Anmeldung besichtigt werden. Wenige Schritte von der Staatsoper entfernt kann man im Staatsopernmuseum die Geschichte des Hauses bis zur Eröffnungspremiere von Mozarts »Don Giovanni« 1869 anhand von historischen Kostümen und Bühnenbildentwürfen zurückverfolgen.

Opernring 2 | U-Bahn: Karlsplatz/Oper | www.wiener-staatsoper.at
– Führung Staatsoper: Tel. 5 14 44 26 06 | Eintritt 6,50 €, Kinder 3,50 €
– Staatsopernmuseum: Hanuschgasse 3 | Di–So 10–18 Uhr | Eintritt 3 €, Kinder 2 €

15 Volksgarten E 3

Der für die Wiener Bürger freigegebene Teil der von Napoleon zerstörten Burgbastei (der andere war der kaiserliche Burggarten) mit Denkmälern von Kaiserin Elisabeth und dem Schriftsteller Franz Seraphicus Grillparzer ist der zweitälteste Park der Stadt; er wurde 1823 angelegt. Der Theseustempel in seiner Mitte ist dem athenischen Theseion nachempfunden.

Dr.-Karl-Renner-Ring | U-Bahn: Volkstheater

Wiener Sängerknaben

Den Grundstein zur Geschichte der Wiener Sängerknaben legte Kaiser Maximilian I., als er 1498 unter den Musikern seiner Hofmusik auch sechs Knaben haben wollte. Daraus entstanden die Hofsängerknaben, die bis 1918 nur im Auftrag des Hofes sangen.

Mit den Sängerknaben musizierten u. a. Christoph Willibald Gluck, Wolfgang Amadeus Mozart und Anton Bruckner; Franz Schubert war selbst Chormitglied. Mit dem Ende der Habsburger Monarchie 1918 wurde der Chor ein privater Verein: Aus den Hofsängerknaben wurden die Wiener Sängerknaben, statt einer Kadettenuniform erhielten sie einen Matrosenanzug – und wurden innerhalb weniger Jahre auf der ganzen Welt bekannt.

Heute sind rund 100 Wiener Sängerknaben zwischen zehn und 14 Jahren auf vier Konzertchöre aufgeteilt, die jährlich rund 300 Auftritte absolvieren. Der Chor tritt regelmäßig an verschiedenen Orten in Wien auf. Jeden Sonntag um 9.15 Uhr findet eine Messe in der Burgkapelle im Schweizerhof der Hofburg statt. Die Messe wird von der Hof-

»Der Zeit ihre Kunst. Der Kunst ihre Freiheit«. Treffender lässt sich das am Secessionsgebäude
(▶ S. 79) verewigte Credo der Secessionisten um Wagner und Klimt nicht zusammenfassen.

musikkapelle untermalt – bestehend
aus Mitgliedern der Sängerknaben und
Teilen des Chors und Orchesters der
Wiener Staatsoper (Restkarten für den
folgenden Sonntag jeden Freitag von
15–17 Uhr an der Tageskasse der Burgkapelle). Im Mai, Juni, September und
Oktober sind die Sängerknaben jeden
Freitag um 16 Uhr im Brahmssaal des
Musikvereins zu hören.
www.wsk.at

MUSEEN UND GALERIEN
MUSEEN
⭐**9** Albertina ▶ S. 139
16 Akademie der Bildenden Künste
▶ S. 139
17 Hofjagd- und Rüstkammer
▶ S. 140
18 Jüdisches Museum der Stadt
Wien ▶ S. 140

19 Kunsthistorisches Museum
▶ S. 141
20 MUSA Museum Startgalerie
Artothek ▶ S. 141
21 Naturhistorisches Museum
▶ S. 144
22 Pasqualatihaus ▶ S. 144
23 Phantastenmuseum ▶ S. 144
24 Schatzkammer ▶ S. 145
25 Theatermuseum ▶ S. 145
26 Weltmuseum Wien ▶ S. 146

GALERIEN
27 Galerie Steinek ▶ S. 147

ESSEN UND TRINKEN
RESTAURANTS
28 Augustinerkeller ⚑ E3
Stadtkeller – Umringt von Albertina,
Hotel Sacher und Wiener Staatsoper
liegt dieser »Keller« auf Straßenniveau.

Das Lokal ist einer der letzten Kloster-keller der Altstadt mit eindrucksvollem Gewölbe. Zur traditionellen Wiener Küche (von der Haussulz bis zum Fiakergulasch und hausgemachtem Kaiserschmarrn) gibt's eine gute Auswahl österreichischer Weine, Fassbier und zünftige Heurigenmusik.
Augustinerstr. 1 | U-Bahn: Stephansplatz | Tel. 5 33 10 26 | www.bitzinger.at | tgl. 11–24 Uhr | €

29 Brasserie & Bakery im The Guesthouse Vienna E3
Hot-Spot – Wie das Guesthouse wurde auch die Brasserie von Sir Terence Conran ausgestattet. Neben einem exzellenten Frühstück gibt's bis spätabends Salate, Wiener Küche und Patisserie.
Führichgasse 10 | U-Bahn: Stephansplatz | Tel. 5 12 13 20 | www.theguesthouse.at | tgl. 6.30–23 Uhr | €

30 Palmenhaus E3
Über dem Burggarten – Café, Brasserie und Restaurant in bestechend guter Lage. Man blickt auf den Burggarten, Hofburg und Albertina liegen ums Eck. Während der Sommermonate ist die Terrasse ein beliebter Treffpunkt.
Burggarten | U-Bahn: Museumsquartier | Tel. 5 33 10 33 | www.palmenhaus.at | März–Sept. tgl. 10–2, Okt.–Feb. Mo–Do 10–24, Fr u. Sa 10–1, So 10–23 Uhr | €€

31 Zum Finsteren Stern E3
Kreative Gerichte – Wer kosmopolitisch speisen will, ist hier goldrichtig: Ella de Silva kocht mit Liebe und Kreativität, die Speisekarte wechselt täglich.
Schulhof 8 | U-Bahn: Stephansplatz | Tel. 5 35 21 00 | Di–Sa 18–24 Uhr | €€

32 Zum Schwarzen Kameel E3
Wiener Tradition – Nicht nur Wiener Tafelspitz, auch die Sandwiches hier sind einen Versuch wert. Die Holztäfelungen, die Vitrinen und vor allem das Mobiliar sind bereits über 100 Jahre alt. Reservieren!
Bognergasse 5 | U-Bahn: Stephansplatz | Tel. 5 33 81 25 | www.kameel.at | Mo–Sa 12–15.30, 18–24 Uhr | €€€

CAFÉ-KONDITOREIEN
33 Demel ▸ S. 28

KAFFEEHÄUSER
34 Bräunerhof E3
Hier verkehrten Hugo von Hofmannsthal, Alfred Polgar und Paul Wittgenstein. Ober der alten Schule, guter Kaffee und exzellente Mehlspeisen machen den Bräunerhof zu einem der traditionellsten Kaffeehäuser der Innenstadt.
Stallburggasse 2 | U-Bahn: Stephansplatz | Tel. 5 12 38 93 | tgl. 8–20.30 Uhr

35 Café Central E3
Böse Zungen behaupten, dies sei die Disney-Version eines Kaffeehauses. Doch wer kein echtes Wiener Café sucht, dem wird die Innenarchitektur mit der Säulenhalle gefallen.
Herrengasse/Strauchgasse (im Palais Ferstel) | U-Bahn: Herrengasse | Tel. 5 33 37 63 | www.palaisevents.at | Mo–Sa 7.30–22, So 10–22 Uhr

36 Café Museum ▸ S. 29
37 Landtmann ▸ S. 29
38 Meinl's Café ▸ S. 29

EINKAUFEN
AUKTIONEN
39 Dorotheum ▸ S. 39

BÜCHER

40 Kuppitsch ▸ S. 39

41 Leporello ⚑ E3

Mit Sachkenntnis und großem Engagement geführte Buchhandlung. Die Filiale am Universitätsring im Burgtheater hat an Theatertagen in der Stunde vor der Vorstellung geöffnet.

– Singerstr. 7 | U-Bahn: Stephansplatz – Universitätsring 2 | Straßenbahn: Burgtheater | www.leporello.at | Mo–Fr 10–18, Sa 10–17 Uhr

GESCHENKE

42 The Viennastore ⚑ E3

Im »Museumsshop« gibt es kitsch-freie Wien-Andenken, anspruchsvolle Geschenke und schönes Design.

Herrengasse 6 | U-Bahn: Schwedenplatz | www.theviennastore.at | Mo–Sa 10–16, So 11–16 Uhr

LEBENSMITTEL

43 Markt auf der Freyung ⚑ E2/3

Der Lebensmittelmarkt findet von Mai bis Nov. jeden Dienstag und Donnerstag von 10 bis 18.30 Uhr statt. Aufbau des Bio-Bauernmarkts (Feb. bis Nov.) jeden 1. und 3. Freitag und Samstag von 9 bis 18 Uhr.

Freyung | U-Bahn: Herrengasse

44 Meinl am Graben ▸ S. 40

MODE

45 Atil Kutoglu ⚑ E3

1968 in Istanbul geboren, ließ sich Atil Kutoglu in Wien nieder und kleidet seither Berühmtheiten wie Catherine Zeta-Jones und Demi Moore ein.

Habsburgergasse 10 | U-Bahn: Rathaus | www.atilkutoglu.com

46 Plankl ⚑ E3

Wiens ältestes Geschäft für Loden- und Trachtenkleidung von den besten österreichischen Herstellern.

Michaelerplatz 6 | U-Bahn: Herrengasse | www.loden-plankl.at

47 R. Horn's Wien ▸ S. 40

48 Tostmann ⚑ E2

In den Gewölben des Melkerhofs gibt es klassische Trachten, Loden und alles, was zum Landhausstil passt.

Schottengasse 3a | U-Bahn: Herrengasse oder Schottentor | www.tostmann.at

49 Schullin ⚑ E3

Moderne österreichische Preziosen des Schmuckdesigners Herbert Schullin.

Kohlmarkt 7 | U-Bahn: Herrengasse | www.schullin.at

SCHUHE

50 Ludwig Reiter ▸ S. 41

51 Rudolf Scheer & Söhne ⚑ E3

Maßschuhe von Scheer & Söhne gehören in Wien zu einem großen Ball dazu.

Bräunerstr. 4 | U-Bahn: Stephansplatz | www.scheer.at

KULTUR UND UNTERHALTUNG

CLUBS UND DISKOTHEKEN

52 Volksgarten ▸ S. 43

KINOS

53 Burg Kino ▸ S. 43

54 Österreichisches Filmmuseum ▸ S. 44

KONZERT, OPER, THEATER

55 Burgtheater ▸ S. 45

56 Staatsoper ▸ S. 45

Im Fokus
Jugendstil und Wiener Secession:
Klimt, Schiele, Wagner

*Der Secessionsstil, die Wiener Variante des Jugendstils,
entstand an der Wende des 19. zum 20. Jh. in Wien. Maßgeblich
daran beteiligt waren die Zeitschrift »Ver Sacrum« und die
Künstlergruppe der Wiener Secession.*

»Ver Sacrum«, lateinisch für »Heiliger Frühling« und im ungewöhnlichen quadratischen Format gestaltet, erschien zwischen 1898 und 1903 zuerst monatlich, dann 14-tägig und war offizielles Organ der Vereinigung bildender Künstler Österreichs. Das programmatische Umschlagmotiv des ersten Hefts zeigte die Wurzeln eines Bäumchens, das in den Ästen drei Wappenschilder für Architektur, Malerei und Skulptur trägt und die Dauben eines Holzfasses sprengt. Tanzende Mädchen, blühende Bäume und verspielte Ornamente von Koloman Moser, Josef Hoffmann oder Gustav Klimt prägten den Stil der Zeitschrift und ihrer Künstler.

»DER ZEIT IHRE KUNST. DER KUNST IHRE FREIHEIT«

Schon vorher, 1897, war in der Gründungsversammlung der Vereinigung Bildender KünstlerInnen Österreichs Wiener Secession der Bau eines

◀ »Die Künste, der Chor und der Kuss«,
Detail aus Klimts »Beethovenfries« von 1902.

eigenen Ausstellungshauses beschlossen worden. Die Secessionisten beauftragten den jungen Architekten Joseph Maria Olbrich, die Pläne zu zeichnen. Seit der Fertigstellung 1900 schmückt der Spruch »Der Zeit ihre Kunst. Der Kunst ihre Freiheit« die Fassade des Secessionsgebäudes.

GUSTAV KLIMT

Einer der bedeutendsten Künstler dieser Zeit war der 1862 in Baumgarten bei Wien geborene Gustav Klimt. Lange vor der Gründung der Secession bildete er bereits mit seinem Bruder Ernst und Franz Matsch eine Künstler-Compagnie genannte Ateliergemeinschaft und schuf u. a. Vorhang- und Deckengemälde für die Theater in Reichenberg oder Karlsbad, in der Wiener Hermesvilla, in den Stiegenhäusern des Neubaus des Burgtheaters und im Kunsthistorischen Museum.

Klimt erhielt bereits 1890 den Kaiserpreis, ehe er mit anderen 1897 die Wiener Secession gründete, deren Präsident er von 1897 bis 1899 war. 1898 veranstaltete die Secession ihre erste Ausstellung. 1900 kam es zum Bruch mit der gängigen Kunstauffassung, als Klimts Entwürfe für die sogenannten Fakultätsbilder der Universität Wien als Pornografie bezeichnet und von den Professoren abgelehnt wurden.

Das bedeutendste Werk Klimts in seiner Zeit als Secessionsmitglied ist sein Beethovenfries, den er 1902 für den linken Seitensaal des Secessionsgebäudes schuf – auch dieses Werk wurde von seinen Kritikern abgelehnt. 1905 trat Klimt mit einigen anderen aus der Secession aus, weil ihm manche Kollegen zu »naturalistisch« malten.

Zwischen 1900 und 1916 verbrachte Gustav Klimt seine Sommerfrische meist am Attersee in Oberösterreich, wo eine Reihe von Landschaftsgemälden entstand. Klimt war nie verheiratet, enge Beziehungen bestanden aber zu Alma Mahler-Werfel und zu Emilie Flöge, für deren Modesalon er Kleider entwarf.

1908 wurde sein berühmtestes Gemälde, »Der Kuss«, erstmals in der Kunstschau Wien gezeigt. Als seine Werke im Rahmen der IX. Biennale 1910 in Venedig gezeigt wurden, brachen wahre Begeisterungsstürme los. Im Jahr 1914 stellte er mit dem Bund Österreichischer Künstler in Rom und 1916 gemeinsam mit Egon Schiele und Oskar Kokoschka in Berlin aus. Die Akademie der bildenden Künste in Wien ernannte ihn 1917 zu ihrem Ehrenmitglied.

Am 11. Januar 1918 erlitt er in seiner Wohnung in der Wiener Westbahn-straße einen Schlaganfall, an dessen Folgen er am 6. Februar 1918 starb. Er wurde auf dem Hietzinger Friedhof beigesetzt.

EGON SCHIELE

Eine väterliche Freundschaft verband Klimt mit Egon Schiele, 1890 in Tulln in Niederösterreich geboren. In die Wiener Akademie der bilden-den Künste wurde der begabte junge Maler bereits im Alter von 16 Jahren aufgenommen. Mit einigen Kommilitonen gründete er zwei Jahre später die Wiener Neukunstgruppe. 1907 suchte Schiele den ersten Kontakt zu Klimt. Lange Zeit hatten die beiden ihre Ateliers in Hietzing, nur wenige Straßen voneinander entfernt. Erste Erfolge feierte Schiele 1909 mit einer Ausstellung seiner Werke, die von Gustav Klimts Stil geprägt sind, im Rahmen der »Großen Internationalen Kunstschau« in Wien.

Dem Jugendstil blieb er allerdings nicht lange treu, sondern wandte sich bald dem Expressionismus zu. In Krumau in Tschechien, dem Geburtsort seiner Mutter, wohin er übersiedelte, um der Hektik der Großstadt zu ent-gehen, begann eine der wichtigsten Malperioden im Leben des Künstlers. Viele Bilder mit der Stadt als Motiv erinnern daran. Seine wilde Ehe mit seinem Modell Wally Neuzil und die Besuche von Kindern in Schieles Atelier sorgten allerdings in der Kleinstadt für Unmut.

Er zog daher nach Neulengbach in Niederösterreich um, wurde allerdings dort wegen vermeintlicher sexueller Übergriffe an Minderjährigen in Untersuchungshaft genommen. Der Vorwurf wurde entkräftet, dennoch verurteilte ihn das Gericht wegen »Verbreitung unsittlicher Zeichnungen« zu einer Haftstrafe.

1912 kehrte er nach Wien zurück. Dank seines Gönners und väterlichen Freunds Gustav Klimt konnte er erneut große Erfolge feiern. 1913 ernannte ihn der Bund Österreichischer Künstler zum Mitglied. Im März folgten einige Ausstellungen in Österreich und Deutschland. 1915 wurde Schiele eingezogen und heiratete seine Freundin Edith Harms. Am k. u. k. Hee-resmuseum organisierte er gemeinsam mit dem Salzburger Maler Anton Faistauer Ausstellungen und konnte sich wieder der Malerei widmen.

Im Februar 1918 war die 49. Ausstellung der Wiener Secession ihm gewid-met: 19 große Gemälde und 29 Zeichnungen wurden gezeigt. Aber noch im selben Jahr grassierte die Spanische Grippe in Wien: Edith Schiele, im sechsten Monat schwanger, starb daran am 28. Oktober, Egon drei Tage später. Er wurde in einem Ehrengrab auf dem Friedhof Ober-St.-Veit beigesetzt.

OTTO WAGNER

Noch ein dritter Künstler, der das Wien der Jahrhundertwende geprägt hatte, starb im Jahr, als auch die Monarchie unterging: Otto Wagner, der bedeutendste Architekt der Jahrhundertwende.

Wagner wurde 1841 in Penzing geboren. Er studierte an der Akademie der bildenden Künste in Wien u. a. bei August Sicard von Sicardsburg und Eduard van der Nüll, die 1861 den Auftrag zum Bau der späteren Staatsoper erhielten. Parallel absolvierte Wagner auch eine Maurerlehre. Er gehörte bald zum Kreis um Ludwig Förster und Theophil von Hansen – den berühmten Ringstraßenarchitekten – und begann ab 1864 selbstständig im Stil des Historismus zu bauen. In den 1870er und 1880er Jahren konnte er vor allem Wohn- und Geschäftshäuser und Villen planen. 1888 wurde am Rand des Wienerwaldes eine Villa für seine Familie fertiggestellt; sie ist bis heute unverändert (14. Bezirk, Hüttelbergstraße 26).

Besonders hervorzuheben sind auch Wagners Hochbauten und Brücken der neu errichteten Stadtbahn, die 1901 abgeschlossen wurde. Und zwischen 1898 und 1899 errichtete Wagner an der Linken Wienzeile 38–40 am Naschmarkt drei bis heute für seinen Stil charakteristische Gebäude, die sogenannten Wienzeilenhäuser. Zwischen 1902 und 1907 war er mit der Planung der Niederösterreichischen Landesirrenanstalt am Steinhof befasst. Dabei entstand die angeschlossene Kirche am Steinhof, eine nördlich des Wientals im Westen Wiens thronende Kirche mit vergoldeter Kuppel. Zu seinen Hauptwerken gehört auch das Postsparkassenamt am Georg-Coch-Platz im ersten Bezirk.

Die zwischen 1912 und 1913 in der Hüttelbergstraße 28 im spätsecessionistischen Stil verwirklichte Villa Wagner II war als Nachlass für seine fast 20 Jahre jüngere Frau gedacht, sie starb jedoch bereits 1915. Otto Wagner selbst überlebte sie nur um wenige Jahre. Er verschied am 11. April 1918 im Alter von 76 Jahren an Rotlauf – er war durch die Lebensmittelrationierung der Kriegszeit geschwächt, lehnte es aber stets ab, sich auf dem Schwarzmarkt mit zusätzlicher Nahrung zu versorgen. Wagner ist auf dem Hietzinger Friedhof in der von ihm selbst gestalteten Familiengruft beigesetzt. Gustav Klimt ruht ganz in seiner Nähe.

Bedeutendstes Symbol für die Künstler und ihre Zeit bleibt allerdings das Secessionsgebäude nahe dem Karlsplatz. »Goldenes Krauthappel« (goldener Krautkopf) wird der strahlendhelle Bau auch gerne im Dialekt genannt – aufgrund der vergoldeten Kugel, die sein Dach krönt. Ohne Zweifel ist die Wiener Secession die wichtigste Künstlergruppe, die Österreich je hervorgebracht hat – bis heute.

2. BEZIRK: LEOPOLDSTADT

Das Naherholungsgebiet der Städter ist der 2. Bezirk:
Hier liegt der Vergnügungspark Prater mit
seinen Alleen und Parks ebenso wie dahinter
– inmitten der Donau – die grüne Donauinsel.

Die Donau ist mit 2840 km der zweitlängste Strom Europas. Auf 350 km fließt sie durch Österreich. Während das Wild der Auwälder den Adligen zur Jagd vorbehalten war, bildeten Donaufische seit dem Mittelalter ein Grundnahrungsmittel der Wiener Bevölkerung. Noch 1955 wurden am Wiener Fischmarkt 560 000 kg Süßwasserfisch verkauft.

ALTE DONAU UND DONAUINSEL

Die heutige Alte Donau war vor 1875 der Hauptarm des damaligen Donaustroms. Bei der Regulierung wurde der Fluss im neu geschaffenen »Durchstich« zusammengefasst und die Alte Donau vom Flussbett getrennt. 1907 wurde dann das erste öffentliche Strandbad am »Gänshaufen« mit einem Familien- und einem Knabenbad plus einem Strandcafé eröffnet. Die Donauinsel hingegen ist jüngeren Datums: Zwischen

◀ Vom Riesenrad im Prater (▶ S. 90) hat man grandiose, aber flüchtige Blicke auf Wien.

1972 und 1988 wurde diese künstliche Insel zwischen der Donau und der Neuen Donau aufgeschüttet, auf gut 21 km Länge und einer Breite bis zu 250 m. Eigentlich Teil des Wiener Hochwasserschutzes, ist sie neben der Alten und der Neuen Donau heute ein wichtiges Naherholungsgebiet der Wiener. Alljährlich im Juni findet hier das **Donauinselfest** statt. Der Nord- und Südteil der Insel sind naturnah gestaltet, die Mitte hingegen ist parkartig. Ein kleines Detail am Rande: Seit 1996 wurden in verschiedenen Wiener Parks als Symbol der Freundschaft zwischen Österreich und Japan 1000 Kirschbäume gepflanzt. Einige Hundert dieser Bäume stehen auf der Donauinsel, der Kirschenhain liegt rund 1,6 km nördlich der Nordbrücke, nahe der Jedleseer Brücke, und ist besonders zur Kirschblüte im Frühjahr eine Augenweide.

In den 1980er-Jahren hat sich an der Neuen Donau bei der Reichsbrücke unter dem Namen »Copa Cagrana« (nach dem Namen des Stadtteiles Kagran im 22. Bezirk) eine Lokalszene entwickelt – mit Bars, Restaurants und Nachtclubs.

Historisch von der Donau geprägt ist auch der **Prater** im 2. Wiener Gemeindebezirk, der Leopoldstadt: Er ist durch den Donaukanal von der Innenstadt getrennt. Was die Alte Donau und die Donauinsel erst seit relativ kurzer Zeit waren, ist der Prater mit seinen Grünflächen seit Jahrhunderten: ein wichtiges Naherholungsgebiet der Wiener.

SEHENSWERTES

① Alte Donau nordöstl. K 1

Sommerlichen Schwimmspaß garantieren die Strandbäder an der Alten Donau, einem ruhigen Nebenarm des Stroms. Das Wasser ist hier weitgehend seicht und auch für Nichtschwimmer geeignet, am Ufer liegt man im Schatten alter Bäume.

U-Bahn: Alte Donau

② Augartenpalais F 1

Die »Heimat« oder besser gesagt, Wohnsitz und Ausbildungsort der Wiener Sängerknaben – im anderen Teil des Anwesens befindet sich die 1718 gegründete Porzellanmanufaktur (▶ S. 93). Dahinter liegt ein schöner öffentlich zugänglicher Park.

Obere Augartenstr. 1 | Straßenbahn: Obere Augartenstraße

3 Donauinsel ⚥ K1

Wiens Freizeitzentrum Nummer eins – zumindest während der Sommermonate: kilometerlange Strände, Radfahr- und Joggingwege und dazu eine rege Lokal- und Restaurantszene am Ufer und auf dem Fluss ziehen scharenweise Besucher an. Letzteres gilt insbesondere auch für das Ende Juni stattfindende Donauinselfest.

U-Bahn: Donauinsel

⭐ 5 Prater ⚥ H/J2

Das ehemalige kaiserliche Jagdrevier wurde 1766 von Joseph II., dem »Reformkaiser«, der Öffentlichkeit zugänglich gemacht. Nahe dem Praterstern entstanden im sogenannten Volks- oder Wurstelprater bald Vergnügungsstätten und Wirtshäuser.

Der alte Wurstelprater wurde in den letzten Kriegstagen des Jahres 1945 fast völlig zerstört, Erinnerungsstücke aus

seinen vergangenen Tagen sind im Pratermuseum beim Riesenrad zu sehen. Im selben Gebäude ist auch das Planetarium untergebracht.

Noch heute bietet der Prater das ganze Jahr über Volksfestatmosphäre: Hier gibt es Schießbuden, Spielsalons und Eisbuden. Wahrzeichen des Praters ist das 1896/97 vom englischen Ingenieur Walter Basset errichtete Riesenrad. Von seinen geschlossenen Gondeln aus ge-

Ein Tag im Prater

Der Wurstelprater ist zweifellos der Klassiker unter den Vergnügungsparks: Panoramablick vom Riesenrad, Gruseln in der Geisterbahn und vieles mehr (▶ S. 12).

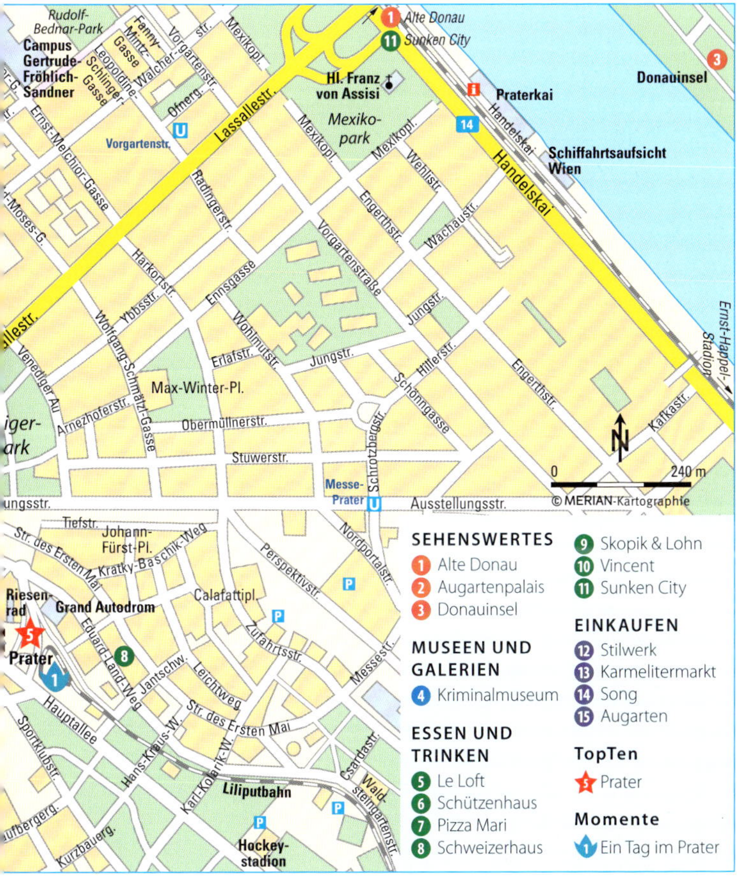

nießt man einen herrlichen Blick über die Dächer der Hauptstadt.

SEHENSWERTES
1 Alte Donau
2 Augartenpalais
3 Donauinsel

MUSEEN UND GALERIEN
4 Kriminalmuseum

ESSEN UND TRINKEN
5 Le Loft
6 Schützenhaus
7 Pizza Mari
8 Schweizerhaus

9 Skopik & Lohn
10 Vincent
11 Sunken City

EINKAUFEN
12 Stilwerk
13 Karmelitermarkt
14 Song
15 Augarten

TopTen
⭐ Prater

Momente
1 Ein Tag im Prater

Mit der 4 km langen Liliputbahn kann man eine Rundfahrt durch den Park unternehmen, in dem noch das Praterstadion, die Trab- und Galopprennbahn sowie das Radstadion passive Sportbegeisterte anlocken. Die aktiven finden hier genügend Platz zum Radfahren oder Spazierengehen.

U-Bahn: Praterstern | www.prater.at – Riesenrad: www.wienerriesenrad.at | Jan.–Feb. 10–19.45, März–April 10–21.45, April–Aug. 9–23.45, Sept. 9–22.45, Okt.–Nov. 10–21.45, Nov. 10–19.45, Dez. 10–21.45 Uhr | Eintritt 9 €, Kinder 4 €

MUSEEN UND GALERIEN

4 Kriminalmuseum ▸ S. 140

ESSEN UND TRINKEN

RESTAURANTS

5 Le Loft G 2

Kunst und Küche – Im 18. Stock des vom französischen Stararchitekten Jean Nouvel geplanten Luxushotels Sofitel findet man französische Eleganz und Haute Cuisine. Der Ausblick wird nur vom Deckengemälde der Schweizer Künstlerin Pippilotti Rist in den Schatten gestellt.

Praterstr. 1 | U-Bahn: Praterstern | Tel. 9 06 1 60 | www.sofitel.com | tgl. 6.30–22.30 Uhr | €€€

6 Otto Wagner Schützenhaus F 1

Räucherfisch – Ein weiteres Baujuwel Otto Wagners: Die »Staustufe Kaiserbad« war Teil des Projekts der Umwandlung des Wiener Donaukanals in einen Handels- und Winterhafen. 1908 fertiggestellt, wurde das Gebäude quasi um die maschinelle Hebevorrichtung, den Schützenkran, herumgebaut. Seit 2010 beherbergt das Gebäude ein Res-

taurant, das insbesondere wegen der Süßwasserfische aus der hauseigenen Räucherei von sich reden macht.

Obere Donaustr. 26 | U-Bahn: Praterstern | Tel. 2 12 42 22 | www.wiener schuetzenhaus.at | tgl. 11–24 Uhr | €€

7 Pizza Mari F 1

Pizzapurist – Nur Pizzen, Kaffee und Süßes gibt es in dieser schnörkellosen Pizzeria im neapolitanischen Stil.

Leopoldsgasse 23a | Tel. 06 76/6 87 49 94 | www.pizzamari.at | Di–Sa 12–24, So 12–23 Uhr | €

8 Schweizerhaus H 1

Schweinshaxen und Budweiser – Im klassischen Prater-Wirtshaus (seit 1873) serviert man Budweiser vom Fass, dazu Wiener Schweineschnitzel mit Salat. Bekannt ist das Haus aber v. a. für seine gegrillten Stelzen (Schweinshaxen). Im Sommer großer Gastgarten.

Prater 116 | U-Bahn: Praterstern | Tel. 7 28 01 52 | www.schweizerhaus.at | tgl. 11–23 Uhr, Nov.– Mitte März geschl. | €€

9 Skopik & Lohn F 1

Ein Hauch von Frankreich – Ein Fresko in Form eines schwarzen Strichs, dazu eine Holzvertäfelung und eine Zwischenwand aus Holz und Glas sorgen für ein außergewöhnliches Ambiente, zu dem die weiß gekleideten Kellner gut passen. Hier wird Wiener Küche mit französischem Touch serviert. Probieren Sie den Fasanenleberkäse mit Quitten und Semmelkren oder das Wiener Schnitzel.

Leopoldsgasse 17 | U-Bahn: Praterstern | Tel. 2 19 89 77 | www.skopikundlohn.at | Di–Sa 18–1 Uhr | €€

⑩ Vincent 🚩F1

Wienerische Meeresfrüchte – Maître Frank Gruber sorgt selbst für die Weinauswahl zu seinen fantasievollen Gerichten, die nach leichten und vitalen Rezepturen zubereitet werden. Neben der klassischen österreichischen Küche kommen auch Meeresfrüchte nicht zu kurz. Hervorragende Desserts.
Große Pfarrgasse 7 | U-Bahn: Taborstraße | Tel. 2 14 15 16 | www.restaurant-vincent.at | Di–Sa ab 17.30 Uhr | €€€

BARS UND KNEIPEN

⑪ Sunken City 🚩nördl. F1

Eine sommerliche Ausgehmeile an der »Copa Cagrana« mit Restaurants, Bars und Clubs und bis Ende September eine Reihe von Festen und Live-Events. Wahrzeichen der Sunken City ist der Leuchtturm, ursprünglich eine Kulisse der Bregenzer Festspiele, der hier wieder aufgebaut wurde.
Donauinsel | U-Bahn: Donauinsel | www.donauinsel.at | Mai–Sept. 11–4 Uhr

EINKAUFEN

DESIGN

⑫ Stilwerk 🚩G2

Das Designcenter Stilwerk mit rund 30 Shops, zwei Restaurants und einem Hotel liegt direkt am Donaukanal. Das 18 Stockwerke hohe Gebäude – entworfen von Jean Nouvel – vereint auf vier Ebenen Möbel, Wohnaccessoires, Geschenkartikel, Leuchten und Mode, u. a. vom österreichischen Designer Nhut La Hong. Die Schweizer Künstlerin Pipilotti Rist schuf die Lichtdecken im Inneren, im Innenhof sorgt eine nicht von ungefähr Grüne Wand genannte Stahlkonstruktion von Patrick Blanc für Aufsehen. Die Außenfassa-

den haben je nach Himmelsrichtung und Tageszeit eine andere Farbe.
Praterstr. 1 | U-Bahn: Praterstern | www.stilwerk.at | Mo–Fr 10–19, Sa 10–18 Uhr

LEBENSMITTEL

⑬ Karmelitermarkt 🚩F2

Exotische Gewürze, Lebensmittel und auch allerlei Tand gibt es auf einem der ältesten Märkte Wiens (seit 1891) nahe der Altstadt.
Krummbaumgasse | Straßenbahn: Karmeliterplatz | Mo–Fr 6–19.30, Sa 6–17 Uhr | Gastronomie Mo–Sa 6–23 Uhr

MODE

⑭ Song 🚩G2

Designermode für Frauen und Männer: Labels wie Dries van Noten oder Paul Harnden Shoemakers sind hier erhältlich. Im Kunstraum Song Song finden regelmäßig Ausstellungen von wechselnden Künstlern statt.
Praterstr. 11–13 | U-Bahn: Praterstern | www.song.at

PORZELLAN

⑮ Augarten 🚩F1

Die Firma Augarten ist neben Meißen und Nymphenburg eine der bekanntesten Porzellanmanufakturen Europas. Sie wurde 1923 gegründet. Neben dem Ladengeschäft im 1. Bezirk ist das Palais im Augarten sehenswert, wo auch die Manufaktur und ein Verkaufsshop untergebracht sind. Hier werden die weltberühmten Porzellan-Lipizzaner hergestellt. Ein Museum und ein Restaurant runden den Besuch ab.
Obere Augartenstr. 1 | U-Bahn: Taborstraße | www.augarten.at | Mo–Sa 10–18 Uhr

3. BEZIRK: LANDSTRASSE

Mit dem Schloss Belvedere und dem dazugehörigen Park nennt der 3. Bezirk eines der Wiener Highlights sein Eigen. Rundherum kann man in diesem grünen Teil Wiens aber auch noch einiges mehr entdecken – so auch das Hundertwasserhaus.

Der Bezirk Landstraße entstand 1850 durch Eingemeindung ehemaliger Vorstädte. Er grenzt südöstlich an den 1. Bezirk und zählt zu den inneren Bezirken, dem erweiterten Stadtzentrum. Der Donaukanal bildet seine östliche, die Wien seine nordwestliche Grenze, im Süden reicht er bis zum Laaer Berg. Hier sind neben zahlreichen Schlössern und Parks auch Kulturinstitutionen und Botschaften zu finden.

VIELE GRÜNFLÄCHEN UND PARKANLAGEN

Das Bezirksgebiet wurde durch die Donau geformt, die Terrassen bildete, die mit zunehmender Entfernung zur Donau immer älter werden. Drei **Donauterrassen** steigen vom Donaukanal nach Westen an. Das Gebiet nahe der Donau war bereits von den Kelten besiedelt worden, später stand hier die Zivilstadt des Römerlagers Vindobona, und im Mittelalter

◀ Das Obere Belvedere (▶ S. 96), Sommersitz des Prinzen Eugen von Savoyen.

entwickelten sich zunächst kleinere Siedlungen. Verglichen mit
den anderen »Inneren Bezirken«,
verfügt der Bezirk Landstraße bis
heute über einen hohen Anteil an
innerstädtischen Gewerbegebieten
und Grünflächen. Parkanlagen
haben hier aufgrund der Vielzahl
an Palais eine lange Tradition, allen voran natürlich der prachtvolle Belvederegarten. Nahe am Belvedere liegt der **Botanische Garten** der Universität Wien, der auf einen 1754 angelegten »Hortus Medicus« (Medizinal-
pflanzengarten) zurückgeht. Ebenfalls in unmittelbarer Nähe befindet sich
der **Schwarzenberg'sche Privatpark**, der Anfang des 18. Jh. entstanden
ist; er ist im Gegensatz zum Belvederegarten nicht öffentlich zugänglich.
Aus dem 18. Jh. stammt auch der **Arenbergpark**, der um 1785 für das
Palais des Fürsten Nikolaus Esterhazy angelegt worden war. Der mit rund
165 000 m² größte Park des Bezirks, der **Schweizer Garten**, wurde nach
dem Abriss der Befestigung des Linienwalls im Süden Wiens geschaffen:
Teiche, ein Alpenpflanzengarten, ein Rosarium sowie zahlreiche exotische
Bäume laden zum Flanieren ein.
Auch der Friedhof von St. Marx ist einen Besuch wert: Er wurde bereits
vor mehr als 100 Jahren aufgelassen, in der heutigen Parkanlage ist aber
noch das Grabmal von Wolfgang Amadeus Mozart zu sehen.

SEHENSWERTES

❶ Arsenal 🏷 G1

Nach der Revolution von 1848 als gut
zu verteidigende Anlage auf einem Hügel hinter dem Belvedere errichtet, gilt
der ehemals militärische Gebäudekom-
plex als Vorläufer des Klassizismus. In
der Mitte des im Stil eines monumen-
talen morgenländischen Palasts gestalteten Baus ist das Heeresgeschichtliche
Museum untergebracht. Im ältesten
Museumsbau der Stadt werden die Geschichte der Habsburgermonarchie, das
Schicksal Österreichs nach dem Zerfall
der Monarchie bis 1945 und natürlich
die Rolle des Heeres dokumentiert. Der
Maler Egon Schiele (▶ S. 86) leistete im
Heeresgeschichtlichen Museum einen
Teil seines Militärdiensts ab.

Arsenalstr. | U-Bahn: Südtiroler
Platz | Straßenbahn: Heeresgeschicht-
liches Museum | www.hgm.or.at |
tgl. 9–17 Uhr | Eintritt Museum 6 €, Kin-
der frei, 1. So im Monat frei

② Belvedere ⚓ F/G 5

Der Sommersitz des Prinzen Eugen von Savoyen gilt als eine der schönsten Palastanlagen des Barock. Von 1714 bis 1716 wurde das Untere Belvedere errichtet, das von außen schmucklos, aber innen umso prächtiger eingerichtet ist. Es beherbergt das Barockmuseum. In der Orangerie sind im Museum Mittelalterlicher Österreichischer Kunst romanische und gotische Schnitzwerke und Altarbilder zu sehen. 1717 wurde der Park gestaltet: Terrassen, Statuen und Wasserspiele verwandelten ihn in einen Lustgarten.

www.belvedere.at | Kombiticket 14 € – Unteres Belvedere: Rennweg 6 | Straßenbahn: Unteres Belvedere | Do–Di 10–18, Mi 10–21 Uhr | Kombiticket 22,50 €, Kinder frei – Oberes Belvedere: Prinz-Eugen-Str. 27 | Straßenbahn: Schloss Belvedere | tgl. 10–18 Uhr – Belvederegarten: Straßenbahn: Unteres Belvedere | tgl. 7–20 Uhr

SEHENSWERTES
① Arsenal
② Belvedere
③ Botanischer Garten
④ Friedhof St. Marx
⑤ Hundertwasserhaus
⑥ Stadtpark

MUSEEN UND GALERIEN
⑦ Fälschermuseum
⑧ Österreichische Galerie im Oberen Belvedere
⑨ Wiener Straßenbahnmuseum

Momente
② Eichhörnchen füttern

ESSEN UND TRINKEN
⑩ Joseph Bistro
⑪ Oscars
⑫ Salm Bräu
⑬ Steirereck
⑭ Ströck-Feierabend
⑮ Strandbar Herrmann

EINKAUFEN
⑯ The Mall
⑰ Lingenhel

KULTUR UND UNTERHALTUNG
⑱ Arena
⑲ Akademietheater
⑳ Rabenhof Theater

❸ Botanischer Garten ⚓ G 5

Der Botanische Garten gleich neben dem Belvedere wurde 1754 unter Kaiserin Maria Theresia gegründet und ist heute Teil der Universität Wien. Er erstreckt sich über 8 ha und beherbergt 11 500 Pflanzenarten in Außenanlagen und Gewächshäusern.

Rennweg 14 | U-Bahn: Stadtpark | www.botanik.univie.ac.at/hbv | Eingänge: Mechelgasse/Praetoriusgasse, Oberes Belvedere/Alpengarten und Jaquintor | Öffnungszeiten siehe Homepage | Eintritt frei

❹ Friedhof St. Marx ⚓ J 6

Der romantische Biedermeierfriedhof wurde bereits vor mehr als 100 Jahren aufgelassen. Hier befindet sich auch die – leere – Grabstätte Wolfgang Amadeus Mozarts, der bekanntlich in einem anonymen Armengrab verscharrt wurde.

Leberstr. 6–8 | Straßenbahn: St. Marx | April–Sept. tgl. 6.30–20, Okt.–März 6.30–17 Uhr

❺ Hundertwasserhaus ⚓ H 3

Von 1983 bis 1985 gestalteten der Maler Friedensreich Hundertwasser und der Architekt Josef Krawina einen kommunalen Wohnbau aus Holz und Ziegelmauerwerk, ohne Verwendung von Kunststoff. Das farbenfrohe Gebäude mit Zwiebeltürmchen und »ohne gerade Linien« war das erste einer Reihe von Wiener Wohnbauten, die von Künstlern konzipiert wurden. Es ist nicht öffentlich zugänglich.

Löwengasse/Kegelgasse | Straßenbahn: Radetzkyplatz

❻ Stadtpark ⚓ F/G 3/4

Der Wiener Stadtpark wurde 1862 auf dem Areal der ehemaligen Stadtbefestigung als erster öffentlich zugänglicher Park Wiens eröffnet. Im Park gibt es eine Reihe kleiner Monumente, darunter das vergoldete **Johann-Strauß-Denkmal**, das zu einem der Wahrzeichen Wiens avancierte.

III., Stadtpark | U-Bahn: Stadtpark

MUSEEN UND GALERIEN

❼ **Fälschermuseum** ▸ S. 140
❽ **Österreichische Galerie im Oberen Belvedere** ▸ S. 144
❾ **Wiener Straßenbahnmuseum** ▸ S. 147

ESSEN UND TRINKEN

RESTAURANTS

❿ Joseph Bistro ⚓ H 5

Essen in der Bäckerei – Dass es in einer Bäckerei Brot gibt, ist selbstverständlich. Außergewöhnlich ist jedoch das Restaurant, in dem Biorind aus Waidhofen, Eier von seltenen Hühnerrassen und biologisches Gemüse verarbeitet werden. Gegen den kleinen Hunger sei der Lamm-Burger empfohlen! Liebhaber von Joseph-Brot werden auch in der Naglergasse 9 im 1. Bezirk fündig.

Landstraßer Hauptstr. 4 | U-Bahn: Landstraße | Tel. 06 64/88 29 84 | www.joseph.co.at | Mo–Sa 7–22, So 7.30–21 Uhr | €

Eichhörnchenfüttern im Wiener Stadtpark

Fast zahm sind so manche Eichhörnchen im Wiener Stadtpark. Lässt man die Hand ruhig über dem Boden, kommen die Tierchen und schnappen sich die Nuss (▸ S. 12).

11 Oscars  F 4

Gehoben österreichisch – Genuss für Auge und Gaumen im Hotelrestaurant am Konzerthaus. Norbert Zauchinger kreiert niveauvolle österreichische Küche mit italienischen Anklängen.

Am Heumarkt 35–37 | U-Bahn: Stadtpark | Tel. 71 61 68 70 | www.hacklgastro.at | tgl. 11.30–23 Uhr | €€€

12 Salm Bräu G 5

Bier und Whisky – Brauerei und Gaststätte im geschichtsträchtigen Salesianer-Kloster beim Unteren Belvedere mit eigener Whiskydestillerie.

Rennweg 8 | U-Bahn: Stadtpark | Tel. 7 99 59 92 | www.salmbraeu.com | tgl. 11–24 Uhr | €€

13 Steirereck ▸ S. 27

14 Ströck-Feierabend H 4

Getreidekunst – In dieser ehemaligen Bäckerei gibt es neben einem hervorragenden Frühstück auch kleine Mittags- und Abendgerichte. Große Brotauswahl.

Landstraßer Hauptstr. 82 | U-Bahn: Landstraßer Hauptstraße | Tel. 20 43 99 99 30 57 | www.stroeck-feierabend.at | Mo–Fr 16–24, Sa, So 7–24 Uhr | €–€€

BARS UND KNEIPEN

15 Strandbar Herrmann G 2

Sandstrände in der Innenstadt – einer der schönsten liegt am Donaukanal nahe der Urania. Tagsüber sonnt man sich im Liegestuhl, am Abend geht musikalisch die Post ab. Samstags zum Brunch schaut auch der Kasperl vom Prater auf einen Besuch vorbei.

Herrmannpark | U-Bahn: Schwedenplatz | www.strandbarherrmann.at | April bis Anfang Okt. tgl. 10–2 Uhr

EINKAUFEN

EINKAUFSZENTRUM

16 Wien Mitte The Mall G 3

Brandneues, riesiges Einkaufszentrum mit mehr als 60 Shops. Alle Topmarken sind vertreten. Premium-Gastronomie.

Landstraßer Hauptstr. 1b | U-Bahn: Landstraße | www.wienmittethemall.at | Mo–Mi 9–20, Do, Fr 9–21, Sa 9–18 Uhr

FEINKOST

17 Lingenhel G 4

In der eigenen Käserei werden Büffel- und Ziegenmilch verarbeitet, im angeschlossenen Shop gibt's Brot, Schokolade, Wein und Olivenöl.

Landstraßer Hauptstr. 74 | U-Bahn: Rochusgasse | www.lingenhel.com | Mo–Sa 8–22 Uhr

KULTUR UND UNTERHALTUNG

KONZERTE

18 Arena ▸ S. 44

THEATER

19 Akademietheater F 4

Die Kammerspielbühne des Burgtheaters bietet 500 Personen Platz und widmet sich v. a. zeitgenössischen Stücken. Das Besondere des Theaters ist die Nähe zwischen Bühne und Publikum, ideal für starke Schauspielkunst.

Lisztstr. 1 | U-Bahn: Stadtpark | Tel. 5 14 44-47 40 | www.burgtheater.at

20 Rabenhof Theater H/J 5

Junges Theater und Kabarett, aber auch Literaturabende und Politsatire finden in diesem »Gemeindebautheater« Platz.

Rabengasse 3 | Tel. 7 12 82 82 | www.rabenhoftheater.com | U-Bahn: Kardinal Nagl Platz | Kassenöffnung Di–Fr 14–18 Uhr

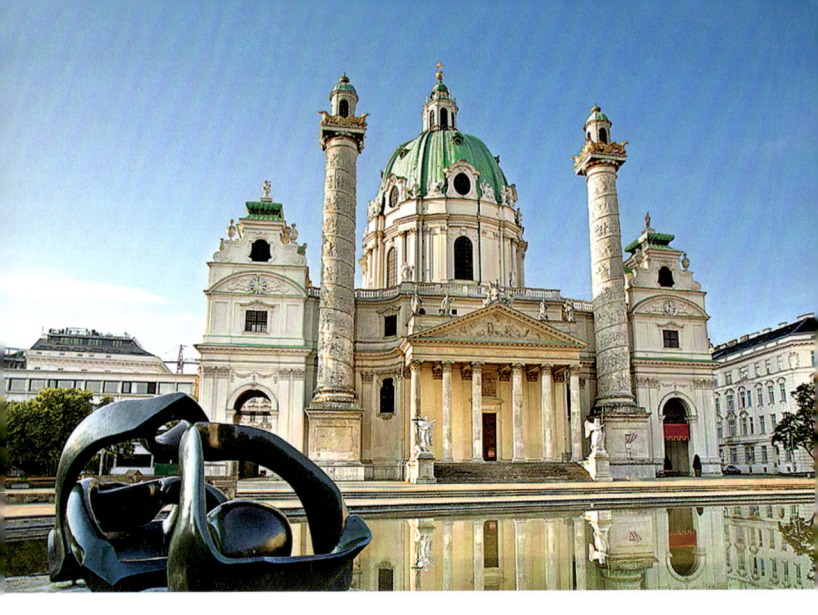

4. UND 5. BEZIRK: WIEDEN UND MARGARETHEN

Vom Karlsplatz im Norden bis an den südlich gelegenen Gürtel erstrecken sich die beiden Stadtteile. Gerade rund um den Naschmarkt kommen Feinschmecker auf ihre Kosten – hier kann man hervorragend einkaufen und essen.

In die Bezirke, die südlich an die Innere Stadt grenzen, zieht es die Wien-Besucher vor allem, um dem barocken Karlsplatz mit seinen Prunkfassaden und der majestätischen Karlskirche einen Besuch abzustatten. Dies verbinden die meisten mit einem Abstecher zum Naschmarkt, dessen Angebot so verführerisch ist.

EXOTISCHE GENÜSSE UND DÜFTE

Der Naschmarkt entstand 1902 auf einem überwölbten Teil des Wien-flusses. Er ist bis heute Wiens wichtigste Genussmeile mit zahlreichen Lebensmittelhändlern, Minirestaurants und Essbuden. Der Markt an der Grenze zum 6. Bezirk (zu dem er bisweilen auch gerechnet wird) ist der

◀ Die Skulptur »Hill Arches« ziert den Brunnen vor der Karlskirche (▶ S. 101).

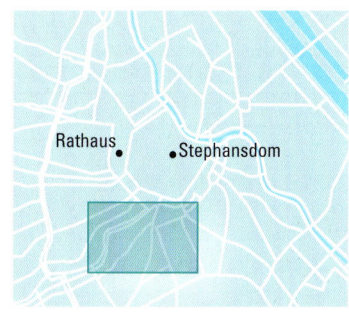

ideale Ort, um frisches Gemüse, exotisches Obst, Bioprodukte oder auch handgemachte Köstlichkeiten zu erstehen, und gerade in den Sommermonaten ein Hort für ein ganzes Potpourri von Düften und Farbtönen. In den Marktständen sind zahlreiche kleine Restaurants, Vinotheken oder Stehbeisl untergebracht, wo man heute Köstlichkeiten aus aller Herren Länder genießen kann. Ursprünglicher und typisch wienerisch sind die Würstlstände, an denen man ganz klassisch mit einem »Burenhäutl« seinen Hunger stillt.

Südlich des Naschmarkts findet jeden Samstag der Flohmarkt statt. In den »Grätzeln« rundherum sind einige beliebte Ausgehviertel entstanden, wie Freihaus in der Verlängerung des Naschmarkts.

SEHENSWERTES

 Karlsplatz und Karlskirche

E/F 4

Nach dem Stephansdom ist die Karlskirche die größte Kirche in Wien. In ihrem Inneren sind v. a. die Kuppelfresken von Michael Rottmayr sehenswert. Sie stellen die drei christlichen Grundtugenden Glaube, Liebe und Hoffnung dar. Von der Kuppellaterne hat man einen herrlichen Blick über Wien.

Der Bau der Kirche geht auf ein Gelübde zurück, das Kaiser Karl VI. während der Pestepidemie 1713 geleistet haben soll. Der Brunnen vor der Kirche mit der Skulptur »Hill Arches« wurde vom englischen Bildhauer und Zeichner Henry Moore entworfen.

Der Karlsplatz stellt ein buntes und doch harmonisches Stadtensemble dar: Neben der Secession (▶ S. 79) sind hier auch der Glaspavillon der Kunsthalle project space (▶ S. 140) und die von Otto Wagner errichtete Stadtbahnstation zu bestaunen. Auf der gegenüberliegenden Seite stehen das von Adolf Loos gestaltete Café Museum sowie das Musikvereinsgebäude und das Künstlerhaus. Auch das Wien Museum (▶ S. 147) ist am Karlsplatz situiert.

IV., Karlsplatz | U-Bahn: Karlsplatz
Karlskirche: Mo–Sa 9–12.30, 13–18, So 12–17.45 Uhr | Eintritt 8 €, Kinder frei

Fresken in der Karlskirche

Dank eines Aufbaus in 32 m Höhe kann man im Himmelsgewölk jeden Pinselstrich von Michael Rottmayr genau erkunden (▶ S. 13).

MUSEEN UND GALERIEN

① **Galerie Ariadne** ▸ S. 147

② **Kunsthalle project space karlsplatz** ▸ S. 140

③ **Wien Museum** ▸ S. 147

ESSEN UND TRINKEN

RESTAURANTS

④ **Gergely's** D 5

Trendy – Moderne Kristalllüster sorgen in dem uralten Gewölbe für ein gemütliches Ambiente. Spezialität sind Steaks vom Lavastein, dazu Fassbiere.
V., Schlossgasse 21 | U-Bahn: Pilgramgasse | Tel. 5 44 07 67 | www.gergelys. at | Di–Sa 18–1 Uhr | €€

⑤ **Das Motto** D 5

Stilvoll – In-Lokal mit bunt-samtigem und verspieltem Interieur. Von Wiener bis Asia-Fusion-Küche ist die Palette groß. Die Drinks werden übrigens in speziell designten Gläsern aus Murano-Glas serviert.

V., Schönbrunner Str. 30 | U-Bahn: Pilgramgasse | Tel. 5 87 06 72 | www. motto.at | Mo–Fr 18–2, Sa, So 18–4 Uhr | €€€

⑥ **Lisboa Lounge** E 5

Douro-Küche – Für Fisch und Meeresfrüchte ist dieses kleine portugiesische Lokal im Freihausviertel bekannt, dazu gibt's Tapas, von Käse bis zum Schinken »Pata Negra«. Und als Dessert locken »Pasteis de Nata«, portugiesische Blätterteigtörtchen mit Vanillepudding gefüllt. Hervorragende Auswahl portugiesischer Weine.

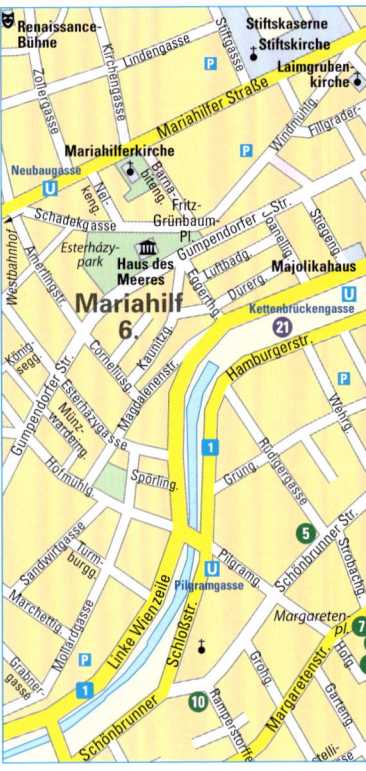

IV., Mühlgasse 20/2a | U-Bahn: Karlsplatz | Tel. 9 67 00 61 | www.lisboalounge.at | Mo–Fr 11–24, Sa 18–24 Uhr | €€

7 Margareta ⚑ D 5

Dolce Vita – Hier werden vor Ihren Augen frische Nudelgerichte und knusprige Pizzen zubereitet. Auf der umfangreichen Weinkarte finden sich berühmte Namen wie Jermann, Antinori und Ornellaia.

V., Margaretenplatz 2 | U-Bahn: Pilgramgasse | Tel. 5 44 07 22 | www. margareta.at | tgl. 12–24 Uhr | €

8 Silberwirt ⚑ D 5

Schöner Gastgarten – Den Silberwirt schätzt der Wiener Bürgermeister ebenso wie der einfache Arbeiter. Mit den ersten Sonnenstrahlen des Frühlings pilgern die Gartenhungrigen zu knusprigen Backhendln, leckeren Schnitzel-Variationen und bodenständigen Salatgerichten in den hübschen Innenhof des Biedermeierhauses. Auch die Innenräume des Silberwirts sind sehr gemütlich.

V., Schlossgasse 21 | U-Bahn: Pilgramgasse | Tel. 5 44 49 07 | www.schloss quadr.at | tgl. 12–24 Uhr | €€

9 Ubl E 5

Authentisch – In diesem urigen Lokal nahe dem Naschmarkt locken deftige Köstlichkeiten wie geröstete Leber, Beinfleisch oder Blunzen (Blutwurst).

IV., Pressgasse 26 | U-Bahn: Kettenbrückengasse | Tel. 5 87 64 37 | Mi–So 12–14, 18–24 Uhr | €

10 Zum Stöger D 5/6

Familienbetrieb – Seit mehr als 60 Jahren wird hier bodenständige Wiener Küche mit saisonalen Highlights serviert. Ein umfangreiches Weinangebot und ein gemütlicher Gastgarten gehören ebenfalls dazu.

V., Ramperstorffergasse 63 | U-Bahn: Pilgramgasse | Tel. 5 44 75 96 | www.zumstoeger.at | Mo 17–24, Di–Sa 11–24 Uhr | €€

11 Zur Herknerin E 5

Kraut und Suppen – Stefanie Herkner serviert zeitgemäße Wiener Hausmannskost: Die Krautrouladen und das Gulasch sollten Sie probieren.

IV., Wiedner Hauptstr. 36 | U-Bahn: Karlsplatz | Tel. 06 99/15 22 05 22 | www.zurherknerin.at | Di–Fr 17–22 Uhr | €–€€

BARS UND KNEIPEN

12 Goodmann E 4

Der Klassiker unter den Durchmach-Lokalen. Gleich neben dem Naschmarkt feiert man in gepflegtem Ambiente – und mit Mainstream aus der Dose. Hier vermischen sich die letzten Überlebenden der Nacht mit den Frühaufstehern.

IV., Rechte Wienzeile 23 | U-Bahn: Kettenbrückengasse | www.goodmann.at | Mo–Fr 2–10, Sa, So 2–12 Uhr

13 Zweitbester e 5

Szenelokal im inzwischen hippen Freihausviertel, das wegen seiner »Klokonzerte« bekannt wurde.

IV., Heumühlgasse 2 | U-Bahn: Kettenbrückengasse | Tel. 945 93 86 | www.zweitbester.at | tgl. 11–2 Uhr

EISDIELEN

14 Schoko Company E 4

Der Name verheißt Süßes, doch die Erwartungen werden bei Weitem übertroffen. Fixpunkt für Naschkatzen.

VI., Naschmarkt Stand 326–331 | U-Bahn: Kettenbrückengasse | Tel. 06 99/10 79 41 69 | www.schokocompany.at | Mo–Fr 9.30–19, Sa 8.30–18 Uhr

KAFFEEHÄUSER

15 Café Goldegg F 5

Zeitgemäße Küche und Kaffeespezialitäten, umgeben von edler Holzvertäfelung und grünen Sitznischen.

IV., Argentinierstr. 49 | U-Bahn: Südtiroler Platz | www.cafegoldegg.at | Mo–Fr 8–20, Sa 9–20, So 9–19 Uhr

EINKAUFEN

GESCHENKE

16 Alles Seife E 4

Große Auswahl handgemachter Naturseifen und Badekosmetik. Die Rohstoffe sind aus biologischer Herstellung.

IV., Naschmarkt 54 | U-Bahn: Kettenbrückengasse | www.allesseife.at | Mo–Sa 9–19 (Winterzeit 9–18), Sa 9–17 Uhr

17 Lomography Embassy Shop Vienna D/E 5

Neben kultigen Lomo-Kameras findet man hier auch Design und Souvenirs.

IV., Kettenbrückengasse 20 | www.lomographyembassyvienna.com

An Samstagen zieht es die Wiener zum Flohmarkt am Naschmarkt (▶ S. 105), wo es immer Überraschendes zu entdecken gibt. Schnäppchen darf man aber nicht erwarten.

LEBENSMITTEL

18 Essigbrauerei Gegenbauer ⚑ E 4

Es gibt Wein-, Frucht-, Bieressig und vieles mehr. Verkostungen am Gegenbauer-Stand am Naschmarkt.

IV., Naschmarkt, Stand-Nr. 110 | U-Bahn: Kettenbrückengasse | www.gegen bauer.at

19 Süssi ⚑ E 4

Wiens erster und einziger französischer Teesalon kredenzt auch hervorragende Tartes, Macarons und Quiches.

IV., Operngasse 30 | U-Bahn: Karlsplatz | www.suessi.at

20 Szigeti Sektcomptoir ⚑ E 4

Im Freihausviertel hat die Burgenländer Sektkellerei Szigeti eine Bar eröffnet. Nebenan wird der Sekt auch gleich verkauft – und das zu Ab-Hof-Preisen.

IV., Schleifmühlgasse 19 u. 23 | U-Bahn: Kettenbrückengasse | www.sekt comptoir.at | Mo–Do 17–23, Fr 14–23, Sa 12–23 Uhr | €

MÄRKTE

21 Flohmarkt ⚑ E 4

Es ist der schönste und größte Flohmarkt der Stadt. Über 200 Händler und bis zu 240 Privatverkäufer.

V., Wienzeile | U-Bahn: Kettenbrückengasse | Sa 6.30–18 Uhr

MODE

22 Comod Vienna  ⚑ E 4

Mode von ROEE, dazu Schmuck von ZOECA und erschwingliche handgemachte Lingerie des Labels i wanna.

IV., Operngasse 32 | U-Bahn: Oper | www.facebook.com/Comodvienna | Di–Fr 12–19, Sa 12–18 Uhr

6. UND 7. BEZIRK:
MARIAHILF UND NEUBAU

*Rund um Wiens Haupteinkaufsmeile findet
man kleine Läden, Beisln und viel Flair – wie im
biedermeierlichen Spittelbergviertel. Und
auch für Nachtschwärmer haben die Stadtteile ihren Reiz.*

Die ersten Vorstädte, die das mittelalterliche Wien erweiterten, waren
1850 Mariahilf, Gumpendorf, Magdalenengrund, Windmühle und Leim-
grube. Gegen Ende des 19. Jh. war die Mariahilfer Straße eine bedeutende
Einkaufsstraße geworden, die großen Warenhäuser befanden sich jedoch
jenseits der Bezirksgrenze im 7. Bezirk, im heutigen Bezirk Neubau. Am
südlichen Ufer des Wienflusses wurde kurz darauf – 1899 – die Wiener
Stadtbahn erbaut (die heutige U-Bahn-Linie 4).
Heute sind die Bezirke Mariahilf (6.) und Neubau (7.) ein pulsierender Teil
der Stadt. Es sind junge Viertel mit einer regen Kultur- und Lokalszene
und zahlreichen kleinen Läden, in denen eine junge, gebildete Bevölkerung ein- und ausgeht. Am Spittelberg ist noch ein Biedermeierviertel mit

◀ Fassadendetails der Wienzeilenhäuser Nr. 38 und 40 von Otto Wagner (▶ S. 108).

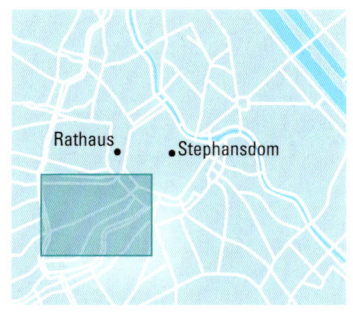

Restaurants und kleinen Lokalen zu finden, wo man bis spätabends im Freien sitzen kann.

Auch einige sehr schöne traditionelle Kaffeehäuser sind hier zu entdecken, wie das Sperl oder das Café Ritter (▶ S. 111), in denen man noch eine Melange bekommt, wie sie sein soll. Ein anderes, aber durchaus nicht schlimmes Schicksal widerfuhr dem historischen Café Drechsler (▶ S. 110): Es wurde von der britischen Designlegende Terence Conran umgestaltet – das Ergebnis ist gelungen.

GROSSE UND KLEINE LÄDEN PLUS KULTUR

Wichtiger wirtschaftlicher Impulsgeber des Stadtteils ist die Mariahilfer Straße, die seit 2015 in Teilen verkehrsberuhigt wurde. In der mittlerweile wichtigsten Einkaufsstraße Wiens finden sich eine Reihe von Markenstores neben Kaufhäusern und fast alle namhaften Fast-Food-Ketten. In den Seitengassen und Nebenstraßen werden hingegen all jene fündig, die das Besondere an Mode und Design suchen.

Kulturelles Highlight des 7. Bezirks ist ohne Zweifel das MuseumsQuartier, ein aus barocken Bauwerken und neuer Architektur bestehendes Ensemble mit rund 60 großen und kleinen kulturellen Einrichtungen.

SEHENSWERTES

❶ Haus des Meeres 🧍‍♀️ D 4

In einem Flakturm aus dem Zweiten Weltkrieg ist diese sehenswerte Schausammlung untergebracht: Haien, Seepferdchen, Schildkröten und Amphibien begegnet man ebenso wie Piranhas. An der Außenmauer gibt es eine 35 m hohe Kletterwand.

VI., Fritz-Grünbaum-Platz 1 | U-Bahn: Neubaugasse | Tel. 5 87 14 17 | www. haus-des-meeres.at | Fr–Mi 9–18, Do 9–21 Uhr | Eintritt 14,90 €, Kinder 6,90 €

❷ Haydnhaus C 5

Joseph Haydn kaufte dieses Haus nach seiner zweiten Englandreise und lebte dort bis zu seinem Tod im Jahr 1809. Hier empfing er auch zahlreiche Gäste – u. a. Beethoven – und schrieb seine berühmten Oratorien »Die Schöpfung« und »Die Jahreszeiten«.

Das Haydn-Museum wurde 1899 eröffnet. Im 1. Stock finden sich Andenken rund um Haydns Musik und seine Person, darunter Briefe, Partituren, Bilder, die Totenmaske und zwei Klaviere.

VI., Haydngasse 6 | U-Bahn: Pilgramgasse | Di–So 10–13, 14–18 Uhr | Eintritt 4 €

❸ Majolikahaus (Wienzeile) D 4

Das Majolikahaus heißt so wegen der vom Architekten Otto Wagner verwendeten Majolika-Fliesen mit farbigen Pflanzenornamenten, durch die er die Fassade witterungsbeständig und abwaschbar machte (▶ S. 106). In der nahen Köstlergasse (Haus Nr. 3) lebte Otto Wagner selbst. Das benachbarte Eckhaus hat an seiner Fassade vergoldete Medaillons von Koloman Moser.
VI., Linke Wienzeile 38/40 | U-Bahn: Kettenbrückengasse

❹ Spittelberg D 4

Das Grätzel am Spittelberg mit seinen kleinen, romantischen Gassen hat sich viel von seinem Biedermeierflair erhalten und ist gerade deshalb heute eine beliebte Lokalmeile. Hier findet auch einer der hübschesten Weihnachtsmärkte Wiens Platz.
VII., Stadtteil Spittelberg | U-Bahn: Museumsquartier

SEHENSWERTES
- ❶ Haus des Meeres
- ❷ Haydnhaus
- ❸ Majolikahaus
- ❹ Spittelberg

MUSEEN UND GALERIEN
- ❺ WestLicht

ESSEN UND TRINKEN
- ❻ Glacis Beisl
- ❼ Naturkost St. Josef
- ❽ Ra'mien
- ❾ Schreiners Gastwirtschaft
- ❿ ShaghaïTan
- ⑪ Siebensternbräu
- ⑫ Zu ebener Erde und erster Stock
- ⑬ Miranda Bar
- ⑭ Puff – die Bar
- ⑮ Rote Bar
- ⑯ Veganista Ice Cream
- ⑰ Café Drechsler
- ⑱ Café Leopold
- ⑲ Café Ritter

EINKAUFEN
- ⑳ Saint Charles
- ㉑ Tongues
- ㉒ Marktwirtschaft & Die Liebe
- ㉓ Anukoo
- ㉔ Ferrari Zöchling
- ㉕ Herzilein Wien
- ㉖ Modus Vivendi
- ㉗ nachbarin
- ㉘ Natalie Rox
- ㉙ Vivibag
- ㉚ Wabisabi
- ㉛ dasmöbel
- ㉜ Galerie Holzer

KULTUR UND UNTERHALTUNG
- ㉝ Elektro Gönner
- ㉞ Raimundtheater
- ㉟ Theater an der Wien

TopTen
- ✩ MuseumsQuartier

Momente
- ❹ Café Sperl
- ❺ Neue Mode Lindengasse

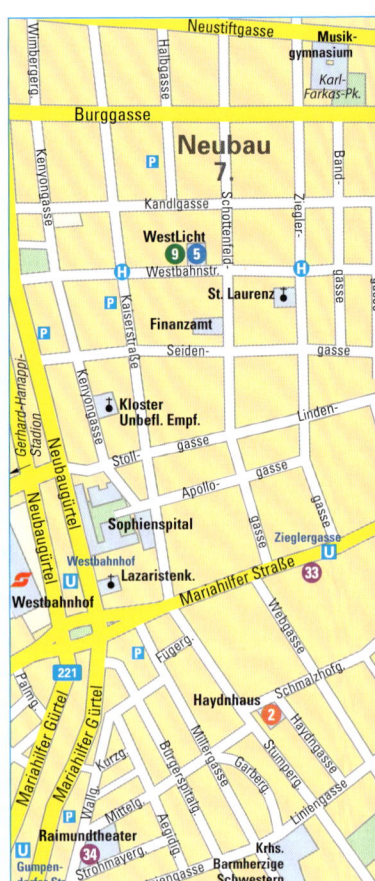

MUSEEN UND GALERIEN

10 **MuseumsQuartier** ▸ S. 142

5 **WestLicht – Schauplatz für Fotografie** ▸ S. 146

ESSEN UND TRINKEN

RESTAURANTS

6 **Glacis Beisl** 🚩D 4

Museumsnah – Österreichische Köstlichkeiten wie gebratene Blunz'n.

VII., Breite Gasse 4 | U-Bahn: Museumsquartier | Tel. 5 26 56 60 | www.glacis beisl.at | Mo–So 11–2 Uhr | €

7 **Naturkost St. Josef** 🚩D 4

Gesund essen – Ein Biopionier, der seit einigen Jahren auch mit täglich wechselnden Mittagsmenüs aufwartet – vegetarisch, vegan und zu 100% biologisch. Angeschlossener Naturkostladen.

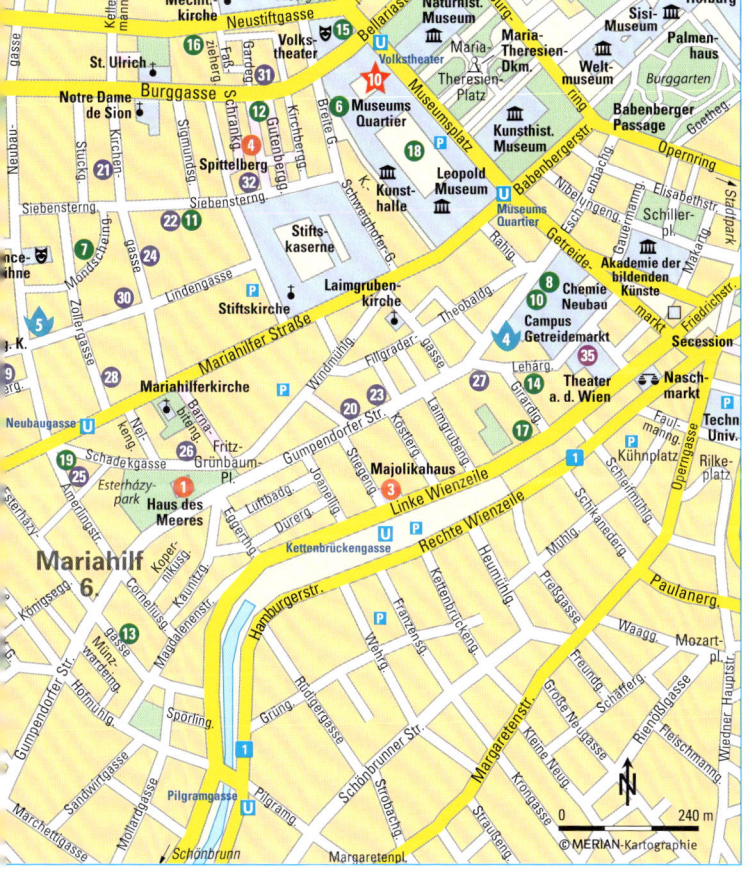

VII., Zollergasse 26 | U-Bahn: Neubau-
gasse | Tel. 5 26 68 18 | Mo–Fr 8–17,
Sa 8–16 Uhr | €

8 Ra'mien ⚑ E 4
Ethno-Klassiker − Asiatische Fusions-
küche oben, im Keller coole Lounge.
VI., Gumpendorfer Str. 9 | U-Bahn:
Museumsquartier | Tel. 5 85 47 98 |
www.ramien.at | Di–So 11–24 Uhr | €€

9 Schreiners Gastwirtschaft ⚑ C 4
Trendiger Familienbetrieb − Kalbs-
tafelspitz oder Beuscherl vom steiri-
schen Ibericoschwein stehen auf der
Karte dieses gemütlichen Lokals. Wirt
Thomas steht am Herd.
VII., Westbahnstr. 42 | U-Bahn: West-
bahnhof | Tel. 06 76/4 75 40 60 | www.
schreiners.cc | Di–Fr 17.30–24 Uhr | €€

10 ShanghaiTan ⚑ E 4
Ente um Mitternacht − Das Shanghai-
Tan kombiniert Asia-Küche mit exoti-
scher Inneneinrichtung.
VI., Gumpendorfer Str. 9 | U-Bahn:
Museumsquartier | Tel. 5 85 49 88 |
www.shanghaitan.at | Mo–Sa 11.30–15,
18–1 Uhr | €€

11 Siebensternbräu ⚑ D 4
Braubeisl − Hausgebrautes Bier und
bodenständige Küche. Idealer Stopover.
VII., Siebensterngasse 19 | U-Bahn:
Museumsquartier | Tel. 5 23 86 97 |
www.7stern.at | tgl. 11–24 Uhr | €

**12 Zu ebener Erde und
erster Stock** ⚑ D 4
Nestroy-Flair − Biedermeier-Ambiente
in einem spätbarocken Haus. Hier ver-
wöhnen die Besitzer persönlich mit
traditioneller altösterreichischer Küche.

VII., Burggasse 13 | U-Bahn: Museums-
quartier | Tel. 5 23 62 54 | www.zu-
ebener-erde-und-erster-stock.at |
Mo–Fr 11.30–22 Uhr | €€

BARS UND KNEIPEN

13 Miranda Bar ⚑ C 5
Fast fühlt man sich hier nach Florida
oder in die Karibik versetzt, aber die
Auswahl an Cocktails lässt kaum etwas
zu wünschen übrig: Von Klassikern bis
zu fast vergessenen Kreationen.
VI., Esterhazygasse 12 | U-Bahn: Ketten-
brückengasse | Tel. 9 52 87 94 |
www.mirandabar.com | Mo–Do 18–2,
Fr, Sa 18–3 Uhr

14 Puff – die Bar ⚑ E 4
Ein ehemaliges Rotlichtlokal wurde
vom Design-Duo Walking Chair in
eine pittoreske Cocktailbar verwandelt,
inklusive Lichtblumen aus alten PET-
Flaschen und leuchtenden Barhockern
an der Decke.
VI., Girardigasse 10/Lehargasse | U-Bahn:
Neubaugasse | Tel. 8 90 99 99 | www.
puff-bar.at | Di–Do 19–2, Fr, Sa 19–4 Uhr

15 Rote Bar ▸ S. 28

EISDIELEN

16 Veganista Ice Cream ⚑ D 3
Hier gibt es ausschließlich veganes Eis,
alles mit frischesten Zutaten.
VII., Neustiftgasse 23 | U-Bahn: Neu-
baugasse | Tel. 9 61 08 45 | www.
veganista.at | Mo–Sa 12–19 Uhr

KAFFEEHÄUSER

17 Café Drechsler ⚑ E 4
In modernem Terence-Conran-Design
ist der traditionelle Frühmorgentreff
der Naschmarkt-Standler wiederauf-

erstanden: Hier gibt es Kaffee, kleine Gerichte und einen Mittagstisch.

VI., Linke Wienzeile 22 | U-Bahn: Karlsplatz | www.cafedrechsler.at | Mo–Do 8–24, Fr, Sa 8–2, So 8–24 Uhr

18 Café Leopold D 4

Das Café im Leopold Museum bietet entspannte Atmosphäre, eine pfiffige Wiener Küche, DJs am Abend und einen Gastgarten im Herzen des MuseumsQuartiers. Einen besseren »Rastplatz« findet man kaum.

VII., Museumsplatz 1 | U-Bahn: Museumsquartier | www.cafe-leopold.at | So–Mi 10–2, Do–Sa 10–4 Uhr

19 Café Ritter D 4

Mitten an der Einkaufsmeile Mariahilfer Straße gelegen, ist das gepflegte Traditionscafé mit den hohen Räumen eine Ruheoase im geschäftigen Treiben. Wiens Fußballlegende Ernst Happel verkehrte hier.

VI., Mariahilfer Str. 73 | U-Bahn: Neubaugasse | Tel. 4 86 12 53 | www.cafe ritter.at | Mo–Fr 7–1, Sa, So 8–24 Uhr

EINKAUFEN
GESCHENKE

20 Saint Charles D 4

Die ehemalige Apotheke zur Heiligen Dreifaltigkeit heißt heute Saint Charles, dazu gehören auch eine »Cosmothecary« und eine »Alimentary«. Verkauft werden v. a. heimische Kräuter – als Heilmittel, Kosmetika oder als Nahrungsmittel … einen Versuch ist es wert. Übrigens: Unter dem Namen »Love Divine« gibt es auch eine Produktserie für Liebende.

VI., Gumpendorfer Str. 30 | U-Bahn: Neubaugasse | www.saint.info

Eine Melange im Café Sperl

Bestellen Sie eine Sperlschnitte mit einer Tasse Melange und – natürlich – einem Glas Wasser, blättern in einer der Tageszeitungen und schauen zu, wenn ältere Damen mit Hut eine Schwarzwälder Kirschtorte genießen (▶ S. 13).

21 Tongues D 4

Im Tongues findet man Schallplatten umtriebiger junger Künstler und Labels. Am Abend gibt's auch einen kleinen Imbiss und Getränke.

VII., Kirchengasse 27/III | U-Bahn: Neubaugasse | www.tongues.at | Di–Fr 14–21, Sa 14–18 Uhr

KULINARISCHES
22 Marktwirtschaft & Die Liebe D 4

Indoor-Gourmetmarkt, Restaurant, Bar und Café: Zu kaufen gibt's Brot, Fleisch, Käse und mehr (Biologisches) aus der Region und Ausgefallenes aus dem Rest der Welt. Das Restaurant »Die Liebe« serviert ein hervorragendes Frühstück und kostengünstige Mittagsmenüs.

VII., Siebensterngasse 21 | U-Bahn: Neubaugasse | Tel. 06 76/6 68 19 69 | www.marktwirtschaft.at | Di–Sa 10–19, So 10–18 Uhr; Restaurant »Die Liebe«: www.dieliebe.wien | Di–Sa 9–24, So 9–18 Uhr.

MODE
23 Anukoo D 4

Fair Fashion mit Grundmaterialien aus fairem Handel wird hier produziert und zu tragbarer Mode verarbeitet, z. B. aus

Was man im Café dasmöbel (▶ S. 113) in der Burggasse entdeckt, kann man im gleichnamigen Geschäft in der Gumpendorfer Straße käuflich erwerben.

Alpakawolle, deren Produktionskette man bis zu den Viehzüchtern in Peru und Bolivien zurückverfolgen kann.
VI., Gumpendorfer Str. 28 | U-Bahn: Neubaugasse | Tel. 58 11 343 | www.anukoo.com | Mo–Fr 11–18.30, Sa 11–17 Uhr

24 Ferrari Zöchling ⚑ D 4
Flagship-Store des gleichnamigen Modelabels: Die Entwürfe sind für ihre kunstvollen Prints bekannt.
VII., Kirchengasse 24/7 | U-Bahn: Neubaugasse | www.ferrarizoechling.com | Mi–Fr 12–19 Uhr, Sa 11–18 Uhr

25 Herzilein Wien ⚑ D 4
Feine, handgearbeitete Kindermode und Schuhe für die Kleinen, passende Kleider und Accessoires für die Mama.
VI., Amerlingstr. 8 | U-Bahn: Neubaugasse | www.herzilein-wien.at

26 Modus Vivendi ⚑ D 4
Schlichte Schnitte, ausgefallene Stoffe und ein sinnlicher Materialmix. Monika Bacher und Charlotte Jakoubek zählen seit 25 Jahren zu den Fixpunkten unter den Wiener Modedesignern.
VI., Schadekgasse 4 | U-Bahn: Neubaugasse | www.modusvivendi.at

27 nachbarin ⚑ B 5
Bags, Schuhe, Mäntel und vieles mehr von teils renommierten, teils aufstrebenden europäischen Designern.
VI., Gumpendorfer Str. 17 | U-Bahn: Museumsquartier | www.nachbarin.co.at

28 Natalie Rox ⚑ D 4
Aus über hundert Materialien werden hier Ihre Wunschschuhe hergestellt. Daneben gibt's auch viele fix und fertige Stücke moderner Designer.

VII., Zollergasse 2 | U-Bahn: Neubaugasse | www.natalie-rox.at

29 Vivibag   C 4

Taschen aus eigener Produktion, aber auch lustig-kitschige Accessoires und Mode-Unikate österreichischer Jungdesignerinnen findet man in diesem kleinen Shop von Olivia Riedelbauer. VII., Richtergasse 8 | U-Bahn: Neubaugasse | www.vivibag.at

30 Wabisabi   C 4

Mitten in der Wiener Modemeile rund um die Lindengasse liegt der Shop von Stefanie Wippel: »Wabi-Sabi« ist ein ästhetisches Konzept aus Japan, das eng mit dem Zen-Buddhismus verbunden ist und auf Schlichtheit basiert: Diese findet man auch in den weiß, grau, schwarzen Kreationen der Desinger. VII., Lindengasse 20 | U-Bahn: Neubaugasse | Tel. 06 64/5 45 12 80 | www.alletragen-wabi-sabi.at | Öffnungszeiten auf Anfrage

WOHNEN
31 dasmöbel   D 3

In diesem Café kann man nicht nur seine Melange und ein Stück Torte genießen, sondern Tasse und Teller und sogar die Einrichtung und die Accessoires, gestaltet von jungen Designern, auch gleich kaufen (Gumpendorfer Str. 11). Das Sortiment wechselt. VII., Burggasse 10 | U-Bahn: Volkstheater | www.dasmoebel.at

32 Galerie Holzer   D 4

Auf Jugendstil- und Art-déco-Möbel, -spiegel und -lampen hat sich die Galerie spezialisiert. Neben Originalstücken findet man auch Neuanfertigungen.

Neue Mode in der Lindengasse

Rund um die Lindengasse bieten junge Fashiondesigner, oft Absolventen der Wiener Modeschule, Kleidung, Schmuck, Möbel und anderes zu erstaunlich günstigen Preisen an (▶ S. 14).

VII., Siebensterngasse 16 und 32, Kirchengasse 30 | Straßenbahn: Siebensterngasse | www.galerieholzer.at

KULTUR UND UNTERHALTUNG
CLUBS
33 Elektro Gönner   C 5

Zum Szenetreff umfunktionierter Innenhof mit minimalistischem Design und DJs, die täglich das Publikum beschallen. Manchmal gibt's Kunstprojekte, einmal wöchentlich Filmclub. VI., Mariahilfer Str. 101/1 (Innenhof) | U-Bahn: Zieglergasse | www.elektro-g.at | So–Do 19–2, Fr, Sa 19–4 Uhr

THEATER
34 Raimundtheater   B 5

Das nach dem Dichter Ferdinand Raimund benannte Theater wurde 1893 eröffnet. Es widmete sich der Operette. Heute werden meist Musicals gespielt. VI., Wallgasse 18–20 | U-Bahn: Gumpendorfer Straße | Tel. 5 88 85 | www.vbw.at

35 Theater an der Wien   E 4

Nach einer langen Geschichte als Musicalbühne widmet man sich hier nun der Oper, aber auch der Operette. VI., Linke Wienzeile 6 | U-Bahn: Karlsplatz | Tel. 5 88 85 | www.vbw.at

8. BEZIRK: JOSEFSTADT

*Der beliebteste Wohnbezirk für Wiens Bürgermeister
und Verwaltungsbeamte, aber auch für einige der renommiertesten
Künstler, Schriftsteller und Schauspieler der Stadt. Zahlreiche
Bühnen zeugen hier von dieser Tradition.*

Der flächenmäßig kleinste Bezirk Wiens liegt zwischen dem Wiener
Gürtel und der Ringstraße und ist einer der am dichtesten bebauten.
Alt-Lerchenfeld wurde zwar schon 1295 erstmals erwähnt, eine größere
Bautätigkeit im gesamten heutigen Bezirksgebiet setzte aber erst um 1700
ein, als die Siedlung von der Stadt erworben und nach Kaiser Joseph I.
benannt wurde. Die Straßen zeigen zum Teil noch die typische Struktur
aus der Biedermeierzeit. 1850 wurde Josefstadt schließlich als 8. Bezirk
Wiens eingemeindet.

VERWALTUNGSZENTRUM

Die Josefstadt ist eng mit der Innenstadt verknüpft: Die Verwaltung der
Habsburgermonarchie und seit 1918 auch des Staates Österreich ist an der
Ringstraße konzentriert. Der 8. Bezirk war daher stets das Wohngebiet

◀ Das Theater in der Josefstadt (▶ S. 119), Wiens innovativste Spielstätte.

einer soliden Mittelschicht, das sieht man noch heute an eleganten Bürgerhäusern. Viele Beamte der umliegenden Ministerien leben heute hier, ebenso Studenten. Die meisten Bürgermeister Wiens hatten in der Josefstadt ihren Wohnsitz, genauso wie der amtierende Bundespräsident heute.

INTELLEKTUELLE, KÜNSTLER UND SCHAUSPIELER

Außerdem gilt die Josefstadt neben den Bezirken Neubau und Mariahilf als Bezirk der Intellektuellen und Künstler, viele Schauspieler und Schriftsteller waren hier ansässig: Fritz Lang, Otto Preminger und Billy Wilder, die später in Hollywood Karriere machten. Der Dichter Ödon von Horvath ließ in der Lange Gasse einen Teil seiner »Geschichten aus dem Wienerwald« spielen, und der Schauspieler Oskar Werner verbrachte hier seine letzten Lebensjahre. Auch der Dichter H. C. Artmann lebte im 8. Bezirk und schrieb hier u. a. 1958 seinen Gedichtband »med ana schwoazzn dintn«, mit dem er dem Dialektgedicht zum Durchbruch verhalf. Mehr über die Künstler der Josefstadt erfährt man im kleinen Bezirksmuseum in der Schmidgasse 18 (www.bezirksmuseum.at).

Kulturell profitiert der 8. Bezirk natürlich von der Nähe zur Innenstadt, hat aber selbst einiges zu bieten: Hier sind das Theater in der Josefstadt und das Vienna English Theatre zu finden. Beisln sind fast über den ganzen Bezirk verstreut, ebenso kleine Geschäfte und Boutiquen, in denen man vom touristischen Wien wenig spürt.

SEHENSWERTES

❶ Lenaugasse   ☞ D 2/3

Die Gasse wurde nach dem Schriftsteller Nikolaus Lenau benannt, einem lyrischen Dichter Österreichs im 19. Jh., v. a. während des Biedermeier. Die gesamte Gasse gilt als Beispiel der sogenannten vormärzlichen Architektur, also der von liberalen Tendenzen geprägten Baukunst ab etwa 1830 bis zur Revolution vom März 1848.

U-Bahn: Rathaus

❷ Palais Schönborn   ☞ D 2

Friedrich Carl von Schönborn gab nach seiner Berufung zum Reichsvizekanzler im Jahr 1706 beim österreichischen Architekten Lukas von Hildebrandt dieses

SEHENSWERTES
1. Lenaugasse
2. Palais Schönborn
3. Piaristenkirche

ESSEN UND TRINKEN
4. Konoba
5. Nemtoi
6. Piaristenkeller
7. Sakai
8. Schnattl
9. Winisan
10. Café Eiles
11. Café Florianihof

KULTUR UND UNTERHALTUNG
12. Chelsa
13. rhiz – bar modern
14. Kabarett Niedermair
15. Theater in der Josefstadt
16. Vienna's English Theatre

Gartenpalais in Auftrag. Die Arbeiten wurden 1714 beendet. 1862 übernahm die Stadt Wien das Palais und ließ es restaurieren, der Garten wurde für die Öffentlichkeit geöffnet.
Seit 1920 ist im Palais das Österreichische Museum für Volkskunde untergebracht. Ein Teil des ehemaligen Gartens ist heute der 10 000 m² große städtische Schönbornpark.
Laudongasse 15–19 | Straßenbahn: Laudongasse/Lederergasse
– Volkskundemuseum: www.volkskunde museum.at | Di–So 10–17 | Eintritt 5 €
– Schönbornpark: April–Sept. 6.30–20, Okt.–März 7–18.35 Uhr

3 Piaristenkirche C/D 3

Der Name der Kirche stammt vom Josefstädter Gnadenbild Maria Treu, das anlässlich der Pestepidemie 1713 von Josef Herz gemalt und von der heutigen Schmerzenskapelle in die neue Kirche übertragen wurde.
Errichtet wurde das Gotteshaus 1698 bis 1719 wahrscheinlich nach Plänen von Lukas von Hildebrandt. Im Inneren der Kirche leuchten fünf Kuppelfresken, die der bedeutendste Maler des österreichischen Spätbarock, Franz Anton Maulbertsch, in den Jahren 1752 und 1753 schuf. Zu sehen sind u. a. die Aufnahme Mariens in den Himmel und Szenen aus dem Alten und Neuen Testament. Die Fassade ist das einzige Wiener Beispiel einer Konvexfassade nach Art der römischen Kirchen.
Die Piaristenkirche ist auch bekannt für ihre hervorragende Akustik. Messen von Joseph Haydn, Franz von Suppé und Paul Hindemith wurden hier erstmals aufgeführt.
Piaristengasse 43 | Straßenbahn: Lederergasse/Josefstädter Straße

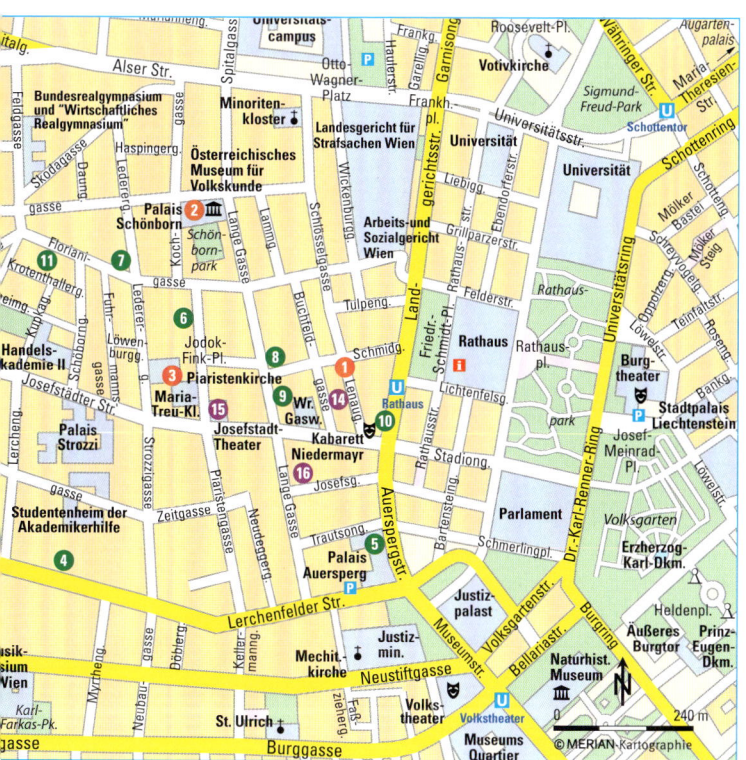

ESSEN UND TRINKEN

RESTAURANTS

4 Konoba ⚑ C3

Hafenflair – Sehr gute Balkanküche in einem Restaurant, das den Flair eines dalmatinischen Hafens versprüht. Probieren Sie den gegrillten Fisch! Lerchenfelder Str. 66–68 | U-Bahn: Thaliastraße | Tel. 9 29 41 11 | www. konoba.at | tgl. 17–24 Uhr | €€

5 Nemtoi ⚑ D3

Modernes Ambiente – Österreichische Spezialitäten auf Topniveau bilden den Schwerpunkt dieses Restaurants im Hotel The Levante. Stilvolle, aus einem Stück gearbeitete Glas-Bar. Auerspergstr. 9 | U-Bahn: Rathaus | Tel. 5 35 45 15 51 | www.thelevante. com | Restaurant: Mo–Sa 6.30–10.30, 11.30–14, 18–22, So 6.30–12 Uhr | Bar: Mo–Sa 11–24, So 11–22 Uhr | €€

6 Piaristenkeller ⚑ D 2/3

Kellerlokal – Zithermusik und Kerzenlicht sorgen in diesem Klosterkeller, in dem Wiener Küche aus der Kaiserzeit serviert wird, für Atmosphäre. Im angeschlossenen Hutmuseum kann man – vor oder nach dem Essen – Kopfbe-

Der Glaskünstler Ioan Nemtoi (▶ S. 117) prägte das Restaurant im Hotel The Levante so eindrucksvoll, dass es nach ihm benannt wurde. Vorzüglich essen kann man hier auch.

deckungen aus dem Habsburgerreich bewundern. In der Weinschatzkammer stößt man auf uralte Madeiraflaschen und andere edle Tropfen.

Piaristengasse 45 | U-Bahn: Rathaus | Tel. 4 06 01 93 | www.piaristenkeller. at | Mo–Sa 18–24 Uhr | €€

⑦ Sakai 🔖 C2

Bester Japaner – Nach 15 Jahren im Unkai im Wiener Grand Hotel eröffnete Haubenkoch Hiroshi Sakai in der Josefstadt ein eigenes Lokal, das Kritik und Publikum sofort überzeugte. Sonntags gibt's Sushi-Brunch.

Florianigasse 36 | Straßenbahn: Florianigasse | Tel. 7 29 65 41 | www.sakai. co.at | Di–Sa 12–14.30, 18–22.30, So 11.30–14.30 Uhr | €€€

⑧ Schnattl 🔖 D3

Tafelspitz und mehr – Schnörkellose, moderne Wiener Küche nannte es der österreichische »Gault Millau«: Wilhelm Schnattl ist ein Meister darin, Omas Rezepte neu und geschmackvoll zu interpretieren. Nicht zu vergessen ist sein Händchen für Wiener Klassiker: Ein besserer Tafelspitz dürfte kaum zu bekommen sein.

Lange Gasse 40 | U-Bahn: Währinger Straße | Tel. 4 05 34 00 | www.schnattl. com | Mo–Fr 18–24 Uhr | €€

⑨ Winisan  D 2

Asia-Beisl – Hier bereitet Wini Brugger japanische Yakitori-Spießchen mit hausgemachten Saucen zu.
Lange Gasse 34 | U-Bahn: Rathaus | Tel. 06 60/5 23 23 07 | www.winisan. com | Di–Sa 18–24 Uhr | €€

KAFFEEHÄUSER

⑩ Café Eiles D 3

Die Einrichtung des Traditionskaffeehauses ist zwar etwas abgenutzt, aber die Melange, die Mehlspeisen und der Tagesteller trösten darüber hinweg.
Josefstädter Str. 2 | U-Bahn: Rathaus | Tel. 4 05 34 10 | Mo–Fr 7–23, Sa, So 8–23 Uhr

⑪ Café Florianihof C 2

Schnörkelloses und helles Kaffeehaus, in dem man auch günstig essen kann: Nach dem Altwiener Erdäpfelgulasch gibt es Powidl-Tascherl zum Dessert.
Florianigasse 45 | U-Bahn: Josefstädter Straße | Tel. 4 02 48 42 | www. florianihof.at | Mo–Fr 7.30–22.30, Sa, So 9–19 Uhr

KULTUR UND UNTERHALTUNG

JAZZ, ROCK, POP

⑫ Chelsea B 3

Stammlokal der Wiener Underground-Szene. Neben regelmäßigen Konzerten amerikanischer und britischer Bands sind auch die DJ-Nächte gut besucht.
Lerchenfelder Gürtel/Stadtbahnbogen 29–30 | U-Bahn: Thaliastraße | Tel. 4 07 93 09 | www.chelsea.co.at | tgl. 18–4 Uhr

⑬ rhiz – bar modern B 2

Hier wurde die Wiener Electronic-Szene geboren – und ihre Stars treten noch immer regelmäßig im rhiz auf. Auch sonst ist die Bar eines der trendigsten Lokale in den Stadtbahnbögen.
Lerchenfelder Gürtel, Stadtbahnbogen 37–38 | U-Bahn: Thaliastraße | www. rhiz.org | Mo–Sa 18–4, So 18–2 Uhr

KABARETT

⑭ Kabarett Niedermair D 3

Alles, was in Österreichs Kleinkunstszene einen Namen hat, war schon auf dieser Bühne zu Gast, sie gilt aber auch als Sprungbrett für Newcomer. Dazu gibt's Kindertheatervorstellungen.
Lenaugasse 1a | U-Bahn: Rathaus | Tel. 4 08 44 92 | www.niedermair.at

THEATER

⑮ Theater in der Josefstadt D 3

Das älteste Theater Wiens wurde 1788 eröffnet. 1822 wurde der vom Biedermeier-Architekten Josef Kornhäusel errichtete Bau mit Beethovens Ouvertüre »Die Weihe des Hauses« eröffnet: Beethoven dirigierte persönlich. Das Theater ist heute die wichtigste Bühne Wiens für zeitgenössische Erfolgsproduktionen und moderne Klassiker.
Josefstädter Str. 26 | U-Bahn: Rathaus | Tel. 42 70 03 00 | www.josefstadt.org

⑯ Vienna's English Theatre D 3

1963 gegründet, ist das Vienna's English Theatre die älteste englischsprachige Bühne Europas außerhalb Großbritanniens. Hier standen schon Grace Kelly, Jean-Paul Belmondo, Jeanne Moreau oder Leslie Nielsen auf der Bühne.
Josefsgasse 12 | U-Bahn: Rathaus | Tel. 40 21 26 00 | www.englishtheatre.at

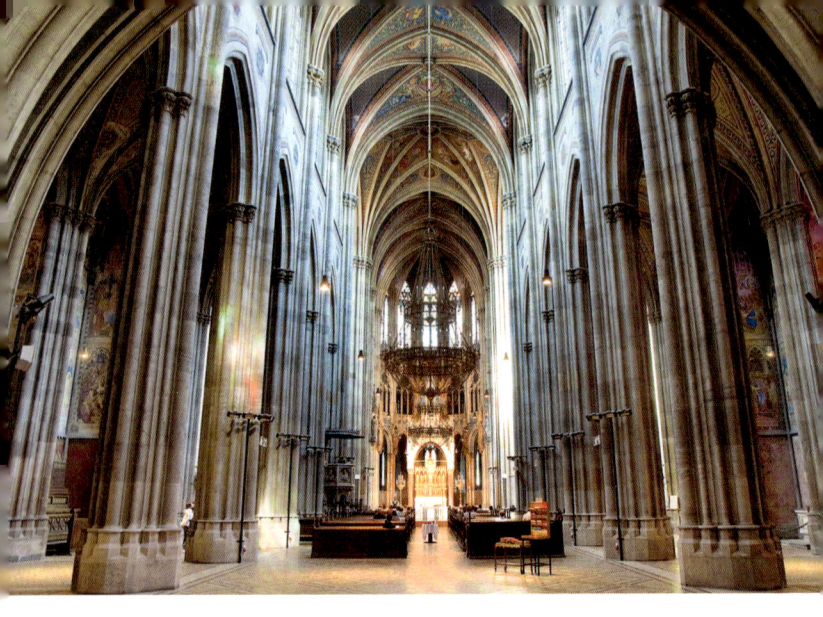

9. BEZIRK: ALSERGRUND

Trotz der Votivkirche, dem Alten Allgemeinen Krankenhaus (AKH)
und einigen schönen Stadtvillen und Parks ist der
Alsergrund vom Tourismus noch kaum entdeckt. Zu Unrecht,
wie man bei einem Spaziergang erfahren kann.

Etwas weiter südlich, noch innerhalb des Gürtels, liegt Alsergrund, Wiens 9. Bezirk. Noch im Mittelalter wurde hier am Schottenpoint Weinbau betrieben, heute ist der ganze Alsergrund Stadtbereich. Im 17. Jh. entstanden das Soldatenspital (das spätere Alte AKH) und im Jahrhundert darauf viele herrschaftliche Villen. Dazu kamen Ziegeleien, Mühlen und sogar Betriebe, in denen Seidenraupen gezüchtet wurden. Teile des Alsergrunds verkamen im Zuge der Industrialisierung zu Elendsvierteln und wurden Nährboden der Märzrevolution von 1848. Heute sind »am Alsergrund«, wie er oft von Bewohnern genannt wird, wichtige Teile der Universität Wien zu finden: Zum Teil im Alten AKH, zum Teil am Campus der Wirtschaftsuni, die zu den wichtigsten Europas zählt. Das ehemalige AKH war einst, als es Kaiser Joseph II. 1784 errichten ließ, das modernste Krankenhaus der Welt. Um einen großen Hof gruppieren sich zwölf kleinere

◄ Die Votivkirche (▶ S. 122) ist ein Musterbeispiel des neugotischen Kirchenbaus.

Höfe, und in der Sensengasse steht noch der fünfstöckige kreisrunde »Narrenturm«, wo früher die psychisch Kranken »verwahrt« wurden. In den Innenhöfen ist heute eine Reihe von Lokalen zu finden, in denen man vor allem die lauen Sommerabende genießen kann. Zu den weithin sichtbaren Sehenswürdigkeiten des 9. Bezirks zählt auch die märchenhaft dekorierte Müllverbrennungsanlage Spittelau, die Friedensreich Regentag Dunkelbunt Hundertwasser 1987 gestaltete.

NEUES LEBEN AM GÜRTEL

Im Süden grenzt der 9. Bezirk an die Innenstadt und die Ringstraße, die hier etwas weniger mondän ist als weiter im Süden. Östlich bildet der Donaukanal den Abschluss des Bezirks und nördlich der Gürtel. Gerade hier, an einem ehemals beliebten Standort des »leichten Gewerbes«, hat sich schon vor langer Zeit eine rege Lokalszene entwickelt: In den Bögen der Stadtbahn sind vor 20 Jahren die ersten Lokale und Geschäfte eingezogen. Kleine Restaurants und Beisln runden das Angebot mit türkischer, asiatischer, mediterraner und natürlich wienerischer Küche ab.

Das Viertel Alsergrund ist ein ruhiges Wohnviertel, dominiert von Bürgerhäusern. Auch einige prunkvolle Palais sind hier zu finden, die sich die Adligen damals noch vor den Toren der Stadt errichten ließen. Auf Scharen von Touristen trifft man im Alsergrund trotzdem eher selten – obwohl es ein Bezirk ist, den es zu entdecken lohnt.

SEHENSWERTES

❶ Lichtentaler Pfarrkirche

 nördl. D 1

In dieser römisch-katholischen Kirche wirkte Franz Schubert, sie wird deshalb auch als Schubertkirche bezeichnet. Seine Festmesse zum Kirchenjubiläum in F-Dur wurde hier uraufgeführt.
Marktgasse | U-Bahn: Friedensbrücke

❷ Strudlhofstiege D 1

Heimito von Doderer setzte ihr in seinem Werk »Die Strudlhofstiege oder Melzer und die Tiefe der Jahre« ein Denkmal. Die Freitreppe zwischen der Strudlhofgasse und der Liechtensteinstraße ist aber auch für Literaturmuffel sehenswert: Sie ist eines der bedeutendsten Bauwerke des Jugendstils in

Wien und wurde von Johann Theodor Jaeger entworfen. Die Anlage ist mit einem zweiteiligen Brunnen geschmückt.

Strudlhofgasse/Liechtensteinstr. |
U-Bahn: Josefstädter Straße

③ Universitätscampus C1–D2

Im Alten AKH – übrigens nicht zuverwechseln mit dem Neuen AKH – wurde die weltberühmte Wiener Medizinische Schule geboren. Die schaurige pathologisch-anatomische Sammlung im Narrenturm mit etwa 45 000 Objekten ist die weltweit größte Sammlung pathologischer Präparate. Einer der Innenhöfe gilt im Sommer als »schönster Biergarten der Stadt«.

Spitalgasse 2 | U-Bahn: Rathaus/
Schottentor
– Pathologisch-Anatomisches Bundesmuseum: Anmeldung zu Führungen erbeten unter Tel. 40 68 67 22 | Mi 10–18, Sa 10–13 Uhr | Eintritt 2 €, Kinder frei

④ Votivkirche D2

Manche Wien-Besucher halten die 1856 bis 1879 von Heinrich von Ferstel errichtete neugotische Votivkirche auf den ersten Blick für den Stephansdom. Ihr Bau wurde als Dank für die Errettung des jungen Kaisers Franz vor einem Attentat initiiert. In ihrem Inneren ist ein Renaissance-Grabmal für Graf Niklas Salms, den Befehlshaber während der ersten Türkenbelagerung 1529, sehenswert.

Rooseveltplatz | U-Bahn: Schottentor

Wollen Sie's wagen?

Im Alten AKH ist das Pathologisch-Anatomische Bundesmuseum mit einer sinistren Sammlung von künstlichen Organen, konservierten Föten etc. untergebracht. Ein Besuch kann nur Leuten mit starken Nerven anempfohlen sein.

MUSEEN UND GALERIEN
⑤ **Gartenpalais Liechtenstein/
Stadtpalais Liechtenstein** ▸ S. 140
⑥ **Sigmund Freud Museum** ▸ S. 145

ESSEN UND TRINKEN
RESTAURANTS
⑦ **Dreiklang** D1
Nachhaltig – Biologisch, vollwertig und gentechnikfrei wird im Dreiklang bereits seit 1991 gekocht. Die Menüs wechseln wöchentlich.

SEHENSWERTES
① Lichtentaler Pfarrkirche
② Strudlhofstiege
③ Universitätscampus
④ Votivkirche

MUSEEN UND GALERIEN
⑤ Gartenpalais Liechtenstein/ Stadtpalais Lichtenstein
⑥ Sigmund Freud Museum

ESSEN UND TRINKEN
⑦ Dreiklang
⑧ Flein

⑨ Kim
⑩ Tsering Tashi
⑪ Café Stein/ Stein's Diner
⑫ Café-Restaurant Weimar

EINKAUFEN
⑬ Orlando
⑭ CupCakes Manufaktur
⑮ Naschsalon

KULTUR UND UNTERHALTUNG
⑯ WUK
⑰ Theater am Alsergrund
⑱ Votivkino
⑲ Experiment am Lichtenwerd
⑳ Schauspielhaus
㉑ Volksoper

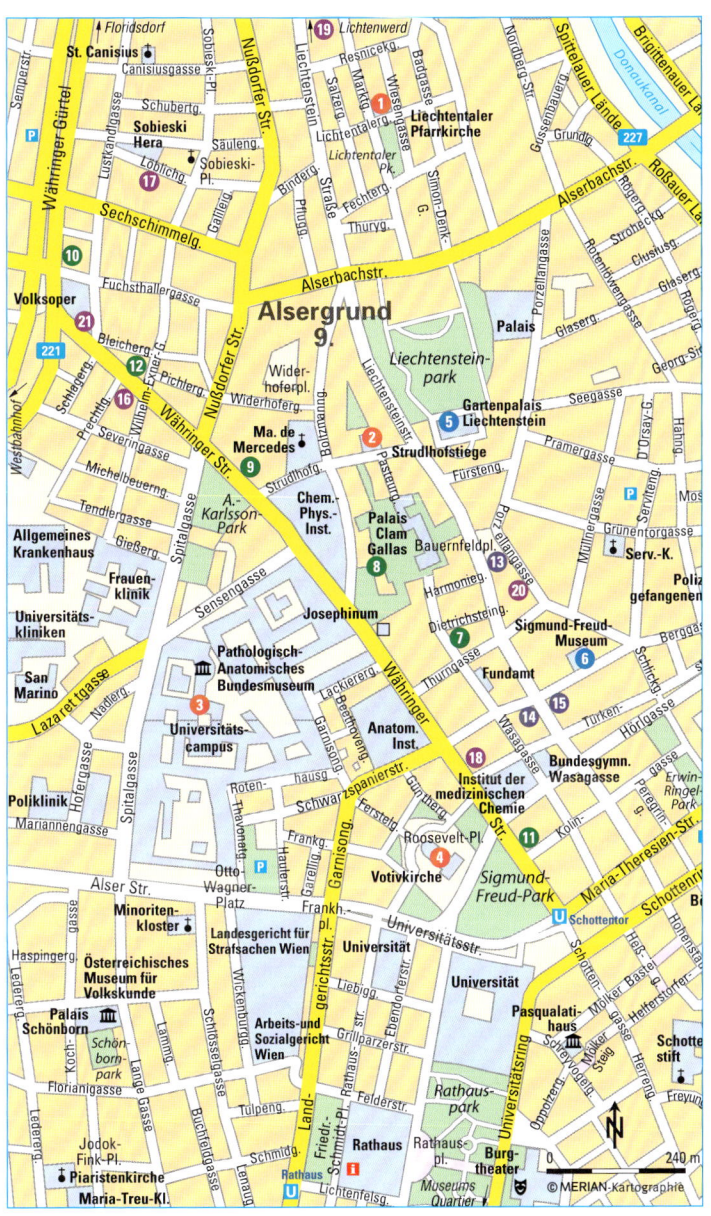

Wasagasse 28 | U-Bahn: Währinger Straße | Tel. 3 10 17 03 | www.3klang. info | Mo–Fr 9–22 Uhr | €

⑧ Flein D1

Grüne Oase – Ein hinter dem französischen Kulturinstitut gelegenes Lokal, in dem man sehr gut und günstig isst. Schöner Gastgarten.

Boltzmanngasse 2 | U-Bahn: Währinger Straße | Tel. 3 19 76 89 | Mo–Fr 11.30–15, 17.30–23.30 Uhr | €

⑨ Kim D2

Fernost – Innovative Küche nach den fünf Elementen – mit Fisch, Meeresfrüchten, etwas Fleisch, aber vor allem traditionellen Gewürzen.

Währinger Str. 46 | Straßenbahn: Spitalgasse | Tel. 06 64/4 25 88 66 | www.sohyikim.com | Mi–Sa 12–15, 18–23 Uhr | €€–€€€

⑩ Tsering Tashi D1

Himalaja-Köstlichkeiten – Das erste tibetische Restaurant Österreichs wird natürlich von Tibetern geführt. Authentisch ist daher auch die Küche.

Währinger Gürtel 102 | U-Bahn: Währinger Straße | www.tibet-restaurant.at | Tel. 3 15 10 12 16 | Di– Fr 11.30–15, 17.30–23.30, Sa, So, 12.30–15, 17–23 Uhr | €€

KAFFEEHÄUSER

⑪ Café Stein/Stein's Diner E2

Das Langschläferfrühstück (7–20 Uhr) ist für manchen Wiener die wichtigste Mahlzeit des Tages. Schon in aller Früh wird diskutiert und geschlemmt. Richtig viel los ist aber erst abends.

Währinger Str. 6–8 | U-Bahn: Schottentor | www.cafe-stein.com | Mo–Sa 8–1, So 9–1 Uhr

⑫ Café-Restaurant Weimar D1

Es treffen sich Gäste und Künstler der nahen Volksoper. Im historischen Ambiente spielt allabendlich ein Pianist.

Währinger Str. 68 | U-Bahn: Währinger Straße | Tel. 3 17 12 06 | www.cafe weimar.at | Mo–Sa 7.30–24, So 9–24 Uhr

EINKAUFEN

BÜCHER

⑬ Orlando E1

Hochwertiges Sortiment. Lesungen und Konzerte im Kellergewölbe.

Liechtensteinstr. 17 | U-Bahn: Schottentor | www.orlandobuch.at

FEINBÄCKEREI

⑭ Cupcakes-Manufaktur D1

Cupcake-Kreationen für jeden Geschmack findet man in diesem Lokal, wo man die Köstlichkeiten auch verkosten kann.

IX., Liechtensteinstr. 16 | U-Bahn: Schottentor | Tel. 9 04 92 12 | www.cupcakes-manufaktur.at | Mo–Fr 10.30–18.30, Sa 10.30–18 Uhr

⑮ Naschsalon D1

Kaffee- und Tee-Spezialitäten, Selbstgebackenes und den ganzen Tag Frühstück gibt es in diesem gemütlichen Lokal mit angeschlossener Bäckerei.

IX., Liechtensteinstr. 38a | U-Bahn: Schottentor | Tel. 06 64/4 53 41 93 | www.naschsalon.at | Mo–Fr 7.30–19, Sa, So 9–17 Uhr

KULTUR UND UNTERHALTUNG

ALTERNATIVKULTUR

⑯ WUK D1

Auf über 12 000 m² wird in diesem selbstverwalteten Kulturzentrum nicht

nur Livemusik geboten, es gibt »Räume für Kinder, Künste und Kulturen …«.
Währinger Str. 59 | U-Bahn: Währinger Straße | Tel. 40 12 10 | www.wuk.at

KABARETT

17 Theater am Alsergrund nördl. D1
Kleine Newcomer-Kabarettbühne, aber auch bekannte Kabarettisten treten auf.
Löblichgasse 5–7 | U-Bahn: Währinger Straße | Tel. 3 10 46 33 | www.alsergrund.com

KINO

18 Votivkino ▶ S. 44

THEATER

19 Experiment am Lichtenwerd nördl. D1
Das winzige Theater ist eines der ältesten Kellertheater Wiens. Seit 1956.

Liechtensteinstr. 132 | U-Bahn: Schottentor | www.theater-experiment.com

20 Schauspielhaus E1
Modernes Theater, viel Zeitgenössisches, aber auch Lesungen.
Porzellangasse 19 | U-Bahn: Schottentor | Tel. 3 17 01 01 11 | www.schauspielhaus.at

OPER, OPERETTE, MUSICAL, BALLET

21 Volksoper C/D1
Das populärste Haus unter den Bundestheatern. Hier kümmert man sich um Klassiker des Musiktheaters ebenso wie um Ballett oder um Wiener Lokalgrößen. Besonders Operette und Musical werden hier gepflegt.
Währinger Str. 78 | U-Bahn: Währinger Straße | Karten: Hanuschgasse 3 | Tel. 5 14 44-36 70 | www.volksoper.at

Das WUK (▶ S. 124) bietet Jung und Alt, Groß und Klein, Bekannt und Unbekannt eine Bühne. Im Bild Balkan-Popper Shantel bei einem gefeierten Auftritt.

NICHT ZU VERGESSEN!
Außerhalb des Zentrums

Von Schönbrunn über die Rebberge von Grinzing und
die Wanderwege des grünen Wienerwalds
oder der Lobau: Bei einem Wien-Besuch sollte man
sich nicht nur auf die inneren Bezirke der Stadt beschränken.

Im **Wienerwald** bäumen sich die Alpen ein letztes Mal auf, bevor sie sich im Becken der Donau verlieren. Denn eigentlich ist der Wienerwald kein Wald, sondern vielmehr der Name des letzten Gebirges vor der pannonischen Tiefebene. Er steht unter Naturschutz und wurde damit – zumindest teilweise – vor der »Eroberung« durch immer neue Stadtviertel geschützt. So ist Wien von einem dichten Waldgürtel umgeben, der als Naherholungsgebiet für seine Einwohner dient.

Einige Wiener Bezirke befinden sich zum Teil im Wienerwald, das sind v. a. die westlichen Vorstädte Ottakring (16.), Penzing (14.) und Hietzing (13.). Zum Bezirk Hietzing gehören Teile des Wienerwalds und der große Schlosspark von Schönbrunn. Die Nähe zu Schönbrunn, die Sommer-

◀ Der Wiener Zentralfriedhof (▶ S. 132) zählt
zu den größten Friedhofsanlagen Europas.

residenz der Habsburger, hat bis 1900 dazu geführt, dass sich viele Adlige
und hohe Beamte hier niederließen, und bis heute gelten Althietzing,
Lainz und St. Veit als Wohngebiete der reichen Wiener – ebenso wie die
nordwestlichen Bezirke und Döbling weiter im Süden.

HEURIGE UND BUSCHENSCHENKEN

Der Norden Wiens – vor allem das westliche Donauufer, aber auch
Stammersdorf im Nordosten – steht ganz im Zeichen des Weins: Im
Bezirk Döbling (19.), in Grinzing und Nussdorf an den Ausläufern des
Wienerwalds liegen einige der renommiertesten **Rebberglagen** Wiens und
Österreichs. Diese Tradition hat sich bis heute erhalten, und man spürt sie
besonders in den Sommer- und Herbsttagen, wenn »ausgesteckt« ist. Die
über Jahrhunderte gepflegte Tradition, zum Kennzeichnen der Buschenschenken einen Föhrenbuschen über dem Tor anzubringen, geht auf Karl
den Großen im 8. Jh. zurück, der den Weinbauern für drei Monate im Jahr
das Ausschenken ihres Weines gestattete.
Einst lebten die Wiener **Heurigen** ausschließlich vom Weinverkauf, die
Speisen brachten die Gäste selbst mit. 1887 wurde erstmals der Verkauf
von Brot in den **Buschenschenken** zugelassen. Heute ist ein abwechslungsreiches Speisenangebot in den meisten Betrieben Standard. In den
beliebtesten Heurigen und Buschenschenken wird an lauen Sommeraben-
den der Platz knapp. Reservieren ist daher dringend angeraten.

SEHENSWERTES

Ankerbrotfabrik

Eine ehemalige Brotfabrik beherbergt
heute zehn Institutionen für zeitgenössische Kunst. Die Ateliers und Galerien
sind rund um die Innenhöfe des Indus-
triebaus gruppiert: Die Galerie Ernst
Hilger (▶ S. 147) betreibt zwei große
Ausstellungsflächen mit zeitgenössischer Kunst, die HilgerBROTKunsthalle
(www.brotkunsthalle.com) und die
Galerie Hilger NEXT (www.hilger.at).
In der Galerie OstLicht kommen Foto-
freunde auf ihre Kosten, und auch die
Anzenberger Gallery hat sich auf Fotografie spezialisiert (www.anzenberger
gallery.com).
X., Absberggasse 27 | U-Bahn: Reumann-
platz | www.loftcity.at | Infos über Ver-
anstaltungen und Öffnungszeiten auf
den Websites der einzelnen Galerien

Donaupark und Donauturm 🏃

Zur Wiener Internationalen Garten-
schau 1964 wurde auf einem ehemaligen Müllplatz der Donaupark geschaffen. Im 252 m hohen Donauturm, dem
höchsten Gebäude Wiens, wurde in

Die Glasmosaikfenster von Koloman Moser prägen den Innenraum der Jugendstilkirche am Steinhof (▶ S. 129), die 1904 bis 1907 nach Entwürfen Otto Wagners errichtet wurde.

170 m Höhe ein Drehrestaurant mit schöner Aussicht eingerichtet.

XXII., Wagramerstr./Donauturmstr. | U-Bahn: Kaisermühlen – Vienna Int. Centre | www.donauturm.at | tgl. 10–24 Uhr | Turmauffahrt 7,40 €, Kinder 5,20 €

Ernst Fuchs Museum

Das pittoreske Sommerhaus des Architekten Otto Wagner in Hütteldorf ist heute einem der wichtigsten Vertreter des Wiener Fantastischen Realismus gewidmet, dem Maler Ernst Fuchs. Hier findet man eine permanente Ausstellung seiner Werke, im Skulpturenpark kann man sich sogar ins Innere einer Plastik – des Brunnenhauses – wagen. Alleine die Architektur der Wagner-Villa ist absolut sehenswert.

XIV., Hüttelbergstr. 26 | U-Bahn: Hütteldorf, Bus: Camping West | www.ernst

fuchsmuseum.at | Di–Sa 10–16 Uhr | Eintritt 11 €

Kahlenberg

Der Kahlenberg mit seinen 484 m ist der Hausberg der Wiener: An klaren Tagen hat man nicht nur einen herrlichen Blick über Wien, sondern man kann sogar die Gipfel des 2076 m hohen Schneebergs und der kleinen Karpaten erkennen. Vor der Josefskirche wurde eine schöne Aussichtsterrasse errichtet. Die Sobiesky-Kapelle in der Kirche mit der Schwarzen Madonna zieht vor allem polnische Pilger an. Sie erinnert an die Rettung der Stadt Wien vor den Türken 1683: Einem Entsatzheer unter dem Polenkönig Sobieski war es damals gelungen, den Vormarsch der Türken in Europa aufzuhalten. Auch Kaiserin Sisi schätzte die Stille am Kahlenberg. An sie erinnert eine metallene Profilbüste mit der Inschrift »Kaiserin Elisabeth Ruhe« im idyllischen Hain auf dem Berg.

XIX., Am Kahlenberg | Bus: Kahlenberg

Karl-Marx-Hof

Das soziale Wohnbauprogramm des »roten Wien« schuf zwischen 1919 und 1934 die stolze Zahl von 64 000 Wohnungen. Der monumentale, 1,2 km lange Karl-Marx-Hof ist ein Musterbeispiel aus dieser Ära. Er wurde von 1927 bis 1930 nach Plänen des Architekten Karl Ehn errichtet: 1600 Wohnungen sind um mehrere Innenhöfe gruppiert. Während des Bürgerkriegs 1934 war diese Hochburg der »Roten« besonders heftig umkämpft.

XIX., Heiligenstädter Str. 82–92/12.-Februar-Platz | Straßenbahn: 12.-Februar-Platz

Kirche am Steinhof

Das Gotteshaus, der schönste Kirchenbau des 20. Jh. in Wien, steht auf einem Hügel, und seine kupferne, byzantinisch anmutende Kuppel ragt über die umliegenden Gebäude hinaus. In der damaligen Niederösterreichischen »Landesirrenanstalt« (dem heutigen Psychiatrischen Krankenhaus der Stadt Wien) schuf Otto Wagner von 1904 bis 1907 ein Hauptwerk des Jugendstils – die Kirche am Steinhof. Das in strenger Form gehaltene Innere mit den Glasmosaiken von Koloman Moser wurde erst vor Kurzem renoviert.

XIV., Baumgartner Höhe 1 | U-Bahn: Ottakring, dann Bus: Baumgartner Höhe | Sa 16–17, So 12–16 Uhr, Führungen Sa 15, So 16 Uhr oder nach Vereinbarung (Tel. 09 10/60 01 10 07) | Eintritt 2 €, Führung 8 €

Baden an der Alten Donau

Am stillgelegten Donauarm erinnern lediglich die Wohnhäuser am anderen Ufer daran, dass man sich mitten in einer europäischen Großstadt befindet (▸ S. 14).

Lainzer Tiergarten

Der Lainzer Tiergarten ist kein Zoo, sondern ein unter Naturschutz stehendes ehemaliges kaiserliches Jagdrevier im Westen Wiens, in dem Rehe, Hirsche und Fasane gehalten werden. In erster Linie dient der Lainzer Tiergarten mit seinen Wanderwegen und Aussichtspunkten den Wienern als Naherholungsgebiet. Der höchste ist die Aussichtswarte Rudolfshöhe mit 472 m. Der Haupteingang des Tiergartens führt durch das Lainzer Tor, von dort erreicht man in knapp 20 Minuten zu Fuß – oder schneller mit der Pferdekutsche – die **Hermesvilla**. Das ehemalige »Schloss der Träume« von Kaiserin Elisabeth ist heute ein Museum, in dem u. a. das prunkvolle Schlafgemach der Kaiserin und ihr Turnzimmer, in dem Elisabeth täglich zu turnen pflegte, zu sehen sind (www.wienmuseum.at, März–Okt. Di–So 10–18 Uhr).

Das Besucherzentrum beim Lainzer Tor informiert über Flora und Fauna und organisiert auch Führungen und Exkursionen.

XIII., Lainzer Tiergarten | Bus: Lainzer Tor | Tel. 40 00-4 92 00 | www.lainzertiergarten.at | Jan. 9–17, Feb. 9–18, März 8–18.30, April 8–20.30, Mai–Juli 8–21, Aug. 8–20, Sept. 8–19.30, Okt. 8–18, Nov.–Dez. 9–17 Uhr

Lehár-Schikaneder-Schlössl

Das 1737 errichtete und in der ersten Hälfte des 19. Jh. umgebaute Schlössl steht im bekannten Wiener Heurigenort Nussdorf. Von 1802 bis 1812 wohnte Emanuel Schikaneder, Textdichter der »Zauberflöte«, in dem heute noch in Privatbesitz befindlichen Gebäude, von 1932 bis 1944 der Operettenkomponist Franz Lehár. Im ehemaligen Salon im 1. Stock sind Autografen, Gemälde, Fotos und Erinnerungsstücke der beiden Musiker ausgestellt.

XIX., Hackhofergasse 18 | Straßenbahn: Nussdorf | Tel. 3 18 54 16 | Besichtigung nur nach Voranmeldung

Palais Cumberland

1867 wurde das ursprünglich 1745 erbaute Palais mit einem Nachbarhaus zur prachtvollen Residenz von König Georg V. von Hannover umgebaut. Nach der Niederlage bei Königgrätz war dieser vertrieben worden und lebte unter dem Titel Herzog von Cumberland im österreichischen Exil. Der Garten des Palais ist ein ehemaliger Exerzierplatz der Kavallerie.

In den Gebäuden haben heute die Botschaft der Tschechischen Republik und das Max-Reinhardt-Seminar, die berühmte Schauspielschule, ihren Sitz (nur von außen zu besichtigen).

XIV., Penzinger Str. 11 | U-Bahn: Hietzing

Sisi-Frühstück

Frühstücken Sie mondän mit Kaisersemmerl und Mohnstriezerl auf der Terrasse der Gloriette – eines prunkvollen Lustpavillons mitten im Park von Schönbrunn (▶ S. 15).

Stift Heiligenkreuz

Das Stift im Wienerwald wurde 1133 von Zisterziensern gegründet. Der Sohn des Babenbergers Leopold III., Otto, war selbst Zisterzienser; auf seine Initiative hin berief sein Vater den Orden nach Österreich. Entlang der sogenannten Via Sacra, die bei Heiligenkreuz beginnt, entstanden in der Zeit der Babenberger noch weitere Klöster, die im Mittelalter Horte der Kultur und Bildung waren.

Man betritt das Stift über den weitläufigen Hof. Kunsthistorisch bedeutungsvoll ist die Stiftskirche in Form einer romanischen Basilika. Enorm imposant wirkt das hochschießende Innere des Gotteshauses: Das Schiff wird durch hochliegende Fenster nur spärlich beleuchtet, während der Hallenchor lichtdurchflutet erscheint.

Der Bau ist eine harmonische architektonische Gesamtkomposition aus verschiedenen Epochen: Die Westfassade und das Querschiff sind romanisch, der Hallenchor gotisch und der Arkadenhof barock.

Im Südflügel ist das neuneckige Brunnenhaus sehenswert, das in seinen Glasfenstern Bildnisse der verschiedenen Babenberger und ihrer Stiftungen aus dem 13. Jh. zeigt. Der Kapitelsaal ist eine monumentale Gedenkstätte für dieses Herrschergeschlecht. Hier liegen die Gebeine der Herzöge Leopold IV., Leopold V., Friedrich I. und Friedrich II. Die Klosteranlage kann nur im Rahmen einer Führung besichtigt werden.

Heiligenkreuz | am besten mit dem Pkw über die A 21 erreichbar | www. stift-heiligenkreuz.org | Führungen Mo–Sa 10, 11, 14, 15, 16 Uhr | Eintritt 8 €, Kinder 4 €

»Schloss der Träume« nannte Kaiserin Elisabeth die Hermesvilla im Lainzer Tiergarten (▶ S. 129). Sie diente dem Kaiserpaar als Jagdschloss, heute wird sie für Ausstellungen genutzt.

Tiergarten Schönbrunn 👫

Der älteste bestehende Zoo der Welt! Kaiser Franz I. ließ ihn 1752 errichten. Neben den klassischen Tiergehegen gibt es ein Tiroler Bauernhaus mit Tieren zum Streicheln.

Zu den jüngsten Neuerungen zählen das Koalahaus und das neue Affenhaus, in dem die Orang-Utans zu Hause sind. Im Regenwaldhaus kann man die Tier- und Pflanzenwelt Borneos erforschen und Flugfüchse beobachten. Und vom Baumwipfelweg, der in den Bäumen des Tiergartens errichtet wurde, hat man einen herrlichen Ausblick über die Stadt.

XIII., U-Bahn: Schönbrunn/Hietzing | www.zoovienna.at | Jan. 9–16.30, Feb. 9–17, März 9–17.30, April–Sept. 9–18.30, Okt. 9–17.30, Nov.–Dez. 9–16.30 Uhr | Eintritt 15 €, Kinder 7 €

Wüstenhaus

In einem riesigen, 100 Jahre alten Glashaus außerhalb des Tiergartens leben Pflanzen und Tiere, die ursprünglich aus den ariden Regionen des Planeten stammen. Kakteen und Sukkulenten und ausgewählte Tiere präsentieren ihre vielfältigen Überlebensstrategien.

www.zoovienna.at | Jan.–April 9–17, Mai-Sept. 9–18, Okt.–Dez. 9–17 Uhr | Eintritt 4 €, Kinder 2,50 €

Vienna International Centre (UNO-City)

Neben New York, Genf und Nairobi ist Wien der vierte Amtssitz der Vereinten Nationen. Das Vienna International Centre wurde zwischen 1973 und 1979 errichtet. Die vier Bürotürme mit ihren etwa 24 000 Fenstern sind schon von Weitem sichtbar.

Im Vienna International Centre (▶ S. 131) ist neben mehreren UN-Organisationen auch die Internationale Atomenergie-Organisation (IAEO) beheimatet.

XXII., Wagramer Str. 5/Donaupark | U-Bahn: Kaisermühlen VIC | www.unvienna.org | Führungen Mo–Fr 11 und 14 Uhr | Eintritt 6 €, Kinder 3 €

Wotrubakirche

Nach Entwürfen des Wiener Bildhauers Fritz Wotruba (1907–75) wurde diese Kirche 1976 aus 152 versetzt angeordneten Betonquadern geschaffen. XXIII., Mauer, Georgsgasse | S-Bahn: Atzgersdorf-Mauer, Bus: Kaserngasse | www.georgenberg.at | Sa 14–20, So 9–16.30 Uhr

⭐ Zentralfriedhof

3 Mio. Wiener haben hier ihre letzte Ruhestätte gefunden, Wolfgang Ambros hat ihn unvergesslich besungen, und 2000 Ehren- und Prominentengräber sorgen dafür, dass der Zentralfriedhof auch ein beliebtes Ausflugsziel der Bevölkerung ist: Beethoven und Gluck, Nestroy und Anzengruber ruhen neben anderen großen Persönlichkeiten im Ehrenhain. Auch Hans Moser, Curd Jürgens und Helmut Qualtinger wurden auf dem 2,5 km² großen Areal beigesetzt. Die Stile der Grabstellen sind vielfältig, manche brauchen selbst einen Vergleich mit dem Ringstraßen-Prunk nicht zu scheuen. Passenderweise hat seit wenigen Jahren auch das Wiener Bestattungsmuseum (▶ S. 17) am Zentralfriedhof seinen Sitz.

Fiaker bieten Rundfahrten im Friedhof an (rund 70 € pro Stunde). XI., Simmeringer Hauptstr. 234 | S-Bahn: Zentralfriedhof, Straßenbahn: Tor 1, Tor 2, Tor 3 | www.zentralfriedhof.at | Mai–Aug. 7–20, März, Okt. und Nov. 7–18, April 7–19, Dez.–Feb. 8–17 Uhr

ESSEN UND TRINKEN

RESTAURANTS

Amadors Wirtshaus & Greißlerei

Top Brettljause – Der deutsche Sternekoch Juan Amador kocht in einem ehemaligen Weinkeller in Grinzing Wienerisch: In der Greißlerei nebenan kommen unter anderem Steaks oder zünftige Jausen auf den Tisch.

IXX., Grinzingerstr. 86 | Straßenbahn: Heiligenstädter Straße | Tel. 06 60/ 9 07 05 00 | www.amadors-wirtshaus. com | Wirtshaus: Di–Sa 18–23, Greißlerei: Di–Sa 12–23 Uhr | €–€€€

das turm

Essen mit Aussicht – In der 21. und 22. Etage des unübersehbaren Immofinanz Towers im Business Park Vienna am Wienerberg wird kreativ auf hohem Niveau gekocht. Seeteufelfilet oder Rindersteak mit Gänseleber und dazu hausgemachte »Snickers« – und all das mit einem atemberaubenden Blick über die ganze Stadt.

X., Wienerbergstr. 7, Turm D1, 22. Stock | Buslinien 7A, 15A, 63A | Tel. 6 07 65 00 10 | www.dasturm.at | Restaurant: Mo–Fr 12–14, 18–22 Uhr, Bar: Mo–Fr 17–24 Uhr | €€€

Medl-Bräu

Bier hausgemacht – Die Brauerei ist das Lokal, der Gastgarten sehr gemütlich. Das Medl-Bräu ist zweifellos etwas ganz Besonderes – nämlich der erfüllte Traum des Lottogewinners Johann Medl: Mit dem Geld der Glücksfee begann er, sein eigenes süffiges Bier zu brauen.

XIV., Linzer Str. 275 | Straßenbahn: Gruschaplatz | Tel. 9 14 43 40 | www. medl-braeu.at | Mo–Sa 10–24 Uhr | €€

Spazierengehen im Zentralfriedhof ⑥

Mit einer Fläche von 2,5 km² ist der Zentralfriedhof fast so etwas wie ein riesiges Naherholungsgebiet, in dem man stundenlang flanieren kann (▶ S. 14).

Meixner's Gastwirtschaft

Spezialitäten aus der Region – Hinter dem Amalienbad liegt diese alteingesessene Wirtschaft: Beste Zutaten werden von Berta Meixner raffiniert zubereitet und ihr Ehemann Karl sorgt für die Getränke.

X., Buchengasse 64 | U-Bahn: Reumannplatz | Tel. 6 04 27 10 | www.meixnersgastwirtschaft.at | Di–Sa 11–23, So 11–16 Uhr | €€

Pichlmaiers Zum Herkner

Traditionelle Machart – Regionale Zutaten werden zu österreichischen Klassikern wie Tellerfleisch, Krautfleckerl und Blunzenstrudel.

XVII., Dornbacher Str. 123 | Straßenbahn: Neuwaldegg | Tel. 4 80 12 28 | www.zumherkner.at | Do–Mo 11–24 Uhr | €€

Plachuttas Grünspan

Schönster Biergarten – Das Grünspan hat den wohl schönsten Biergarten der Stadt, zu trinken gibt es das Bier der alteingesessenen Ottakringer Brauerei, und als »Unterlage« schmackhafte Wirtshausküche.

XVI., Ottakringer Str. 266 | Straßenbahn: Erdbrustgasse | Tel. 4 80 57 30 | www. plachutta.at/gruenspan | tgl. 9.30– 0.30 Uhr | €€

Prilisauer

Hütteldorfer Klassiker – Seit 1882 wird in diesem Lokal der klassischen Wiener Küche gehuldigt: Probieren Sie den Wiener Tafelspitz und das Ganserl.

XIV., Linzer Str. 423 | U-Bahn: Hütteldorf | Tel. 9 79 32 28 | www.prilisauer.at | Di 16–24, Mi–Sa 10–24, So 10–23 Uhr | €€

Yume

Stilvoll – Eines der besten japanischen Restaurants Wiens. Neben Sushi, Sashimi und Maki gibt es Tepna Yaki. Reservieren Sie das Tatami-Zimmer!

XIV., Bergmillergasse 3 | U-Bahn: Hütteldorf | Tel. 4 16 92 67 | www.yume.at | tgl. 11–23.30 Uhr | €€

CAFÉS/KONDITOREIEN
Tichy ▶ S. 28

HEURIGE/BUSCHENSCHENKEN
Buschenschenke Hengl-Haselbrunner

Seit dem 16. Jh. wird hier Wein ausgeschenkt: Und der ist sehr gut und stammt aus den eigenen Rieden. Das Speisenangebot ist traditionell, die Stimmung sehr gut. 260 Personen finden in der Buschenschenke, 280 im Gastgarten Platz.

XIX., Iglaseegasse 10 | U-Bahn: Heiligenstadt | Tel. 3 20 33 30 | www.henglhaselbrunner.at | tgl. 15.30–24 Uhr

Rebberg mit Aussicht   9

Genießen Sie an einem Spätsommernachmittag in den »Rieden«, einer Buschenschenke oberhalb von Grinzing, die Aussicht über Wien (▶ S. 15).

Buschenschenke Norbert Walter

Am Bisamberg in einem idyllischen Weingarten liegt die Buschenschenke des Tirolers Norbert Walter. Hier gibt's zu den Weinen aus ausgewählten Lagen Galtürer Hausspeck, Gamswürstel, Hirschschinken, Käse.

XXI., Untere Jungenberggasse 7 | Straßenbahn: Stammersdorf | Tel. 06 64/ 1 90 34 69 | www.weingut-walter-wien. at | Öffnungszeiten auf Anfrage

Buschenschenke Wagner im Preysl

Kleine, feine Outdoor-Buschenschenke inmitten der Rebberge am Nussberg: drei Tische, gute Weine und selbst produzierte Schmankerl.

🕐 Einfach ist es nicht, die Weine von Wolfgang Wagner zu verkosten: Geöffnet hat die kleine Buschenschenke jedes erste Wochenende im Monat von Mai bis November ab 15 Uhr, aber nur, wenn die Witterung es erlaubt.

XIX., Cebotariweg (Ried Preussen) | Straßenbahn: Nussdorf | Tel. 06 64/ 5 10 38 13

Heuriger Mayer am Pfarrplatz

1683 wurde hier mit der Produktion eigener Weine begonnen. Fast ebenso legendär wie der Ruf des Weinguts ist der traditionelle Heurige: Zu den Weinen aus den hauseigenen Rieden kommt hier die ganze Palette Wiener Heurigenköstlichkeiten, Live-musik (ab 19 Uhr, an Sonn- und Feiertagen ab 12 Uhr) und klassische Atmosphäre hinzu. Wer es ruhiger mag, isst und trinkt in der Buschenschank in den Reben am Nussberg.

XIX., Pfarrplatz 2 | Straßenbahn: Pfarrplatz | Tel. 3 70 12 87 | www.pfarrplatz. at | tgl. ab 16 Uhr

Sirbu

Die pittoreske Lage in den Weinbergen von Grinzing und Nussdorf beschert dem Sirbu viele Stammgäste. Kalte und warme Köstlichkeiten vom Buffet.

XIX., Kahlenberger Str. 210 | Bus: Kahlenberg | Tel. 3 20 59 28 | www.sirbu.at | Mo–Sa 16–23 Uhr, Nov.–April geschl.

Weinbau Wiltschko

Der Tafelspitz, die frischen Schwammerl oder das Steinpilzrisotto sind ein Gedicht. Dazu offeriert Familie Wiltschko die passenden Weine: Hervorragend der Weißburgunder Alte Reben und der Chardonnay. Die Stimmung ist gut, die Lage hervorragend.

XXIII., Wittgensteinstr. 143 | Tel. 8 88 55 60 | www.weinbau-wiltschko.at | Mo–Fr ab 13, Sa, So ab 11.30 Uhr (Di Ruhetag)

Winzerhof Leopold

Eine traditionelle Buschenschenke in Stammersdorf. Exzellente Weißweine von Leopold Klager, guter Rieslingsekt.

XXI., Stammersdorfer Str. 18 | Straßenbahn: Stammersdorf | Tel. 2 92 13 56 | www.winzerhof-leopold.at | tgl. 14–24 Uhr (nur in geraden Monaten des Jahres)

EINKAUFEN

LEBENSMITTEL

Biobauernhof Steindl

Verkauft werden auf dem Biobauernhof der Familie Steindl in Stammersdorf Weine, Traubensaft, Eier, Obst und Gemüse aus der eigenen Landwirtschaft. Eine Spezialität sind die Edelbrände.

XXI., Stammersdorfer Str. 67 | Straßenbahn: Stammersdorf | Tel. 2 90 78 19 | Mo–Sa 8–12 Uhr

Brunnenmarkt

Auf dem längsten Straßenmarkt der Stadt trifft sich das multikulturelle Wien – in Wiens buntem Bezirk Ottakring. Zu kaufen gibt es Lebensmittel, Kleidung und vieles mehr.

XVI., Brunnengasse/Yppengasse | U-Bahn: Josefstädter Straße

Schlumberger Sektkellerei

Bei Schlumberger wird seit mehr als 300 Jahren Sekt nach der traditionellen Flaschengärmethode erzeugt. Einen Blick in die weitläufigen Keller der ältesten Sektkellerei Österreichs – inklusive Verkostung – kann man im Rahmen einer Führung wagen.

XIX., Heiligenstädter Str. 39 | U-Bahn: Heiligenstadt | Tel. 36 82 25 80 | www.schlumberger.at | Führungen: Mo 10, Do 14–17 Uhr (inkl. 1 Glas Sekt) | Eintritt 9 €

MODE

Lederwaren-Manufaktur Thomas Hicker

Seit mehr als einem halben Jahrhundert werden hier Lederwaren in Topqualität produziert, bis hin zu Aktentaschen und Reisekoffern. Selbst der Sultan von Brunei und der jordanische König schätzen die Wiener Qualitätsarbeit.

XIV., Schanzstr. 55 | U-Bahn: Kendlerstraße | www.thomas-hicker.at

SCHALLPLATTEN

Diabolo Records

Wer altes Wienerisches sucht, wird hier fündig. Aber auch (fast) jede andere Geschmacksrichtung ist im kleinen Geschäft zu finden und auch online erhältlich.

XII., Vivenotgasse 34 | U-Bahn: Meidlinger Hauptstraße | www.diabolo.at

Im Fokus
Ein Tag in Schönbrunn ✪
Mozart und die Kaiserin

Die zehnjährige Maria Anna, genannt Nannerl, und der gerade sechsjährige Wolfgang Amadeus Mozart hatten am 13. Oktober 1762 ihren wohl legendärsten gemeinsamen Auftritt: Sie spielten vor der kaiserlichen Familie in Wien.

Maria Theresia, ihr Mann Franz Stephan und zwölf ihrer Kinder lauschten dem Konzert auf Klavier und Geige. Beim anschließenden Herumtollen mit den Kaiserkindern rutschte Wolfgang aus, wurde von Erzherzogin Marie Antoinette aufgefangen und versprach ihr, sie zu heiraten. Später soll er dann noch »der Kaiserin auf den Schoß gesprungen, sie um den Hals bekommen und rechtschaffen geküsst« haben, wie Vater Leopold Mozart nach Salzburg schrieb.

UMZUG AUS PLATZMANGEL

Schauplatz dieser Anekdote ist der Spiegelsaal des Schlosses Schönbrunn, des wohl bekanntesten Prunkbaus des Habsburgerreichs. Bereits Kaiser Maximilian II. hatte sich vor den Toren Wiens ein Jagdschloss erbauen lassen, das 1683 bei der Türkenbelagerung zerstört wurde. Daraufhin plante

◄ Schloss Schönbrunn, Sommerresidenz
des österreichischen Kaiserhauses, im 18. Jh.

Johann Bernhard Fischer von Erlach einen grandiosen Neubau auf dem
Hügel, wo heute die Gloriette steht. Eine zweite, kostengünstigere Version
wurde dann bis 1717 am jetzigen Standort ausgeführt. Sein heutiges Aus-
sehen erhielt das Schloss aber erst unter Maria Theresia, die Schönbrunn
gegenüber der Hofburg – es heißt, aus Platzmangel – den Vorzug gab und
hier mit ihrem Gemahl und den 16 Kindern (von denen sechs noch zu
Lebzeiten der Mutter starben) lebte. Schloss Schönbrunn blieb bis 1918
Sommersitz der Habsburger.

Bei einer Führung durch die Prunkräume gelangt man zuerst in die Wohnräume von Kaiser Franz Joseph und seiner Gemahlin Sisi im westlichen
Trakt, wo u. a. die spartanischen Wohn- und Arbeitszimmer des Kaisers
zu bestaunen sind. Dann führt die Runde über die Repräsentationsräume
zu den prachtvollen Appartements, die Maria Theresia bewohnte. Die
sogenannten Franz-Karl-Appartements, die von den Eltern Kaiser Franz
Josephs bewohnt wurden, beenden den Rundgang.

Wolfgang und Nannerl haben für ihren damaligen Auftritt übrigens nicht
nur 100 Golddukaten bekommen, sondern auch abgelegte Galakleider der
Kaiserkinder. Marie Antoinette hat Wolfgang natürlich nie geheiratet. Er
übersiedelte zwar als Erwachsener nach Wien und war kurze Zeit Hof-
komponist, starb aber doch fast mittellos. Sein Grabmal findet sich auf
dem Friedhof St. Marx, begraben ist er in einem unbekannten Armengrab.

SCHÖNBRUNN

Schloss

Schönbrunner Schlossstr. 47–49 | U-
Bahn: Schönbrunn | www.schoenbrunn.
at | April–Juni, Sept., Okt. 8.30–17.30, Juli,
Aug. 8.30–18.30, Nov.–März 8.30–17 Uhr |
Ticket Imperial Tour 11,50 €, Kinder 8,50 €;
Ticket Grand Tour 14,50 €, Kinder 9,50 €

Wagenburg

Im Seitentrakt sind rund 60 historische
Karossen ausgestellt.
www.khm.at | Mai–Okt. 9–18, Nov.–April
10–16 Uhr | Eintritt 5 €, Kinder frei

Schlosspark

Der Park wurde im Stil eines französischen Gartens angelegt. In der Gloriette, einem Siegesdenkmal auf dem
höchsten Punkt des Parks, ist ein schönes Café untergebracht.
Tgl. ab 8.30 Uhr | Eintritt 3 €, Kinder 2,20 €

Irrgarten & Labyrinth

Revitalisierter Irrgarten aus dem 17. Jh.
mit zwei Feng-Shui-Harmoniesteinen
im Zentrum.
April–Juni, Sept. 9–18, Juli, Aug. 9–19, Okt.
9–17 Uhr | Eintritt 4,50 €, Kinder 2,50 €

MUSEEN UND GALERIEN

Dürers »Feldhase«, die Venus von Willendorf und Klimts »Kuss«:
Das sind nur einige der Highlights aus Wiener Museen.
Aber auch Freunde von Uhren, Särgen oder konservierten
Körperteilen kommen voll auf ihre Kosten.

Über 120 Museen und Galerien gibt es in Wien – ein riesiges Angebot, das die Besucher begeistert. Vielleicht liegt es am Hang der Wiener zum Sammeln – vielleicht ist auch nur in der einstigen Kapitale eines Weltreiches mit 50 Millionen Untertanen so viel an Ausstellenswertem »hängen geblieben«? Auf jeden Fall lohnen viele Wiener Museen einen Besuch. Natürlich sind es vor allem die großen und bedeutenden Sammlungen wie das Kunsthistorische und das Naturhistorische Museum, die Museen der Hofburg, das Wien Museum, die Albertina, das Leopold Museum und das MUMOK, die zum Pflichtprogramm eines Wien-Besuchs gehören. Für den fortgeschrittenen Stadtbummler lohnen die Museen der Ring-straße, das sehenswerte Jüdische Museum oder die Galerien im Oberen Belvedere: Hier werden die Besucher schon weniger, und der Genuss nimmt zu. Nahezu ganz unter Einheimischen ist man schließlich in den

◀ Den Eingangsbereich der Albertina
(▶ S. 139) überspannt ein Dach aus Titan.

unbekannteren der Wiener Museen, etwa im Fiakermuseum und im Josephinum mit seinen fast makabren in Wachs modellierten Körperteilen.

AUSSTELLUNGEN IM MUSEUMSQUARTIER

Eine Ansammlung verschiedener Ausstellungen findet man im Museums-Quartier. In den ehemaligen Hofstallungen sind hier einige der bedeutendsten Museen und Sammlungen Wiens vereint: das Leopold Museum mit der größten Schiele-Sammlung weltweit, das Museum moderner Kunst Stiftung Ludwig Wien mit seiner ebenfalls außerordentlichen Sammlung moderner und zeitgenössischer Kunst und die Kunsthalle Wien. Mit dem Architektur Zentrum und dem ZOOM Kindermuseum ergibt das eine Palette, für die man mindestens einen ganzen Museumstag reservieren sollte. Gerade die Museen rund um die Hofburg sind bei Gästen und Einheimischen gleichermaßen beliebt; einen Besuch sollte man daher nach Möglichkeit auf den frühen Morgen legen. Etabliert hat sich auch ein langer Museumsabend: In der Regel am Donnerstag sind einige Häuser bis 22 Uhr geöffnet. In den meisten Museen erhält man mit der **Wien-Karte** (www.wienkarte.at) eine Ermäßigung.

MUSEEN

Akademie der Bildenden Künste

⚑ E4

Die einzige Hochschule in Österreich, der eine Galerie alter Meister angegliedert ist: holländische und flämische Malerei, darunter Rembrandt und Rubens, aber auch Cranach und Tizian.

I., Schillerplatz 3 | U-Bahn: Museumsquartier | www.akbild.ac.at | Di–So 10–18 Uhr | Eintritt 8 €, Kinder frei

Albertina

⚑ E3

Erst seit wenigen Jahren erstrahlt die Albertina wieder im alten Glanz: Nach umfassender Renovierung wurde aus dem klassizistischen Palais nahe der Hofburg eine der bedeutendsten Ausstellungsstätten der Stadt. Hier finden wechselnde Großausstellungen von Rubens, Chagall oder Rembrandt ebenso Platz wie kleine feine Schauen zeitgenössischer Kunst. Die hauseigene Sammlung umfasst zahlreiche Meisterwerke der Moderne – u. a. Monet, Picasso und Kandinsky. Hinzu kommen die umfangreichste Sammlung grafischer Werke weltweit, eine namhafte Skulpturen- und eine Fotosammlung. Sehenswert sind aber auch die habsburgischen Prunkräume mit 21 Gemächern und zum größten Teil Originalgemälden und -möbeln.

I., Albertinaplatz 1 | U-Bahn: Karlsplatz/Oper | www.albertina.at | Do–Di 10–18, Mi 10–21 Uhr | Eintritt 11,90 €, Kinder frei

Bestattungsmuseum

südwestl. K 6

Unter der historischen Aufbahrungshalle 2 am Wiener Zentralfriedhof erfährt man alles, was man über die »schöne Leich« wissen muss. Skurrilste Exponate sind ein Herzstichmesser und ein Rettungswecker.

XI., Simmeringer Hauptstr. 234 (Wiener Zentralfriedhof) | Straßenbahn: Zentralfriedhof | Tel. 7 60 67 | www.bestattungsmuseum.at | Mo–Fr 9–16.30 Uhr | Eintritt 6 €

Fälschermuseum **H 3**

Van Gogh, Rembrandt und Klimt unter einem Dach – nicht die Originale, aber hervorragende »echte« Fälschungen, dazu Geschichten über die berühmtesten Fälscher.

III., Löwengasse 28 | Straßenbahn: Hetzgasse | www.faelschermuseum. com | Di–So 10–17 Uhr | Eintritt 5 €, Kinder 2,50 €

Gartenpalais Liechtenstein/ Stadtpalais Liechtenstein **D/E 1**

Die Sammlung der Fürsten Liechtenstein ist nur im Rahmen von Führungen zugänglich: Rubens, van Dyck, Cranach oder Raffael können Sie an ausgewählten Freitagen im barocken Gartenpalais und im mondänen Stadtpalais bewundern. Ohne Führung zugänglich ist der herrliche Garten vor dem Gartenpalais.

Gartenpalais: IX., Fürstengasse 1 | U-Bahn: Rossauer Lände Stadtpalais: I., Bankgasse 9 | U-Bahn: Stephansplatz www.palaisliechtenstein.com | Führungen (nur freitags) Tel. 31 95 76 71 58 | Kombiticket 38 €

Hofjagd- und Rüstkammer **E 3**

Die Sammlung gilt als die weltweit bedeutendste ihrer Art. Zu sehen sind Rüstungen und Waffen aus fünf Jahrhunderten: die verschiedensten Prunkharnische der österreichischen Kaiser, Kettenhemden und Streitkolben, elfenbeinverzierte Pistolen und auch der Hinterladerstutzen, mit dem Kaiser Franz Joseph einst auf die Jagd ging.

I., Hofburg/Heldenplatz | Straßenbahn: Heldenplatz | www.khm.at | Mi–So 10–18 Uhr | Eintritt 14 € (mit Weltmuseum)

Jüdisches Museum **E 3**

Das Museum befindet sich in einem Gebäude, dessen Geschichte ins Mittelalter zurückreicht. Es widmet sich der langen Geschichte der Juden in Wien und dem Holocaust: Von einstmals 183 000 jüdischen Mitbürgern wurden 60 000 ermordet.

I., Dorotheergasse 11 | U-Bahn: Stephansplatz | www.jmw.at | So–Do 10–18 Uhr | Eintritt 10 €, Kinder frei

Kriminalmuseum **F 2**

Untergebracht ist das Kriminalmuseum in einem der ältesten Häuser der Leopoldstadt. Man erhält Einblick in die Kriminalgeschichte Wiens ab dem späten Mittelalter: Die letzten öffentlichen Hinrichtungen sind ebenso Teil der Schau wie spektakuläre Kriminalfälle.

II., Große Sperlgasse 24 | U-Bahn: Taborstraße | www.kriminalmuseum.at | Di–So 10–17 Uhr | Eintritt 6 €, Kinder 3 €

Kunsthalle project space karlsplatz **E 4**

Einst war die Kunsthalle Wien in einem Container am Karlsplatz zu finden, dann siedelte das Haupthaus ins Muse-

Die ältesten Stücke der 12 000 Objekte umfassenden Ägyptisch-Orientalischen Sammlung des Kunsthistorischen Museums (▶ S. 141) datieren von 4000 v. Chr.

umsQuartier über. Aus dem Container wurde ein Glaspavillon – Kunsthalle project space karlsplatz genannt. Dort ist nach wie vor das zu sehen, wofür die Kunsthalle steht: zeitgenössische Kunst.

IV., Treitlstr. 2 | U-Bahn: Karlsplatz | www.kunsthallewien.at | wechselnde Öffnungszeiten | Eintritt frei

KunstHausWien 👫 ⚓ H 2

Wer sich für die fehlenden Geraden im Werk Hundertwassers interessiert, ist im KunstHaus richtig: Dort ist eine ständige Schau des Meisters zu sehen.

III., Untere Weißgerberstr. 13 | Straßenbahn: Radetzkyplatz | www.kunsthaus wien.com | tgl. 10–19 Uhr | Eintritt 10 €

Kunsthistorisches Museum 👫 ⚓ E 4

Die Geschichte der Kunst aus österreichischer Sicht. Und diese ist weltum-

spannend, denn schließlich nannte die k.-u.-k.-Monarchie auch Besitzungen in Übersee ihr Eigen. Daher ist »das Kunsthistorische« eines der bedeutendsten Museen des Planeten – nicht nur wegen der Gemäldegalerie mit der größten Brueghel-Sammlung der Welt, sondern auch wegen der Ägyptisch-Orientalischen Sammlung, der Antikensammlung und der Sammlung für Plastik und Kunstgewerbe.

I., Maria-Theresien-Platz | U-Bahn: Volkstheater | www.khm.at | Di–So 10–18, Do 10–21 Uhr | Eintritt 14 €

MUSA Museum Startgalerie Artothek ⚓ D 2

Das MUSA beherbergt die Kunstsammlung der Stadt Wien: Rund 30 000 Objekte von ca. 4500 Künstlern bilden einen Querschnitt aller österreichi-

Der barocke Prunksaal der Nationalbibliothek (▶ S. 143) ist von fast sakraler Erhabenheit. Ausleihen kann man hier nichts – nur gucken.

schen Kunstsparten seit 1945. Ein Teil davon wird in Wechselausstellungen gezeigt. Eine Startgalerie ermöglicht jungen Künstlern, sich vorzustellen. In der Artothek können sich alle in Wien lebenden Personen gegen eine geringe Gebühr Bilder ausleihen und zu Hause an die Wand hängen.

I., Felderstr. 6–8 | U-Bahn: Stephansplatz | www.musa.at | Di, Mi, Fr 11–18, Do 11–20, Sa 11–16 Uhr

⑩ MuseumsQuartier ⚑ D/E 3/4

In den ehemaligen Hofstallungen verband das Architektenteam Laurids & Manfred Ortner und Manfred Wehdorn den Barock mit der Moderne. Seit 2001 sind hier einige der bedeutendsten Museen, Institutionen und Initiativen Österreichs vereint. Zu den bekanntesten zählen das Leopold Museum und das Museum Moderner Kunst Stiftung Ludwig mit seiner grandiosen Sammlung von Kunst des 20. Jh. Außerdem stehen hier die Kunsthalle Wien mit Wechselausstellungen, das Architektur Zentrum Wien und das ZoomKindermuseum. Die Wiener Festwochen finden hier ebenso statt wie das Tanzfestival ImPulsTanz.

VII., Museumsplatz 1 | U-Bahn: Museumsquartier/Volkstheater | www.mqw.at | MQ Kombi-Ticket 29,90 €

Architektur Zentrum Wien ⚑ E 3

Wechselnde Ausstellungen widmen sich der österreichischen Architektur und ihren bekanntesten Vertretern, wie Otto Wagner und Adolf Loos. Zahlreiche Vorträge und gut gemachte Führungen runden das Programm ab.

www.azw.at | tgl. 10–19 Uhr | Eintritt 7 €

Dschungel Wien – Theaterhaus für junges Publikum 🏃 E 4

Auf zwei Bühnen gibt es Theater, Tanz oder Performance für Kinder und Jugendliche.

www.dschungelwien.at | Kassenöffnung Mo–Fr 14.30–18.30, Sa, So 16.30–18.30 Uhr | Eintritt 8,50 €

Kunsthalle Wien D 4

Das Haupthaus der Kunsthalle hat sich zu einer echten Institution für zeitgenössische Kunst entwickelt. Ihrem Anspruch, den Diskurs zwischen Kunst und Gesellschaft zu vertiefen, kommt die Kunsthalle in vielen gelungenen Ausstellungen nach.

www.kunsthallewien.at | Fr–Mi 10–19, Do 10–21 Uhr | Eintritt 12 €, Kinder frei

Leopold Museum 🏃 D/E 4

Das Leopold nennt sich auch »Jugendstilmuseum«. Einige der wichtigsten Werke von Egon Schiele und Gustav Klimt sind hier zu finden, dazu Meisterwerke des Secessionismus, der Wiener Moderne und des Expressionismus.

www.leopoldmuseum.org | Fr–Mo und Mi 10–18, Do 10–21 Uhr | Eintritt 12 €, Kinder frei

MUMOK – Museum moderner Kunst Stiftung Ludwig Wien D 3/4

Einst hieß es Museum des Zwanzigsten Jahrhunderts oder kurz 20er Haus und stand im Schweizer Garten. Inzwischen ist es ein kubischer, mit Basaltlava ummantelter Bau (gestaltet vom Architektenteam Ortner & Ortner) und ist das Herz des MuseumsQuartiers. Die Sammlung umfasst heute rund 9000 Werke moderner Kunst österreichischer und internationaler Provenienz – darunter Größen der Pop-Art und des Fotorealismus, die vom Sammlerehepaar Ludwig in die Museumsstiftung eingebracht wurden.

www.mumok.at | Mo 14–19, Di–So 10–19, Do 10–21 Uhr | Eintritt 10 €

ZOOM Kindermuseum 🏃 E 4

In vier unterschiedlichen Bereichen – Ausstellung, Atelier, Trickfilmstudio und Ozean – sind Kinder jeden Alters eingeladen, sinnliche Eindrücke zu sammeln: im Wortsinn, denn das ZOOM ist ein »Hands-on-Museum«.

www.kindermuseum.at | Di–Fr 8.30–16, Sa, So 10–16 Uhr | Eintritt Ausstellung frei, Atelier und Trickfilmstudio 6 €, Ozean 4 €

Nationalbibliothek E 3

Der barocke Prunksaal birgt eine der bedeutendsten historischen Bibliotheken der Welt – und natürlich eine der schönsten. Entworfen wurde er von Johann Bernhard Fischer von Erlach und seinem Sohn Joseph Emanuel. Die Deckenfresken stammen vom Hofmaler Daniel Gran. Zu sehen sind 200 000 Bücher aus der Zeit zwischen 1501 und 1850. Herzstück ist die 15 000 Bände umfassende Sammlung des Prinzen Eugen von Savoyen. Zu den Sammlungen der Nationalbibliothek gehören auch das Papyrusmuseum und das Globenmuseum. Der Plansprache Esperanto ist ebenfalls ein kleines interaktives Museum in der Herrengasse 9 gewidmet, das der Nationalbibliothek angeschlossen ist.

I., Josefsplatz 1 | U-Bahn: Herrengasse | www.onb.ac.at | Di, Mi, Fr–So 10–18, Do 10–21 Uhr | Eintritt Prunksaal 7 €, Kombiticket für Globen-, Papyrus- und Esperantomuseum 4 €

Naturhistorisches Museum

D/E 3

Das Schwesterinstitut des Kunsthistorischen Museums ist eines der bedeutendsten Museen der Welt. Die frühesten Sammlungen des Naturhistorischen Museums wurden vor 250 Jahren angelegt, inzwischen sind es 20 Mio. Objekte, die wissenschaftlich betreut werden. Zu den Besonderheiten des Museums gehören die Venus von Willendorf, die 25 000 Jahre alte Statue einer Fruchtbarkeitsgöttin, oder die Fanny vom Galgenberg bei Stratzing, ein 32 000 Jahre altes Kunstwerk.

Hinzu kommen einzigartige Exponate wie die Stellersche Seekuh (seit 200 Jahren ausgestorben), zahlreiche Originalskelette von Sauriern, Stopfpräparate ausgestorbener Tierarten und eine umfangreiche Mineraliensammlung. Herumstreunen lohnt sich.

I., Burgring 7 | U-Bahn: Volkstheater | www.nhm-wien.ac.at | Do–Mo 9–18.30, Mi 9–21 Uhr | Eintritt 10 €, Kinder frei

Österreichische Galerie im Oberen Belvedere

F/G 4/5

Das Museum hat sich der Kunst des 19. und 20. Jh. und den Werken der »Parademaler« Klimt und Schiele verschrieben. Moderne Kunst von Oskar Kokoschka und Fritz Wotruba hat hier ebenfalls ihren Platz gefunden.

III., Prinz-Eugen-Str. 27 | Straßenbahn: Unteres Belvedere | www.belvedere.at | tgl. 10–18 Uhr | Eintritt 12,50 €

Österreichisches Museum für Angewandte Kunst (MAK)

G 3

Das MAK ist das älteste Kunstgewerbemuseum auf dem Kontinent. Es wurde von 1868 bis 1871 nach Plänen Heinrich

Ferstels errichtet. Unter den Sammlungen ist auch ein eigener Schauraum mit Thonet-Stühlen von 1830 bis 1930 eingerichtet worden. Die Wiener Werkstätte und der Jugendstil sind umfassend dokumentiert. Dazu kommen ein interessanter Shop, ein Café und ein Restaurant am Stubenring.

I., Stubenring 5 | www.mak.at | U-Bahn/ Straßenbahn: Stubentor | Mi–So 10–18, Di 10–22 Uhr | Eintritt 7,90 €, Kinder frei, Di 18–22 Uhr frei

Pasqualatihaus

Ludwig van Beethovens wird gleich an drei Orten in Wien gedacht. Im Heiligenstädter Testamentshaus, wo er seinen Nachlass verfasste, ist ebenso eine Schausammlung zu sehen wie im Eroicahaus in Oberdöbling. Umfangreicher ist die Ausstellung im Pasqualatihaus in der Innenstadt, in dem der Komponist acht Jahre lebte.

I., Mölker Bastei 8 | U-Bahn: Schottentor | www.wienmuseum.at | Mo–Sa 10–13, 14–18 Uhr | Eintritt 4 €
– Heiligenstädter Testamentshaus: XIX., Probusgasse 6 | Bus: Fernsprechamt Heiligenstadt Pfarrplatz | Mo–Sa 10–13, 14–18 Uhr | Eintritt 4 €
– Eroicahaus: XIX., Döblinger Hauptstr. 92 | Straßenbahn: Pokornystraße | Besichtigung nur nach Anmeldung Tel. 50 58 74 78 51 73 | Eintritt 4 €

Phantastenmuseum

 E 3

Das Museum im Obergeschoss des Palais Palffy präsentiert die Werke des Wiener Phantastischen Realismus und seiner internationalen Verbindungen in einer Dauerausstellung, die auch einen Überblick über das internationale fantastische Kunstschaffen bietet. Gezeigt werden etwa 150 Werke aus dem In- und Ausland, ergänzt durch Texte, Zeitungsausschnitte und Fotos.

I., Josefsplatz 6 | U-Bahn: Stephansplatz | www.phantastenmuseum.at | tgl. 10–18 Uhr | Eintritt 9 €, Kinder frei

Römermuseum   F3

Zurück ins Wien der Antike führt das Römermuseum am Hohen Markt. Der Alltag des ehemaligen römischen Legionslagers und der Zivilstadt Vindobona stehen im Mittelpunkt. Spielstationen für Kinder und ein Videoguide vermitteln ein lebendiges Bild des damaligen Lebens inmitten von Tavernen, Thermen, Theater und Läden.

I., Hoher Markt 3 | U-Bahn: Stephansplatz | www.wienmuseum.at | Di–So 9–18 Uhr | Eintritt 6 €, Kinder frei

Schatzkammer E3

In der Geistlichen und Weltlichen Schatzkammer in der Hofburg sind die Reichsinsignien der Habsburger zu finden: vom Burgunderschatz über die Krone des Heiligen Römischen Reiches aus dem 10. Jh. bis zur Österreichischen Kaiserkrone, der ehemaligen Krone Rudolfs II. – Exponate von unermesslichem Wert.

I., Hofburg, Schweizerhof | U-Bahn: Herrengasse | www.kaiserliche-schatzkammer.at | Mi–Mo 9–17.30 Uhr | Eintritt 12 €, Kinder frei

Sigmund Freud Museum E1

Sigmund Freud, dem Begründer der Psychoanalyse und Wiens berühmtestem Wissenschaftler, ist ein eigenes Museum gewidmet: In seinen Wohn- und Praxisräumen in der Berggasse, wo Freud mit seiner Familie 47 Jahre lebte, sind die originalen Möbel, Gebrauchsgegenstände und die Antikensammlung zu sehen. Daneben finden wechselnde Sonderausstellungen Platz.

IX., Berggasse 19 | U-Bahn: Schottentor | Bus: Berggasse | www.freud-museum.at | tgl. 9–18 Uhr | Eintritt 9 €, Kinder frei

Sisi-Museum E3

In speziellen Führungen erfahren Kinder, wie Sisi und Franz in der Hofburg gelebt haben. Zu sehen sind u. a. die Rekonstruktion des Polterabendkleids, berühmte Porträts, Schönheitsrezepte, Schmuckstücke und viele persönliche Dinge der jungen Kaiserin.

🕐 Im Dunkeln die Kaiserappartements erforschen, nur mit einer Taschenlampe bewaffnet? Abendliche Taschenlampenführungen finden auf Anfrage (Tel. 5 33 75 70) statt. Eintritt 19 €, die Taschenlampe ist mitzubringen!

I., Hofburg | U-Bahn: Stephansplatz | Tel. 5 33 75 70 | www.hofburg-wien.at | tgl. 9–17.30, Juli und Aug. 9–18 Uhr | Eintritt 11,50 €, Kinder 7 € | Kinderführungen Sa, So, feiertags und in den Ferien 10.30 und 14.30 Uhr, Kosten 20 € (ein Erwachsener und ein Kind)

Theatermuseum   E3

Das Palais Lobkowitz besitzt ein Barockportal von Johann Bernhard Fischer von Erlach (1656–1723). Dahinter verbirgt sich eine faszinierende Kollektion Wiener Theaterlebens: Bühnenmodelle, Requisiten, Zeichnungen und mehr. Für Kinder gibt es Theater zum Mitmachen.

I., Lobkowitzplatz 2 | U-Bahn: Stephansplatz | www.theatermuseum.at | Mi–Mo 10–18 Uhr | Eintritt 8 €, Kinder frei

Weltmuseum 🏛 📖 G3

Das ehemalige Museum für Völkerkunde erhält ein völlig neues, modernes Gesicht: Bis Herbst 2017 wird die räumliche Neukonzeption beendet sein, bis dahin ist das Museum geschlossen.

Es beherbergt eine der bedeutendsten ethnologischen Sammlungen der Welt, zusammengetragen in einem Reich, in dem einst die Sonne nicht unterging. Allein Erzherzog Franz-Ferdinand brachte von seiner Weltreise 1892/93 14 000 Sammelobjekte ins Museum mit. Im Fundus befinden sich sage und schreibe 75 000 historische Fotografien. Zu sehen ist auch die Sammlung, die James Cook von seinen Reisen zurückbrachte. Gut gemachte Sonderausstellungen beschäftigen sich mit der Gegenwartskultur des Menschen und sind oft für Kinder interessant.

I., Neue Burg | U-Bahn: Museumsquartier | www.weltmuseumwien.at | Mi–Mo 10–18 Uhr | Eintritt 8 €, Kinder frei

WestLicht – Schauplatz für Fotografie 📖 C4

800 historische Fotoapparate und Spezialkameras und außergewöhnliche Fotografien werden im Fotomuseum WestLicht gezeigt. Dazu gehören Schirmstock- und Brieftaubenkameras, aber auch Spionagefotoapparate des KGB in Zigarettenschachteln und eine der umgebauten Hasselblad-Kameras, die bei der Apollo-Mondmission mit ins All genommen wurden. Dazu gibt es wechselnde Ausstellungen zur künstlerischen Fotografie. Höhepunkt jedes Jahres ist die World Press Photo Exhibition, die hier auf ihrer Welttour Station macht.

Die Brüder Thonet revolutionierten im 19. Jh. den Möbelbau. Ihnen ist im MAK, dem Österreichischen Museum für Angewandte Kunst (▶ S. 144), eine eigene Abteilung gewidmet.

VII., Westbahnstr. 40 | U-Bahn: Burg-
gasse/Stadthalle | www.westlicht.
com | Di, Mi, Fr 14–19, Do 14–21, Sa,
So 11–19 Uhr | Eintritt 6,50 €, Kinder 2 €

Wien Museum ⚑ F 4

Das Wien Museum präsentiert Kunst-
und historische Sammlungen zur Geschichte der Stadt, u. a. eine Gemäldesammlung mit Werken von Klimt und
Schiele. Daneben existiert eine Reihe
von Dependancen – von der Hermesvilla (▶ S. 129) im Lainzer Tiergarten
(ehemals das Schloss der Kaiserin Elisabeth) bis zu Schuberts Sterbezimmer
in der Kettenbrückengasse.

IV., Karlsplatz | U-Bahn: Karlsplatz |
www.wienmuseum.at | Di–So 10–18
Uhr | Eintritt 8 €, Kinder frei

Straßenbahnmuseum 🚹👶 ⚑ J 5

In der ehemaligen Remise Erdberg sind
mehr als 80 historische Bahnen zu sehen, von der Pferdetramway bis zum
modernen Gelenkwagen.

III., Erdbergstr. 109 | U-Bahn: Schlacht-
hausgasse | www.wienerlinien.at |
Mai–Anfang Okt. Sa, So 10–17 Uhr
(im Winter geschl.) | Eintritt 6 €,
Kinder frei

GALERIEN

Galerie Ariadne ⚑ E 6

Junger zeitgenössischer österreichischer Kunst widmet sich diese en-
gagierte Galerie im 4. Bezirk. Neben
Werken noch unbekannter Künstler ist
auch Arriviertes – darunter Skulpturen
des Bildhauers Alfred Hrdlicka – im
Programm.

IV., Fleischmanngasse 1 | U-Bahn: Mayer-
hofgasse | Tel. 06 64/8 76 54 69 | www.
ariadne.at | Di–Fr 13–19, Sa 11–16 Uhr

Galerie Ernst Hilger ⚑ E/F 3

Das Programm umfasst klassische Moderne und zeitgenössische Kunst.

I., Dorotheergasse 5 | U-Bahn: Stephans-
platz | www.hilger.at | Di–Fr 11–18,
Sa 11–16 Uhr

Galerie Krinzinger ⚑ F 3

Zeitgenössische Kunst steht im Mittelpunkt dieser renommierten Galerie.
Viel Avantgarde der 1960er- und 70er-
Jahre – auch Unbekanntes, das es zu
entdecken lohnt. Und Bekanntes von
der amerikanischen Westküste.

I., Seilerstätte 16 | U-Bahn: Stephans-
platz | www.galerie-krinzinger.at |
Di–Fr 12–18, Sa 11–16 Uhr

Galerie nächst St. Stephan ⚑ F 3

Seit den 1920er-Jahren ein Fixpunkt
für alle, die sich für die Moderne inte-
ressieren. Abstrakte und konzeptionell
fundierte Kunst findet sich in Malerei,
Skulpturen, Installationen, Fotografien
und Videos..

I., Grünangergasse 1 | U-Bahn: Stephans-
platz | www.schwarzwaelder.at | Di–Fr
11–18, Sa 11–16 Uhr

Galerie Slavik ⚑ F 3

Schmuckgalerie, die durch experi-
mentelles Interieur von Edmund Hoke
glänzt. Unikate der Avantgardisten.

I., Himmelpfortgasse 17 | U-Bahn:
Herrengasse | www.galerie-slavik.com |
Di–Fr 10–13 und 14–18, Sa 11–17 Uhr

Galerie Steinek ⚑ E 4

Neben österreichischer Gegenwarts-
kunst auch internationale Acts.

I., Eschenbachgasse 4 | U-Bahn: Ste-
phansplatz | www.galerie.steinek.at |
Di–Fr 13–18, Sa 11–15 Uhr

SPAZIERGANG
DURCH DAS IMPERIALE WIEN

*Sie bummeln vom Stephansdom aus durch die mittelalterlichen
Gassen der Inneren Stadt, lernen das imperiale Wien
kennen, erkunden die Hofburg und das MuseumsQuartier.
In der ehemaligen Vorstadt durchwandern Sie
den Spittelberg und lassen sich von den Köstlichkeiten des
Naschmarkts verführen, um schließlich
nach einer Besichtigung des barocken Karlsplatzes
zum Stephansdom zurückzukehren.*

◀ Im Griechenbeisl (▶ S. 66, 149) speisen die Wiener schon seit dem 15. Jh.

START Stephansdom
ENDE Stephansdom
LÄNGE 6 km

Unser Spaziergang beginnt beim Wahrzeichen Wiens – dem gotischen **Stephansdom** – mitten im Herzen der Donaumetropole. Prägnant erhebt sich der fertiggestellte Südturm weit über die umliegenden Dächer. Der ihm gegenüber fast mickrige Nordturm wurde, als die Gotik Anfang des 16. Jh. aus der Mode kam, nur mehr mit einem Renaissance-Turmhelm versehen und in seiner halben Höhe, die gerade über das Dach reicht, belassen.

In der Kirche befinden sich die Grabmäler des Prinzen Eugen von Savoyen und Kaiser Friedrichs III. Man sollte bei einem Besuch im Stephansdom nicht versäumen, einen Blick über die Stadt zu werfen: Dazu erklimmen Sie die Stufen zur Türmerstube im Südturm, oder Sie nehmen bequem den Aufzug auf den Nordturm.

Wieder am Boden, führt unser Weg am imposanten Riesentor vorbei nach rechts in die Churhausgasse, zur **Schatzkammer des Deutschen Ordens**. Die Ordensinsignien, wertvolle Kelche und Gläser, aber auch die »Natternzungen-Kredenz«, die zum Entgiften vergifteter Speisen diente, wurden hierhergeschafft, als Napoleon den Orden in Deutschland verbot.

Schatzkammer des Deutschen Ordens – Universitätskirche

Südöstlich davon, am Beginn der Singerstraße, liegt der idyllische kleine Franziskanerplatz mit der gleichnamigen Kirche. In einem Gebäude dahinter versteckt sich das Kleine Café des Schauspielers Hanno Pöschl. Etwas Besonderes ist hier die »Zehnermischung«: Rum, Orangensaft und Rotwein in einem nur dem Barmann bekannten Mischungsverhältnis.

Über Grünangergasse, Schulerstraße, Strobel- und Essiggasse bummeln Sie nun in die Bäckerstraße und vorbei an renommierten Wiener Szenelokalen, etwa dem **Café Alt-Wien** (Bäckerstr. 9), zur früheren Jesuiten- und heutigen Universitätskirche.

Anschließend gehen Sie von der Jesuitenkirche durch die Jesuiten- und Schönlaterngasse zum **Heiligenkreuzer Hof**. Durch die Pforte öffnet sich einem mitten in Wien ein weitläufiger barocker Platz mit sorgfältig renovierten Wohnhäusern und kleiner Kapelle. Trotz dieses barocken Zwischenspiels sind Sie jetzt im Zentrum der mittelalterlichen Stadt: Über den Fleischmarkt geht es in die enge kleine **Griechengasse** mit ihren Schwibbögen und Prellsteinen zum Schutz der engen Gassen vor Fuhrwerken. Das **Griechenbeisl** (Fleischmarkt 11), dessen Schanigarten sich auf die Straße erstreckt und das selbst in einem Haus mit meterdicken Mauern untergebracht ist, gilt als ältestes Wirtshaus der Donaustadt.

Auf der gegenüberliegenden Seite der Rotenturmstraße beginnt das **Bermuda-Dreieck**. Rund um Rabensteig und Seitenstettengasse tummeln sich Wiens Szenelokale.

Bermuda-Dreieck – Ankeruhr

Noch mitten in diesem belebten Teil der Innenstadt liegt der Ruprechtsplatz mit der kleinen **Ruprechtskirche**, das älteste Gotteshaus von Wien, in dem regelmäßig Konzerte stattfinden. Die kleine Gasse Salzgries und einige Lokale erinnern mit ihrem Namen noch heute an das »Salzamt«, das sich einst hier befand: Unterhalb der Kirche legten die Salzschiffe aus dem Salzkammergut an.

Wenden Sie sich jetzt nach links, in die Judengasse, zum Hohen Markt mit den Resten des römischen Legionslagers **Vindobona**. In der Mitte des Platzes liegt eine der besonderen gastronomischen Institutionen von Wien, die man auch nach einem abendlichen Bummel durch das Bermuda-Dreieck noch besuchen kann: Der **Würstelstand am Hohen Markt** gilt als einer der besten der Stadt. Zu sehen ist hier auch die **Ankeruhr** – eine 10 m breite Jugendstiluhr, die zwei Gebäude verbindet.

Ankeruhr – Michaelerplatz

Durch die Salvatorgasse führt der Weg weiter zur Kirche **Maria am Gestade**. Ihren Namen hat die kleine gotische Kirche mit den kunstvollen Maßwerkarbeiten, weil sie einst am Steilufer eines Donauarms lag. In diesem Teil der Innenstadt ist nichts mehr von mittelalterlicher Enge zu sehen – hier erheben sich zahlreiche, oft gesichtslose Wohn- und Bürohäuser, nur unterbrochen von kleinen Relikten der Vergangenheit. Daher wenden Sie sich vom Passauer Platz wieder nach links und kommen über den Stoß im Himmel und das Alte Rathaus zum **Judenplatz**, dem Herz des einstigen Gettos.

Sie spazieren über die Drahtgasse weiter zur Freyung, blicken in die Einkaufspassage im renovierten Palais

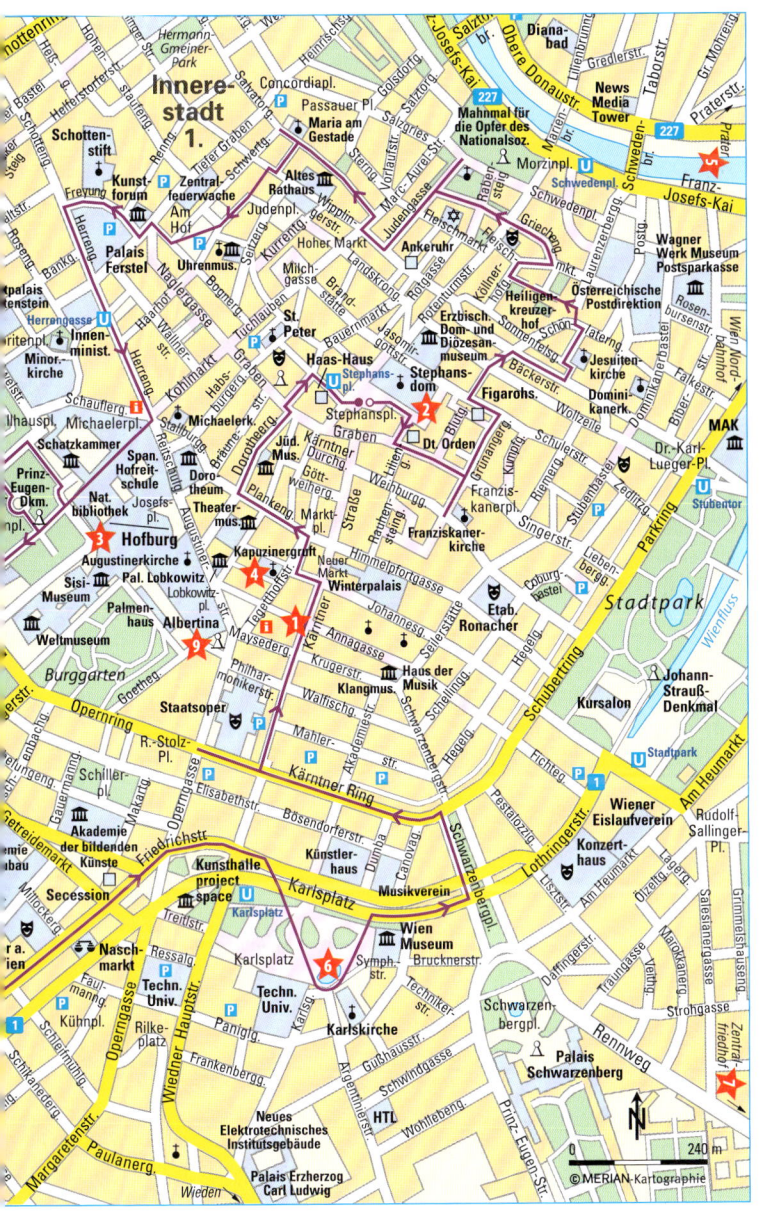

Das Mahnmal für die österreichischen jüdischen Opfer der Schoah am Judenplatz (▶ S. 150) der britischen Künstlerin Rachel Whiteread stellt nach außen gekehrte Bibliothekswände dar.

Ferstel und gehen zum gegenüberliegenden Schottenstift mit der Schottenkirche. Im angeschlossenen Museum ist der berühmte Schottenaltar aus dem 15. Jh. ausgestellt – mit der ersten Stadtansicht von Wien. Durch die Herrengasse wandern Sie vorbei am **Café Central**. Wer hineingeht, entdeckt die sitzende Statue des Dichters Peter Altenberg, der das Café Central einst als seine Wohnadresse angegeben hat.

Michaelerplatz – Heldenplatz

Am Michaelerplatz angekommen, steht links das **Looshaus**, das von Adolf Loos 1910/11 errichtet und von Kaiser Franz Joseph als »Haus ohne Augenbrauen« bezeichnet wurde, sowie rechts das revitalisierte **Café Griensteidl**. Die Reste der alte Burgbastei am Michaelerplatz, einen stark befestigten Teil der Stadt-

mauer, ließ Napoleon 1809 schleifen. Zuerst entstand hier das äußere Burgtor. Im Zuge des Baus der Ringstraße wurde daraus der **Heldenplatz**, der gemeinsam mit seinen Museen und dem **Volksgarten** ein Gefühl der Weite vermittelt.

Heldenplatz – Hofburg – Maria-Theresien-Denkmal

Vom Heldenplatz geht es zur **Hofburg**: Kaiser Franz Joseph ließ gegen Ende des 19. Jh. vom Architekten Gottfried Semper neben seiner bisherigen Residenz das imposante Kaiserforum planen, in das neben einer gewaltigen zweiflügeligen Hofburg – nur einer der Flügel wurde realisiert – auch das Natur- und das Kunsthistorische Museum jenseits der Ringstraße hätten eingefügt werden sollen.

Zwei »Helden« thronen auf ihren Pferden zwischen Hofburg und Heldendenkmal: Die großartigen **Reiterstandbilder von Erzherzog Karl** und **Prinz Eugen** wurden von Anton Fernkorn in den Jahren 1859 und 1865 geschaffen.

Im Neuen Trakt der Hofburg befinden sich auch Dependancen des Kunsthistorischen Museums: **Hofjagd- und Rüstkammer** mit ihren beeindruckenden Exponaten, die **Sammlung Alter Musikinstrumente** und das **Ephesos-Museum**, das die österreichischen Grabungen im antiken Ephesos dokumentiert. Daneben liegt der Eingang zum ehemaligen Museum für Völkerkunde – heute schlicht **Weltmuseum** genannt.

Durch den Leopoldinischen Trakt gelangt man zum Denkmal Kaiser Franz I. Das prachtvolle rot-goldene Renaissanceportal des Schweizertors führt in den Schweizerhof, wo auch der Eingang zur **Geistlichen und Weltlichen Schatzkammer** liegt. Der Eingang zum **Prunksaal der Nationalbibliothek** befindet sich am anschließenden Josefsplatz. An den Josefsplatz grenzen auch die **Winterreitschule** und die **Stallburg**, die Heimat der Lipizzaner.

Die **Kaiserappartements** betritt man durch das Kaisertor vom Platz in der Burg aus. Neben dem **Sisi-Museum** sind u. a. das Konferenzzimmer und die Privatgemächer von Kaiser Franz Joseph I. und Kaiserin Elisabeth zu besichtigen. Die Räume sind üppig im Rokokostil mit Stuckaturen, wertvollen Wandteppichen und Kronleuchtern aus böhmischem Kristall ausgestattet. Die Silberkammer zeigt prachtvolles Tischgerät aus dem Besitz des Kaiserhauses. Nach dem Besuch in der Hofburg durchwandern Sie den Burggarten und überqueren den Burgring zum **Maria-Theresien-Denkmal**. Fast 20 m hoch thront hier Kaiserin Maria Theresia zwischen dem Kunsthistorischen und dem Naturhistorischen Museum. Der gewaltige Sockel ihres Throns ist mit den Figuren ihrer Feldherren und Berater geschmückt.

Maria-Theresien-Denkmal – MuseumsQuartier

Über den Museumsplatz kommt man zum **MuseumsQuartier**. Das ehemalige Hofstallgebäude wurde von 1723 bis 1725 nach Entwürfen von Johann Bernhard Fischer von Erlach erbaut. Heute befinden sich einige der bedeutendsten Museen Wiens in den einstigen Ställen nebst den damit verwobenen Neubauten: das **Leopold Museum**, das **Museum moderner Kunst Stiftung Ludwig Wien** oder die **Kunsthalle**.

MuseumsQuartier – Spittelbergviertel

Durch den Hinterausgang gelangt man anschließend in die Breite Gasse. Am Anfang steht das »kleinste Haus Wiens«, erbaut 1877, in dem sich die Goldschmiede- und Uhrmacherwerkstätte Friedrich Schmollgruber befindet. Sie folgen der Breiten Gasse, biegen nach rechts ab und kommen über die Siebensterngasse in das revitalisierte **Spittelbergviertel**. Der einstige Rotlichtbezirk, wo neben den Spielhöllen »Hübschlerinnen« (Prostituierte) ihre Dienste anboten, wurde gegen Ende des 20. Jh. renoviert und birgt heute ein Sammelsurium gepflegter Barockhäuschen mit Lokalen und kleinen Geschäften. Die erste Straße des Viertels ist die

Gutenberggasse, hier befindet sich das Haus »Zum sechsbeinigen Löwen«. Im **Zu ebener Erde und im ersten Stock** (nach einer Localposse mit Gesang von Johann Nestroy), einem Restaurant am Ende der Gutenberggasse, Burggasse 13, bekommt man gute Wiener Küche und Saisonschmankerl serviert.

Ein weiteres sehenswertes Straßenstück ist die Schrankgasse. Im Amerlinghaus, einem typischen Wiener Vorstadt-Pawlatschenhaus, befindet sich ein Wirtshaus mit überdachtem Innenhof, das beliebte **Amerlingbeisl** (Stiftgasse 8). Das Lokal, seit Jahrzehnten ein Stück Alternativkultur, war der Auslöser für die Revitalisierung des gesamten »Grätzels«: Das unmittelbar vor dem Abbruch stehende Gebäude wurde in den 1970er-Jahren im wahrsten Sinne »instandbesetzt«, und binnen kürzester Zeit ließen sich hier einige Kulturinitiativen nieder. Die Stadt Wien kaufte daraufhin das Haus, überließ es den Besetzern – und rundherum begann die Kultur zu sprießen.

Spittelbergviertel – Naschmarkt

Durch die Stiftgasse gelangen wir zur Mariahilfer Straße, halten uns kurz links und gelangen über Capistran-, Windmühl- und Stiegengasse zur Linken Wienzeile: Hier – Hausnummer 38 und 40 – stehen zwei der schönsten von Otto Wagner errichteten Wohnhäuser; eines davon, das **Majolikahaus**, wurde ganz mit grün-roter Blattornamentik verziert. Danach kann man gleich den anschließenden **Naschmarkt** durchstreifen und sich mit verschiedenen Köstlichkeiten stärken. Am und rund um den Markt gibt es zahlreiche Spe-

Der Blick von der Albertina auf die Fassade der Staatsoper (▶ S. 72, 155) lässt die Herzen von Renaissance-Fans höher schlagen. Sie gilt als prunkvollster Bau der Ringstraße.

zialitätenläden, Marktrestaurants, Cafés und Imbissstände. Um auszuruhen, macht man also entweder bei einer der Würstlbuden auf ein »Burenhäutl« (eine Bratwurst) Rast, man isst vegetarisch im **Tewa**, asiatisch bei **Kim kocht** oder gönnt sich einen großen Braunen im **Café Drechsler**.

Naschmarkt – Karlsplatz

Die Linke Wienzeile hinauf, vorbei am Theater an der Wien, kommt man dann zu einem weiteren Monument der Moderne: dem **Gebäude der Secession**, das wegen seiner filigranen Blattwerkskuppel von den Wienern auch »Goldenes Krauthappel« (Krautkopf) genannt wird. 1898 schuf es Joseph Olbrich als Hauptquartier der Secessions-Künstler. Bei der Secession befinden Sie sich aber schon fast am **Karlsplatz**, einem der schönsten Plätze von Wien. Rundherum kann man eine Reise durch die Wiener Architektur antreten, am beeindruckendsten ist die Perspektive vor der Karlskirche: Im Brunnen spiegeln sich die Türme der kunstvollen Barockkirche, einen modernen Kontrapunkt setzt die **Brunnenfigur von Henry Moore**. Gleich daneben steht eine der von Otto Wagner im Jugendstil gestalteten **Stadtbahnstationen**; der Architekt entwarf die Bahnhöfe wie die komplette Stadtbahn bis hin zu den Stiegengeländern und den Kandelabern. Auf der gegenüberliegenden Seite des Platzes sehen Sie das ursprünglich von Adolf Loos ausgestattete Café Museum und schließlich das Gebäude der Secession. Künstlerhaus und Musikvereinsgebäude runden das Ensemble ab. Das dominierendste Gebäude und auch die bedeutendste Barockkirche

Wiens ist die **Karlskirche**: 1716 von Johann Bernhard Fischer von Erlach begonnen und später von seinem Sohn fertiggestellt, ist der Bau eines der Wahrzeichen der Donaumetropole. Seine mächtige Kuppel, 72 m hoch, gehört zu den markantesten Elementen des Wiener Stadtbilds. Die Errichtung des Gotteshauses geht auf ein Gelübde zurück, das Kaiser Karl VI. während der Pestepidemie 1713 geleistet hatte.

Karlsplatz – Stephansdom

Der Container bei der Treitlstraße wurde 1992 als Provisorium für Ausstellungen errichtet. Die Kunsthalle ist inzwischen in das MuseumsQuartier übergesiedelt, der Container wurde abgebaut und durch einen Glaspavillon ersetzt: Er heißt nun **Kunsthalle project space karlsplatz**. Über den Schwarzenbergplatz führt unser Weg zum Kärntnerring und weiter zum Opernring. Rechter Hand erhebt sich die gewaltige, im Stil der Renaissance erbaute Wiener **Staatsoper**, das »Erste Haus am Ring«. Das Architektenteam Eduard van der Nüll und August von Sicardsburg schuf das Gebäude in den Jahren 1861 bis 1869. Doch herbe Kritik an seinem Gebäude trieb van der Nüll in den Selbstmord, und auch Sicardsburg starb bald danach. Der Legende nach soll sich nicht zuletzt Kaiser Franz Joseph bei der Eröffnung abfällig über den Bau geäußert haben – was die beiden Architekten wohl am meisten getroffen hat.

Über die **Kärntner Straße** mit ihren vielen Geschäften und zahllosen Einkehrmöglichkeiten gelangen Sie direkt zum Ausgangspunkt, dem Stephansdom, zurück.

DAS UMLAND
ERKUNDEN

Das prächtige Benediktinerkloster Stift Melk
(▶ S. 160) ist das Wahrzeichen der Wachau.

DIE WEINGÄRTEN WIENS

CHARAKTERISTIK: Wanderung durch die Weinberge und Einkehr in einer der kleinen Buschenschenken **ANFAHRT:** Mit der Straßenbahnlinie D vom Ring bzw. Franz-Josefs-Bahnhof aus; wer nur einen Teil der Wanderung unternehmen möchte, fährt mit dem Bus 38A die Grinzinger Straße entlang bis zum Cobenzl. **DAUER:** Halbtagesausflug **EINKEHRTIPPS:** Weingut Reisenberg, XIX., Am Oberen Reisenbergweg, Tel. 3 20 93 93, www.weingutamreisenberg.at, €€; Pfarrwirt, IXX., Pfarrplatz 5, Tel. 3 70 73 73, www.pfarrwirt.com, €€

Nussdorf ▶ Cobenzl

Sie beginnen Ihren Ausflug an der Endstation der Linie D in **Nussdorf**. Über die Hackhofergasse mit ihren alten Bürgerhäusern gelangen Sie zum **Lehár-Schikaneder-Schlössl** (Hackhofergasse 18, Tel. 3 18 54 16), in dem einst gleich zwei berühmte Wiener wohnten: der Komponist Franz Lehár und der Theatermacher Emanuel Schikaneder, der Textdichter von Mozarts »Die Zauberflöte«. Das 1737 errichtete und in der ersten Hälfte des 19. Jh. umgebaute Schlössl ist nur nach Voranmeldung zu besichtigen. Im ehemaligen Salon im 1. Stock sind Autografen, Gemälde, Fotos und Erinnerungsstücke der beiden Musiker ausgestellt.

Dann führt die Route bergan: Sie gehen die Nussberggasse entlang und biegen beim Friedhof links in den Beethovengang ab. Über den Schreiberbach folgt man dem Grinzinger Steig und der Krapfenwaldgasse bergan. An einem warmen Tag können Sie eine Pause im idyllischen Krapfenwaldbad einlegen, um sich abzukühlen. Dann führt Sie die Tour weiter bis zur Höhenstraße und zum Dr.-Karl-Lueger-Denkmal, das an einen – wegen seiner antisemitischen Gesinnung umstrittenen – Bürgermeister Wiens erinnert.

Cobenzl ▶ Grinzinger Friedhof

Gleich daneben liegt das **Cobenzl**, ein Restaurant und Weingut, das sich im Besitz der Stadt Wien befindet und einen wunderschönen Blick über Wien und den Wienerwald bietet.

Für den Abstieg in Richtung Grinzing folgen Sie dem Oberen Reisenbergweg und wandern durch Weinberge bergab. Auch hier liegt ein sehr schöner Einkehrpunkt mit einem fantastischen Panoramablick über die Stadt: Das **Weingut am Reisenberg**, wo man auch sieht, warum die Rebberge hier so besonders sind: Pannonische, kontinentale und mediterrane Einflüsse plus die geschützte Lage an den Ausläufern des Wienerwalds, wo die Trauben großteils auf sonnigen Süd- und Osthängen reifen – all das macht das spezielle Klima der Weinregion Wien aus.

Über die Cobenzlgasse und die Himmelstraße gelangen Sie anschließend in das Herz der Wiener Heurigenseligkeit, nach **Grinzing**. Zwar müssen die alten Heurigen und ihre Weinberge immer öfter neuen Immobilienprojekten weichen, aber noch immer laden die Busse zur Hochsaison nahezu im Minutentakt Gäste ein und aus.

Auf dem **Grinzinger Friedhof** befinden sich u. a. die Gräber von Gustav Mahler,

Peter Alexander, Heimito von Doderer und Thomas Bernhard. In der Pfarrkirche selbst ist die kunstvolle Orgel sehenswert, auf der schon Beethoven und Schubert gespielt haben sollen, die aber später umfassend erweitert wurde.

Grinzinger Friedhof ▶ Nussdorf

Von der Grinzinger Pfarrkirche nehmen Sie den Bus 38A und fahren Richtung Heiligenstadt. An der St.-Michael-Kirche steigen Sie aus. Linker Hand, in der kleinen Probusgasse, liegt das **Haus des Heiligenstädter Testaments**, in dem Beethoven seinen berühmten Nachlass verfasste. Am Ende der Probusgasse erreichen Sie den Pfarrplatz: Hier steht das Beethovenhaus, in dem der Komponist 1817 einige Monate verbrachte und die »Eroica« und die berühmte »9. Symphonie« komponiert haben soll. Seit dem 17. Jh. ist hier einer der berühmtesten Heurigen Wiens untergebracht: **Mayer am Pfarrplatz**. Seit 1683 wird hier in dem Weingut Wein gekeltert. Im **Pfarrwirt** gleich nebenan wird gehobene Wiener Küche serviert. Auf Beethovens Spuren gehen Sie noch ein paar Schritte weiter die Eroicagasse entlang bis zur Endhaltestelle der Straßenbahnlinie D. In einem der traditionellen Nussdorfer Heurigen, **Schübel-Auer** oder **Kierlinger**, können Sie den Tag ausklingen lassen: Bei Aufstrichen oder kaltem Braten vom Heurigenbuffet oder – wenn Sie lieber warm essen – bei Knödeln oder Blunzen mit Sauerkraut. Getrunken wird zu dieser bodenständigen und deftigen Wiener Küche natürlich der Eigenbauwein. Beide Heurige schließen, wenn die letzte Straßenbahn in Richtung Stadtzentrum fährt.

Das Weingut Mayer am Pfarrplatz (▶ S. 159) ist Mitglied der Vereinigung WienWein, die sich für die Qualität des G'mischten Satzes starkmacht.

MIT SCHIFF UND RAD DURCH DIE FRUCHTBARE WACHAU

CHARAKTERISTIK: Mehrtagestour durch eine der schönsten Landschaften Österreichs **ANFAHRT:** DDSG Blue Danube Schifffahrt, Tel. 58 88 00; der Radtransport ist kostenlos. Auch die Österreichischen Bundesbahnen (ÖBB) bieten einen speziellen Service für Radfahrer an. Ferner gibt es kombinierte Schiff-Bahn-Touren (Information Tel. 05 17 17) **DAUER:** 2 oder 3 Tage **EINKEHRTIPPS:** Stiftsrestaurant Melk, Tel. 0 27 52/5 25 55, tgl. 9–17 Uhr, €€; Kirchenwirt, Weißenkirchen in der Wachau, Kremser Str. 17, Tel. 0 27 15/23 32, www.weissenkirchen.at/kirchenwirt, tgl. 11–22 Uhr, €€ **AUSKUNFT:** Niederösterreich-Touristik-Info, Tel. 0 27 42/90 00-90 00, www.niederoesterreich.at, Mo–Fr 9–17 Uhr

Westlich von Wien, zwischen Melk und Krems, erstreckt sich ein fruchtbares Granitplateau, durch das sich die Donau eine tiefe Furche geschnitten hat – die Wachau.

Wien ▶ Benediktinerstift Melk

Von Wien fahren Sie mit dem Schiff flussaufwärts und landen schließlich in **Melk**. Hier steigen Sie um aufs Fahrrad, um den unzweifelhaft schönsten Teil des Donauradwegs Passau–Bratislava in der Wachau unter die Pedale zu nehmen. Melk eignet sich eventuell auch als Übernachtungsort, von wo Sie am nächsten Tag zu einer Ganztagestour aufbrechen können. Der Radweg ist teilweise auf beiden Donauufern ausgebaut, sodass Sie nach Lust und Laune die schönere Seite auswählen können. Schildwache der Wachau und Teil des UNESCO-Welterbes ist das riesige **Benediktinerkloster Stift Melk**, das sich in prachtvollem Weiß und Gelb auf einem Felsen über der Stadt erhebt. Es entstand zwischen 1702 und 1746. In der Stiftskirche verbinden sich Architektur, Bildhauerei und Malerei zu einem barocken Gesamtkunstwerk. Der Hochaltar stammt vom italienischen Theaterarchitekten Antonio Beduzzi, ebenso wie die Entwürfe für die Deckenfresken, die von Johann Michael Rottmayr gemalt wurden. Im Marmorsaal ist ein Deckenfresko von Paul Troger zu sehen. Die atemberaubend dekorierte **Stiftsbibliothek** beherbergt eine imposante Handschriftensammlung – und den Kirchenschatz, das unermesslich kostbare »Melker Kreuz« von 1362. Melk selbst ist ein kleiner Ort, der sich eng an den Felsen der Benediktinerabtei schmiegt.

Melk ▶ Spitz an der Donau

Sie fahren mit dem Rad donauabwärts, vorbei an der Burgruine Aggstein, einer seit dem 15. Jh. verlassenen Bastion. Weiter nördlich liegt Willendorf, der Ort, in dem 1908 die **Venus von Willendorf** gefunden wurde: eine 23 000 Jahre alte, gerade mal 11 cm hohe Statuette einer Fruchtbarkeitsgöttin und das älteste Zeugnis menschlichen Lebens im Donautal (im Naturhistorischen Museum in Wien zu bewundern). Das fruchtbare Spitz an der Donau bildet den Mittelpunkt der Wachau.

Eine Wehrkirche aus dem Jahr 1190, historische Gässchen und ausgezeichnete Weine haben Weißenkirchen in der Wachau (▶ S. 161) bekannt gemacht.

Spitz an der Donau ▶ Dürnstein

Bei Spitz beginnt auch der schönste Teil des Fahrradwegs: Entlang des Flusses findet man immer wieder hübsche Rastplätze, kleine Gasthöfe oder Buschenschenken, die zu einer Jause oder einem kühlen Getränk einladen. Hinter St. Michael weitet sich dann das Tal; man radelt vorbei an alten Weinbaudörfern und gelangt schließlich nach **Weißenkirchen in der Wachau** mit seiner Wehrkirche, die zum Schutz gegen die Türken errichtet wurde. Stärkung gibt's beim **Kirchenwirt**. Nach einer Krümmung der Donau gegen

Osten erhebt sich auf einem Hügel die **Burgruine von Dürnstein**, darunter schmiegt sich der mittelalterliche Ort Dürnstein an seine Flanken – ein Ensemble aus einem Kloster und historischen Gebäuden wie dem 1547 erbauten Rathaus und dem Kremser Tor.

Von Dürnstein aus können Sie per Schiff oder Bahn zurück nach Wien fahren. Oder Sie folgen weiter dem Radweg entlang der Donau, der Sie über Krems und Klosterneuburg (von hier aus mit der S-Bahn zum Franz-Josefs-Bahnhof) zurück nach Wien bringt.

MIT DER BAHN AUF DEN SEMMERING

CHARAKTERISTIK: Fahrt mit der Semmeringbahn auf den Wiener Hausberg, Rückkehr zu Fuß auf leichtem Wanderweg, dann abermals per Bahn **ANFAHRT:** Vom Wiener Südbahnhof aus im Zweistundentakt mit der ÖBB; die Semmeringstrecke beginnt bei Gloggnitz in Niederösterreich und führt über den Semmering ins steirische Mürzzuschlag. **INFORMATION:** Tel. 05 17 17 **DAUER:** Tagesausflug **EINKEHRTIPP:** Grand Hotel Panhans, Semmering, Hochstr. 32, Tel. 0 26 64/81 81, www.panhans.at, tgl. 12–14 und 18.30–21.30 Uhr, €€€ **AUSKUNFT:** Niederösterreich-Touristik-Info, Tel. 0 27 42/90 00-90 00, www.niederoesterreich.at, Mo–Fr 9–17 Uhr

Die Fahrt beginnt am Wiener Südbahnhof und führt über Mödling in die Thermenregion im Süden Wiens. Über Baden und Bad Vöslau erreichen Sie **Wiener Neustadt**. Die Bahnlinie folgt hier der alten Kaiserstraße, die bereits im 18. Jh. als Verkehrsverbindung über den Semmering und weiter in die damalige Hafenstadt Österreichs, nach Triest, ausgebaut wurde.

Dem Ingenieur Carl von Ghega, einem gebürtigen Venezianer, kam nach einer Studienreise in die USA die Idee, auf dieser Strecke eine Bahnlinie zu konstruieren. Die Pläne fanden Wohlgefallen am Wiener Hof, und 1848 wurde

Die Eröffnung der Semmeringbahn (▶ S. 163) im Jahr 1854 war ein Meilenstein der Ingenieurskunst. Um die Steigungen zu bewältigen, wurden eigens Lokomotiven entwickelt.

mit dem Bau begonnen. Bereits sechs Jahre später, 1854, machte die Bahn im Beisein des Kaisers und seiner Frau ihre Jungfernfahrt: Die erste Gebirgsbahn der Welt ging in Betrieb. Nicht nur die Fahrt in den Süden wurde einfacher, auch der Semmering lag auf einmal vor den Toren Wiens und wurde von der Wiener Gesellschaft als Sommerfrische entdeckt.

Wiener Neustadt ▶ Semmering

Etwas vom alten Flair spürt man auch heute noch, wenn bei **Gloggnitz** mit dem Schwarzatal die »echte« Semmeringbahnstrecke beginnt. Vorbei an steilen Felswänden, über schwindelerregende Schluchten und durch ausgedehnte Wälder führt die Fahrt. Nach 23 km hat man den Bahnhof **Semmering**, die Endstation, erreicht.

Wissenswertes über die Geschichte der Bahn, die Kühnheit ihrer Konstruktion, den Genius ihres Schöpfers und das Leid der beteiligten Arbeiter erfährt man im **Informationszentrum** am Bahnhof, bevor man sich auf einen Spaziergang durch den Ort selbst begibt: In Semmering verlebten das Wiener Bürgertum und die Adligen einst ihren Urlaub. An diese große Zeit erinnern noch heute zahlreiche Jugendstilvillen. Und natürlich auch die Hotels, in denen die Wiener Gesellschaft einst logierte, wie z. B. das **Grand Hotel Panhans**. Seine Geschichte begann 1888 mit dem legendären Wiener Küchenchef Vinzenz Panhans, der das Hotel damals erbauen ließ. Zu seinen Gästen zählte Prominenz wie die Schriftsteller Karl Kraus, Arthur Schnitzler und Franz Werfel. Und auf der Skiwiese des Hotels begann vor mehr als 100 Jahren die Geschichte des österreichischen Skisports.

Der Ort Semmering ist ein idealer Ausgangsort für Touren in der umliegenden Bergwelt. Zum Beispiel auf den Hausberg des Ortes, den **Sonnwendstein**, im Winter Teil des Semmering-Skigebiets: Von der Talstation der Kabinenbahn erreicht man über die Forststraße das Liechtensteinhaus, von dort geht es über den Erzkogel auf den Kamm des Sonnwendsteins (1523 m). Vom Gipfel des Berges mit dem Bergkirchlein hat man einen herrlichen Rundblick über die Ausläufer der Kalkalpen.

Auch die Gipfel von Schneeberg und Rax liegen fast in Reichweite. Alpinistische Erfahrungen sind für deren Bezwingung nicht vonnöten: Von Reichenau an der Rax fährt man mit der Seilbahn ins Rax-Gebiet, von der Bergstation erreicht man in gut 30 Min. den Gipfel des 1738 m hohen Jakobskogels. Der 1798 m hohe Schneeberg ist sogar noch einfacher zu »erklimmen«: Von Puchberg am Schneeberg bringt Sie eine Zahnradbahn in wenigen Minuten auf den Gipfel.

Semmering ▶ Breitenstein

Sie aber schnüren beim Bahnhof Semmering die Wanderschuhe und begeben sich auf den Rückweg nach Wien: Allerdings nicht mit der Bahn, sondern zunächst zu Fuß über den **Bahnwanderweg Semmering**. Immer an der Eisenbahnstrecke entlang geht es durch grüne Wälder bergab, und nach knapp zwei Stunden haben Sie den 9 km entfernten Bahnhof **Breitenstein** erreicht. Der Bahnwanderweg ist hier zwar nicht zu Ende, er führt weiter nach Gloggnitz und hat auch eine Fortsetzung in der Steiermark. Sie aber warten in Breitenstein auf die ÖBB, die Sie wieder zurück zum Wiener Südbahnhof bringt.

THERMEN UND SCHLÖSSER IM SÜDEN VON WIEN

CHARAKTERISTIK: Ein Ausflug zu Grotten, Klöstern und in die Rebberge der Thermenregion **ANFAHRT:** Mit dem Auto über die Südautobahn, bei Mödling abfahren; mit der Lokalbahn ab Karlsplatz (nur nach Baden) **DAUER:** Tagesausflug **EINKEHRTIPPS:** Restaurant Hanner, Mayerling, Mayerling 1, Tel. 0 22 58/23 78, www.hanner.cc, Mo–Sa 12–13.30, 19–21.30, So 12–21.30 Uhr, €€€ **AUSKUNFT:** Diverse Reiseveranstalter führen geführte Halbtages-Bustouren ab Wien nach Mayerling, zur Seegrotte und nach Heiligenkreuz durch, z. B. Vienna Sightseeing Tours, Tel. 71 24 68 30, www.viennasightseeing.at.

Bei Mödling im Süden von Wien zweigt die Straße in die Hinterbrühl ab, eine waldreiche Naturlandschaft mit Hügeln und sanften Tälern. Auf dem Weg dorthin grüßt von Weitem schon die Burg Liechtenstein. Gleich in der Nähe steht das **Schloss Liechtenstein** in einem weitläufigen Naturpark mit Teichen und künstlichen Ruinen.

Schloss Liechtenstein ▶ Stift Heiligenkreuz

In der Brühl fand der große Landschaftsmaler des Biedermeier, Ferdinand Waldmüller, die Motive für seine romantischen Arbeiten. Eines davon ist die **Höldrichsmühle** in der Hinterbrühl, die er für sein Bild »Abschied der Braut vom Elternhaus« verwendete. Die Mühle wurde auch von Franz Schubert besucht – Müllerstochter Rosi hat ihn der Legende nach zu seinem Liederzyklus »Die schöne Müllerin« angeregt. Etwas weiter liegt der mit 6200 m² größte Höhlensee Europas, die **Seegrotte**, in die man mit dem Boot vordringen kann (Führung). **Stift Heiligenkreuz**, Ihre nächste Station, wurde 1133 von Zisterziensern gegründet. Der Bau ist eine harmonische

architektonische Gesamtkomposition aus verschiedenen Epochen, der Kapitelsaal eine monumentale Gedächtnisstätte für das Herrschergeschlecht der Babenberger. Hier liegen die Gebeine von vier Herzögen.

Stift Heiligenkreuz ▶ Baden

Ein Kloster ist auch **Schloss Mayerling**, 6 km südwestlich von Heiligenkreuz, das Kronprinz Rudolf 1886 zu seinem Sommersitz erkor. Hier spielte sich das Finale der tragischen Liebesgeschichte zwischen Sisis einzigem Sohn und der Baronesse Mary von Vetsera ab, die mit dem Selbstmord der beiden 1889 endete. Die Kaiserin selbst war bereits im Jahr zuvor verstorben. Kaiser Franz Joseph berief in Erinnerung an den Tod des Thronfolgers den Orden der Karmeliterinnen nach Mayerling und ließ eine Kapelle errichten, wo Tag und Nacht für die Seele seines Sohnes gebetet werden sollte.

Durch das idyllische **Helenental**, das gerne als schönstes Tal des Wienerwaldes bezeichnet wird, fährt man von Mayerling weiter nach **Baden**. Der Kurort (auch mit der Badner Bahn vom Karlsplatz aus gut erreichbar) war

Chartbreaker in Kutten: Die Gesänge der Zisterziensermönche vom Stift Heiligenkreuz
(▶ S. 164) wurden 2008 auf CD aufgenommen und verkauften sich weltweit 850 000 Mal.

einst als Sommerfrische des österreichisch-ungarischen Kaiserhauses sowie der Komponisten Wolfgang Amadeus Mozart und Ludwig van Beethoven bekannt. Die 36 Grad heißen Schwefelquellen sprudeln wie eh und je und noch immer kann man die beschauliche altösterreichische Atmosphäre der Stadt genießen, entlang der Alleen flanieren oder in einem Kaffeehaus einen Großen Braunen trinken.

Baden ▶ Mödling

Rund um Baden erstreckt sich ein Weinbaugebiet – eine Wanderung und ein Päuschen in einer Buschenschenke lohnt bei einem Ausflug nach Baden in jedem Fall, so wie es auch Beethoven schon mit Vorliebe tat. Zu Ehren des Komponisten wurden der **Wienerwald-Beethoven-Wanderweg** und ein **Beethoven-Spazierweg** angelegt: Der eine ist ein 50 km langer, anspruchsvoller Rundwanderweg von Baden über das Helenental und Bad Vöslau zurück nach Baden (dafür sollten Sie drei Tage veranschlagen), der andere eine gemächliche Tageswanderung abwechselnd durch Weingärten und Wälder von Baden über den Richardhof bei Gumpoldskirchen nach **Mödling**.

Sehr zur Freude der Gäste stapeln sich im Café Hawelka (▶ S. 29) die Zeitungen.

WIEN
ERFASSEN

WIEN KOMPAKT

Hier erfahren Sie alles, was Sie über die Hauptstadt
Österreichs wissen müssen – kompakte Informationen
über Bevölkerung, Lage und Geografie, Politik
und Verwaltung bis zur Wirtschaft.

BEVÖLKERUNG

Wien ist die zehntgrößte Stadt der Europäischen Union (EU). Im Großraum Wien leben heute 2,6 Mio. Menschen, mehr als ein Viertel aller Österreicher. Zu Beginn des Ersten Weltkriegs hatte die Stadt Wien bereits 2,1 Mio. Einwohner. Anfang 2016 leben in Wien rund 1,84 Mio. Menschen, davon sind 27 % keine österreichischen Staatsbürger. Die größte ausländische Bevölkerungsgruppe stammt aus dem ehemaligen Jugoslawien, gefolgt von türkischen Staatsbürgern.

LAGE UND GEOGRAFIE

Die Stadt liegt an den nordöstlichen Ausläufern der Alpen im Wiener Becken. Das historische Wien lag südwestlich der Donau, heute erstreckt es sich an beiden Ufern entlang. Seine Bedeutung erhielt Wien insbesondere durch seine Lage am Kreuzungspunkt der Verkehrswege von Donau und Bernsteinstraße.

Der höchste Punkt Wiens mit 542 m ist der Hermannskogel im Wienerwald, der niedrigste ist die Lobau mit 151 m. Dominierender Fluss ist die Donau, die

◀ Die Fiaker (▶ S. 181), einst öffentliches Verkehrsmittel, befördern heute Touristen.

durch die sogenannte Wiener Pforte zwischen Leopoldsberg und Bisamberg in die Stadt fließt. Kleinere Flüsse – wie die Wien – fließen aus dem Wienerwald ins Stadtgebiet. Der Wienerwald umgibt Wien auf drei Seiten, lediglich im Osten ist das Gebiet durch das flache Marchfeld geprägt, im Südosten liegen die Donau-Auen, einer von sechs österreichischen Nationalparks.

Wien liegt an der Grenze zwischen den ozeanischen Einflüssen aus dem Westen und dem kontinentalen Klima aus dem Osten. Diese Einflüsse wirken sich in geringen Niederschlagsmengen und längeren Trockenperioden aus.

POLITIK UND VERWALTUNG

Wien ist nicht nur Stadt, sondern auch eines von neun österreichischen Bundesländern, der Bürgermeister von Wien übernimmt daher eine Doppelfunktion. Im Wiener Gemeinderat sind fünf Parteien vertreten: Die SPÖ, die den Bürgermeister stellt, die FPÖ, die Grünen, die ÖVP und die NEOS (im Herbst 2012 neu gegründet).

Die Stadt ist allerdings auch einer der vier permanenten Amtssitze der Vereinten Nationen, außerdem haben weitere internationale Organisationen wie die OPEC (Organisation erdölexportierender Länder), die OSZE (Organisation für Sicherheit und Zusammenarbeit in Europa) und die IAEO (Internationale Atomenergiebehörde) hier ihren Sitz.

Die Stadtverwaltung von Wien ist in 23 Bezirke untergliedert: Der 1. ist das historische Zentrum, um den sich die an-

deren Bezirke gruppieren. Der Donau kanal und die Donau trennen die Bezirke 2 und 20 von den anderen, auf dem linken Donauufer liegen noch die Bezirke 21 und 22.

WIRTSCHAFT

Der Dienstleistungssektor ist heute der wichtigste Wirtschaftsfaktor der Stadt, vor allem der Tourismus nimmt ständig an Bedeutung zu. Industriebetriebe sind kaum mehr im Stadtbereich zu finden – die ehemals staatliche Mineralölverwaltung OMV etwa hat in Wien-Schwechat ihre Verarbeitungsanlage. Seit der EU-Erweiterung nach Osten hat sich Wien auch als Türöffner für den Handel mit den neuen Mitgliedsstaaten etabliert, und zahlreiche internationale Großunternehmen haben ihren Sitz ausgebaut. Die Stadt genießt aber auch einen guten Ruf durch ihre Lebensqualität und niedrige Kriminalitätsraten: Wien gilt als eine der reichsten Stadtregionen Europas.

AMTSSPRACHE: Deutsch
BEVÖLKERUNG: 27 % Ausländer, v. a. aus Bosnien, Serbien, Kroatien und der Türkei
EINWOHNER: 1,84 Mio.
FLÄCHE: 414,9 km²
INTERNET: www.wien.info
RELIGION: 40 % römisch-katholisch, zweitgrößte Glaubensgemeinschaft ist der Islam.
VERWALTUNG: Stadt und Landesverwaltung sind eins, der Bürgermeister von Wien ist gleichzeitig Landeshauptmann des Bundeslands Wien; die Stadtgemeinde ist in 23 Bezirksverwaltungen unterteilt.
WÄHRUNG: Euro

GESCHICHTE

*In Römerzeiten eine Grenzbastion, später mittelalterliche
Provinzstadt, dann pulsierendes Herz eines Weltreichs
und heute Hauptstadt der Republik: Aber »Wien bleibt Wien«,
wie es in einem beliebten Marsch heißt.*

Um 100 n. Chr. Die Römer gründen Vindobona

Wie so vieles in Europa beginnt auch die Geschichte Wiens mit den Römern: Im 1. Jh. n. Chr. legen sie nahe der Donau zum Schutz ihrer Nordgrenze ein Legionslager namens Vindobona an. Rund um die Befestigung entwickelt sich eine Siedlung mit bald 30 000 Menschen, sie bleibt aber ohne große Bedeutung. Das Verwaltungszentrum der Provinz Pannonien befindet sich weiter östlich – in Carnuntum.

Der Verfall der Siedlung setzt mit dem Niedergang des Römischen Reichs ein, einige Jahrhunderte bleibt die Geschichte Wiens im Dunkeln. Erst ab dem frühen 9. Jh. sind Kirchengrün-dungen bekannt: St. Ruprecht dürfte in dieser Zeit entstanden sein, und St. Peter wird zur ersten Pfarre Wiens. St. Stephan – eine Passauer Gründung – kommt im 10. Jh. dazu.

1170 »civitas metropolitana«

In den »Salzburger Annalen« ist 881 erstmals von einer Siedlung namens »Wenia« die Rede. 976 unter den Babenbergern gewinnt sie in der Markgrafschaft Österreich an Bedeutung, aber erst Mitte des 12. Jh. verlegen die österreichischen Markgrafen ihre Residenz nach Wien. Die Pfalz »Am Hof« wird ebenso gegründet wie das Kloster St. Maria. 1170 wird Wien »civitas metropolitana« genannt.

Um 100 n. Chr.
Römisches Kastell und Zivilstadt Vindobona.

881
Erste Nennung Wiens als »Wenia« in den »Salzburger Annalen«.

um 1155
Wien wird Residenz der Babenberger.

1221
Wiener Stadtrecht – älteste zur Gänze überlieferte Stadtverfassung.

1529 Die Türken vor Wien

Im Einflussbereich der auf die Babenberger folgenden Habsburger nimmt die Bedeutung Wiens zu: Herzog Rudolf IV. macht sich 1365 durch gefälschte Dokumente zum Erzherzog und gründet die Universität, nach Prag die zweitälteste im deutschen Raum. 1469 wird die inzwischen weitgehend gotische Stadt mit ihrer Hauptkirche St. Stephan Bischofssitz.

Das 15. Jh. ist eine turbulente Zeit in Wien: 1421 kommt es zur »Wiener Geserah«, dem erste Pogrom gegen die Juden, und zur Zerstörung des Gettos; um Religion geht es dabei nur vordergründig, tatsächlich aber um Geld. Es folgen der Bruderzwist zwischen Kaiser Friedrich III. und Erzherzog Albrecht VI. und die ungarische Besetzung der Stadt (1485–90) unter König Matthias Corvinus. Auch die folgende Rückeroberung Wiens durch König Maximilian sorgte für Turbulenzen.

Aber auch das 16. Jh. verläuft kaum ruhiger: 1521 erobern die Osmanen unter Sultan Suleiman dem Prächtigen das ungarische Belgrad, 1526 werden die

Ungarn vernichtend geschlagen. Das bringt den Habsburgern zwar Vorteile (der Anspruch auf die böhmischen und ungarischen Kronen fällt an Ferdinand I. von Habsburg), aber schon drei Jahre später, 1529, stehen die Türken mit ihren Truppen erstmals vor Wien.

Die Stadtmauern aus dem 13. Jh. können den Angreifern kaum standhalten, aber die Osmanen brechen die Belagerung überraschend ab – Versorgungs- und Nachschubprobleme geben den Ausschlag. Trotzdem werden Teile der Stadt zerstört, und die Befestigungsanlagen müssen erneuert werden: Die Innere Stadt wird u. a. mit einem Graben umgeben, davor verbleibt eine freie Fläche.

1683 Schlacht am Kahlenberg

Martin Luther stößt in Wien auf fruchtbaren Boden: Schon um 1550 ist Wien vorwiegend protestantisch. Die Gegenreformation beginnt mit der Ansiedlung der Jesuiten. 1679 fordert eine verheerende Pestepidemie fast 100 000 Opfer. 1683 stehen die Osmanen erneut vor den Toren der Stadt, aber in der

Die Habsburger übernehmen unter Rudolf I. die Herrschaft über Österreich (bis 1918).

1529

1282

1498

Unter Maximilian I. wird die Hofmusikkapelle, Vorläuferin der Sängerknaben, gegründet.

Die Türken belagern Wien erfolglos, ihr Herrschaftsbereich erstreckt sich jedoch für die nächsten 150 Jahre noch bis Ungarn und Dalmatien.

Schlacht am Kahlenberg – durch deutsche und polnische Hilfe – ändert sich das Kräfteverhältnis: Die Türken werden vertrieben, und bis 1699 fällt ganz Ungarn an die Habsburger.

Ferdinand I. wählt Wien wieder zu seiner Residenzstadt: Die Zahl der Beamten wächst, ebenso die der Adligen, die sich in Wien ihre Stadtpalais errichten lassen, um ihren Einfluss und Reichtum zu demonstrieren.

1740–90 Maria Theresia und Joseph II. stoßen Reformen an

Die Architekten Johann Bernhard Fischer von Erlach und Johann Lukas von Hildebrandt bauen Kirchen und Paläste im nun dominierenden Barockstil. Wien ist die bedeutendste Stadt der Monarchie und eine der wichtigsten Europas. Handel, Gewerbe, Industrie aber auch ein gewaltiger Staatsapparat lassen die Stadt wachsen. Die Herrschaft von Kaiserin Maria Theresia und ihres Sohnes Joseph II. sorgt zwischen 1740 und 1790 für politische Stabilität. Beide führen tief greifende Reformen durch, darunter die Schulpflicht, die Abschaffung von Folter und Leibeigenschaft und die Auflösung von Betklöstern.

In den Vorstädten und am Wienfluss entstehen Fabriken und neue Wohnviertel. Nach dem Zwischenspiel der napoleonischen Kriege und den Beschlüssen des Wiener Kongresses herrscht aber eine reaktionäre Staatsmacht: Ab 1815 sorgen Kaiser Franz und Staatskanzler Metternich für eine konservative Periode – den sogenannten Vormärz.

1848–1918 Die Blüte der Donaumonarchie

Dies ändert sich erst 1848 mit der Märzrevolution, die Metternich zum Rücktritt zwingt und eine wirtschaftlich und kulturell florierende Periode einläutet. Die Bevölkerungszahl hat sich seit 1800 auf eine halbe Million verdoppelt. Die Unterdrückung der Reformbewegung kann zwar mit Gewalt durchgesetzt werden, aber nicht ohne Zugeständnisse.

1850 werden die Vorstädte – die heutigen Bezirke zwischen dem Ring und

1683 Zweite Türkenbelagerung. Ein Entsatzheer aus polnischen und deutschen Truppen vertreibt die Osmanen.

1685–1780

1805 und 1809

Hochblüte des barocken Wien; rege Bautätigkeit.

Napoleon besetzt Wien.

dem Gürtel – eingemeindet. 1857 lässt Kaiser Franz Joseph die städtischen Befestigungen dazwischen schleifen: Eine breite Prachtstraße – die Ringstraße – rund um die Innenstadt entsteht. Verwaltungsgebäude, Museen, die Oper, das Reichsratsgebäude, in dem heute das österreichische Parlament seinen Sitz hat, und die neue Universität werden errichtet.

Kurz darauf, von 1869 bis 1875, sorgt die Donauregulierung für weitere Veränderungen: Ein neu gegrabenes Flussbett ersetzt eine Reihe von Wasserläufen, die die Stadt durchzogen: Die Innenstadt wird durch den Donaukanal mit dem Hauptstrom verbunden, die Schifffahrt verbleibt im neuen Flussbett. Zwischen 1890 und 1892 werden Grinzing, Nussdorf, Hietzing und Penzing eingemeindet und zu Wiener Bezirken. Wien ist nun eine Millionenstadt – und Regierungszentrum eines Reiches mit insgesamt 50 Mio. Einwohnern.

In dieser Zeit wird auch die I. Wiener Hochquellenleitung errichtet, die aus dem Voralpengebiet – von Schneeberg und Rax im Grenzgebiet zur Steiermark – frisches Quellwasser heranführt. Diese Maßnahme soll der als »morbus Viennensis« bekannten Lungentuberkulose den Garaus machen.

An einer anderen Art von Schwindsucht können allerdings auch diese Maßnahmen nichts ändern: Die Habsburgermonarchie zerfällt. Und obwohl die Hauptstadt prosperiert und Wien Anfang des 20. Jh. mit rund 2 Mio. Einwohnern zur viertgrößten Stadt der Welt wird, ist mit dem Ausbruch des Ersten Weltkriegs und dem Tod Kaiser Franz Josephs 1916 das Schicksal der Donaumonarchie besiegelt.

1922–34 Das »rote Wien«

Mit dem Ende des Ersten Weltkriegs 1918 ist aus der Residenzstadt der Habsburger die Hauptstadt eines Kleinstaats geworden. Der überdimensionierte Verwaltungsapparat der Donaumonarchie bringt Wien die Bezeichnung »Wasserkopf« Österreichs ein. 1922 löst sich die Stadt vom umliegenden Niederösterreich und wird ein eigenes Bundesland. Das »rote Wien« wird indes bald zu einem weltweit beachteten

Der Wiener Kongress tagt: Europa wird nach dem Fall Napoleons neu geordnet.

1814/15

1848 Ende des metternichschen Polizeistaats. Franz Joseph I. besteigt den Thron; er regiert bis zu seinem Tod 1916.

1914 Nach dem Attentat auf Thronfolger Franz Ferdinand in Sarajevo erklärt Österreich Serbien den Krieg: Der Erste Weltkrieg beginnt.

Modell einer sozialdemokratisch verwalteten Stadt. Die beispielhaften Sozialleistungen verhelfen Wien europaweit zu Anerkennung, führen aber auch bald zu einem Konflikt mit den konservativen und deutschnationalen Kräften des Landes.

Dem Brand des Justizpalasts 1927 folgen 1933 die Auflösung des Parlaments und im Februar 1934 der Bürgerkrieg. Eine konservativ-nationale Ständeregierung geht daraus als Sieger hervor. Der Ständestaat beginnt, Straßenbau-Großprojekte, wie den Bau der Großglockner Hochalpenstraße und in Wien der Bau der Straße auf den Kahlenberg zu realisieren.

1938 »Anschluss« Österreichs an Hitlerdeutschland

Nach dem Anschluss an Großdeutschland 1938 soll Wien – auf Wunsch Adolf Hitlers – zur flächenmäßig größten Stadt des Deutschen Reichs erweitert werden: 97 umliegende Orte werden eingemeindet, Wien erhält auf einen Schlag 200 000 Neubürger hinzu, fünf neue Bezirke entstehen. Aber auch die Verfolgung der Wiener Juden, darunter viele Literaten, Künstler und Wissenschaftler, setzt umgehend ein. Viele emigrieren oder sterben im KZ.

Von der anfänglichen nationalsozialistischen Euphorie bleibt nach Ende des Zweiten Weltkriegs kaum etwas übrig: Ein Fünftel aller Gebäude (darunter der Stephansdom), Straßen, Brücken, Kanäle sind zerstört, die Wasserversorgung liegt darnieder, die Bevölkerung hungert. Die bis 1938 bestehenden Bezirke werden auf vier alliierte Besatzungszonen aufgeteilt, die innere Stadt von allen gemeinsam als »Interalliierte Zone« verwaltet.

Im November 1945 werden die ersten Gemeinderatswahlen abgehalten; die 100 Mandate des Wiener Gemeinderates teilen sich die Sozialistische Partei (58), die Volkspartei (36) und die Kommunisten (6). Wien ist wieder rot.

1955 Staatsvertrag und Wirtschaftsaufschwung

Knapp zehn Jahre später, am 15. Mai 1955, wird der Österreichische Staatsvertrag unterschrieben. Die Besat-

1918
Österreich gehört zu den Verlierermächten. Wien bleibt Hauptstadt Österreichs.

1923–33
Wohnbau- und Sozialreformen im »Roten Wien«, Bau von 60 000 Arbeiterwohnungen.

1934
Bürgerkrieg zwischen Konservativen und »Roten«.

1938
Anschluss der »Ostmark« an Hitlerdeutschland

zungssoldaten ziehen ab, Österreich wird wieder souverän, verpflichtet sich aber zu »immerwährender Neutralität«. Der Wiederaufbau des Stephansdoms, aber auch jener der Oper und des Burgtheaters werden zu einem Symbol für das neue Österreich. Die zerstörte große Glocke von St. Stephan, die Pummerin, wird neu gegossen. In den 50er-Jahren setzt ein weit greifender Wirtschaftsaufschwung ein. Die Bevölkerung Wiens stagniert allerdings – v. a. aufgrund des »Eisernen Vorhangs«, der die Verbindung zu den ehemaligen Einzugsgebieten im Osten unterbricht.

1960er-Jahre Die UN lässt sich in Wien nieder

Die Stadt verändert sich, die Außenbezirke wachsen: 1968 beschließt der Wiener Gemeinderat den Bau einer U-Bahn, um des zunehmenden Verkehrs Herr zu werden. 1978 wird die erste Linie in nord-südlicher Richtung eröffnet. Inzwischen befördern sechs Linien Fahrgäste unterirdisch durch Wien. Auf die weltpolitische Bühne zurückgekehrt ist die Stadt schon lange vorher:

1957 wird die Internationale Atomenergiekommission (IAEO) hier heimisch, die Organisation erdölexportierender Länder (OPEC) verlegt 1965 ihren Sitz nach Wien, ebenso wie die 1966 gegründete Organisation der Vereinten Nationen für industrielle Entwicklung (UNIDO). 1979 wird am nördlichen Donauufer die UNO-City eröffnet. Wien ist neben Genf und Nairobi eine von drei UN-Außenstellen.

1995 Österreich wird EU-Mitglied

Einst eine Bastion des freien Westens am Rande des Eisernen Vorhangs, wird Wien 1995 mit dem Beitritt Österreichs zur EU zu einem Knotenpunkt im Herzen Europas und ist es bis heute geblieben: ein wichtiges Drehkreuz in wirtschaftlicher, politischer und verkehrstechnischer Hinsicht, dessen Bedeutung nach wie vor zunimmt. Dies symbolisiert nicht zuletzt der neue Hauptbahnhof, ein verkehrspolitisches Drehkreuz im Herzen Europas, der 2014 eröffnet wird.

1939–45 Schwere Zerstörungen durch Luftangriffe im Zweiten Weltkrieg.

1979 Einweihung der UNO-City

1995 Österreich wird Mitglied der EU.

2014 Die Wiener Kaffeehauskultur wird immaterielles Kulturerbe der UNESCO.

1945–55 Wien ist in vier Besatzungszonen (USA, UdSSR, Großbritannien, Frankreich) aufgeteilt.

REISEINFORMATIONEN

Anreise und Ankunft

MIT DEM AUTO

Über München und Salzburg bzw. Passau kommen Besucher aus Deutschland und der Schweiz in gut drei Stunden ab der Grenze über die Westautobahn A 1 und entlang des Wienflusses direkt ins Zentrum. Will man in den östlichen oder südlichen Teil der Stadt, wählt man am besten die Wiener Umfahrungsautobahn A 21 – Abfahrt von der Westautobahn bei Eichgraben. Aus Graz gelangt man über die Südautobahn A 2 mitten in die Stadt.

Eine reizvolle Alternative ist eine Fahrt auf der Landstraße durch die Wachau. Dazu fahren Sie bei Melk von der Westautobahn ab und entlang der Donau über Krems und Tulln auf die Nordautobahn A 22, die Sie nach Wien bringt. Die Fahrt dauert allerdings um einiges länger als die Westroute.

Für die Autobahnen in Österreich benötigt man eine Mautplakette – die günstigste Version gilt zehn Tage ab dem Tag der Ausstellung und kostet für Pkw 8,50 €. Plaketten sind u. a. an den Grenzen, in Postämtern und an Tankstellen erhältlich.

MIT DER BAHN

Die Westbahnstrecke ist die gängigste Anreiseroute für Gäste aus Deutschland oder der Schweiz. Sie führt über Salzburg und St. Pölten nach Wien/Hauptbahnhof. Die Fahrzeit ab der Grenze bei Salzburg beträgt rund 2,5 Stunden. Vom Hauptbahnhof gelangt man mit der U- bzw. Straßenbahn bequem direkt ins Stadtzentrum. Aber Vorsicht: In der Innenstadt verkehrt nur ein einziger Citybus – liegt Ihr Hotel im 1. Bezirk und nicht an der Ringstraße oder in unmittelbarer Nähe des Stephansdoms, nehmen Sie am besten vom Bahnhof aus ein Taxi.

Eine Alternative für die Anreise aus dem Westen ist die private Westbahn ab Salzburg. Die Züge halten hier am Wiener Westbahnhof (Informationen unter www.westbahn.at).

MIT DEM FLUGZEUG

Wien-Schwechat ist der größte Flughafen Österreichs – er liegt ca. 45 Autominuten von der City entfernt im Südosten und wird von allen größeren Flughäfen Deutschlands und der Schweiz angeflogen (Flugdauer ab Frankfurt 1 Std. 20 Min.).

Zwischen dem Flughafen und der Innenstadt (City-Air-Terminal am U-Bahn-Knoten Landstraße) verkehrt der City Airport Train (CAT) in nur 16 Min. Die Einzelfahrt kostet 11 €, hin und zurück 17 €. Fahrplanauskünfte und günstige Onlinetickets unter www.cityairporttrain.com.

Einige Billigfluglinien fliegen auch den nahen Flughafen Bratislava in der Slowakei an. Von dort gibt es eine schnelle Busverbindungen nach Wien – bis zu 21-mal täglich. Infos: www.postbus.at.

Auf www.atmosfair.de und www.myclimate.org kann jeder Reisende durch eine Spende für Klimaschutzprojekte für die CO_2-Emission seines Fluges aufkommen.

MIT DEM SCHIFF

Wer Zeit hat, sollte mit dem Schiff nach Wien reisen. Die Fahrt von Passau nach Wien dauert zwei Tage und schließt eine Übernachtung in Linz ein. Man kann aber auch eine Kombination wählen. Wer mit der Bahn unterwegs ist, wechselt erst in Melk am Eingang zur Wachau auf das Schiff und fährt durch die romantische Flusslandschaft die restliche Strecke bis Wien.

DDSG Blue Danube Schifffahrt | Tel. 58 88 00 | www.ddsg-blue-danube.at

Auskunft

IN DEUTSCHLAND

Österreich Werbung

Tel. 08 00/4 00-2 00 00 (kostenfrei) | www.austria.info/de

IN DER SCHWEIZ

Österreich Werbung

Tel. 08 00/4 00-2 00 00 (kostenfrei) | www.austria.info/ch

IN WIEN

Wien Tourismus

www.wien.info
– I., Albertinaplatz/Maysedergasse | U-Bahn: Stephansplatz | tgl. 9–19 Uhr
– Flughafen, Ankunftshalle | tgl. 6–23 Uhr

Buchtipps

Günther Brödl und **Willi Resetarits: Blutrausch** (Milena, 2009) Mit dem Wiener Musiker und Hobbydetektiven Kurt Ostbahn schufen die Autoren in den 90er-Jahren eine Krimifigur, die ein halbes Dutzend Bücher lang Fälle im Wiener Milieu löst. Die Ostbahn-Bücher eignen sich nach wie vor hervorragend, um sich auf Wien und v. a. die Wiener atmosphärisch vorzubereiten. Der erste Band, »Blutrausch«, wurde nun wieder veröffentlicht.

Heimito von Doderer: Die Strudlhofstiege (dtv, 2009) Der Wien-Roman schlechthin wurde schon vor 60 Jahren geschrieben. Er gilt als eines der wichtigsten Werke der österreichischen Literatur der Nachkriegszeit. Die Geschichte hat keine Person als Hauptakteur, sondern eine Stiege im 9. Wiener Gemeindebezirk, um die sich die 900 Seiten des Buches drehen – und sie ist trotzdem spannend.

Edith Kneifl (Hg.): Tatort Kaffeehaus, Tatort Beisl, Tatort Prater, Tatort Würststand (Falter, 2011–13) Jeweils 13 Wiener Kriminalgeschichten, zusammengestellt von Österreichs erfolgreichster Krimiautorin.

Beate Maxian: Der Tote vom Zentralfriedhof (Goldmann, 2014) Die deutsche Autorin und Journalistin Beate Maxian ist nicht nur nach Österreich übersiedelt, sie veranstaltet dort auch ein Krimi-Festival, und sie schreibt großartige Kriminalromane rund um die Journalistin Sarah Pauli mit Wien als Schauplatz: »Tödliches Rendevous« (2011), »Die Tote vom Naschmarkt« (2012) und »Tod hinter dem Stephansdom« (2013). »Der Tote vom Zentralfriedhof« ist ihr jüngstes Werk.

August Stauda: Ein Dokumentarist des alten Wien (Christian Brandstätter, 2005) Fast vergessen waren die Aufnahmen des Wiener Architektur- und Landschaftsfotografen August Stauda (1861–1928), der seine Heimatstadt Wien in mehr als 3000 Fotografien festgehalten hat. Nicht nur städtebauliche Veränderungen, sondern auch das Leben auf den Straßen hat Stauda beeindruckend dokumentiert. Der kleine Bildband enthält eine Auswahl seiner besten Bilder.

Diplomatische Vertretungen

Botschaft und Konsulat der Bundesrepublik Deutschland
🚩G 4

III., Strohgasse 14 c | U-Bahn: Stadtpark | Tel. 71 15 40 | www.wien.diplo.de | Mo 9–12, Di 13–16, Mi–Fr 9–12 Uhr

Schweizer Botschaft und Konsulat
🚩F 4

I., Kärntner Ring 12 | U-Bahn: Karlsplatz | Tel. 7 95 05 | www.eda.admin.ch | Mo–Fr 9–12 Uhr

Feiertage

1. Januar Neujahr
6. Januar Heilige Drei Könige
Ostermontag
1. Mai Tag der Arbeit
Christi Himmelfahrt
Pfingstmontag
Fronleichnam
15. August Mariä Himmelfahrt
26. Oktober Nationalfeiertag
1. November Allerheiligen
8. Dezember Mariä Empfängnis
25./26. Dezember Weihnachts- und Stephanitag

Geld

Fast jede Bankfiliale verfügt über einen Geldautomaten, an dem man mit EC- oder Kreditkarte Bargeld abheben kann. Das Bezahlen mit Kreditkarte ist in den Geschäften und Restaurants der Innenstadt, in größeren Hotels, bei ÖBB und Ticketschaltern normalerweise möglich, in kleineren Hotels, Restaurants, vielen Heurigen und auch einer Reihe von Geschäften hingegen nicht. Öffnungszeiten der Banken: Mo–Do 9–16.30, Fr 8–15 Uhr (kleinere Filialen haben mittags geschlossen).

Kartenvorverkauf

Karten für Theater, Oper, Konzerte und Sportveranstaltungen erhalten Sie an der Rezeption Ihres Hotels oder bei folgenden Adressen:

Bundestheater-Vorverkauf
🚩E 4

I., Operngasse 2 | Straßenbahn: Oper | Tel. 5 14 44 78 80 | www.bundestheater.at | Mo–Fr 8–18, Sa, So 9–12 Uhr

Vienna Ticket Office
🚩F 3

I., Kärntner Str. 51 | Straßenbahn: Wien Oper | Tel. 5 13 11 11 | www.viennaticketoffice.com

Wien-Ticket
🚩F 3

I., Kärntner Str. (neben der Staatsoper) | Straßenbahn: Wien Oper | Tel. 5 88 85 | www.wien-ticket.at | tgl. 10–19 Uhr

Links und Apps

LINKS

www.wien.info
Dies ist die wichtigste Website für Wien-Reisende. Bei der regionalen Tourismusorganisation findet man

hilfreiche Reisetipps, aktuelle Veranstaltungshinweise, Öffnungszeiten etc.
www.wien.gv.at
Auf der offiziellen Website der Stadt erhält der Wien-Besucher allgemeine Informationen und Hinweise auf das Kultur- und Freizeitangebot.
www.vienna.at bzw. **www.falter.at**
Hier gibt es Informationen über Veranstaltungen, Konzerte etc.
www.bundestheater.at
Aktuelle Programme der Bundestheater, z. B. Staatsoper und Burgtheater.
www.gaynet.at
Adressen von Restaurants, Hotels, Bars, Saunen etc., aber auch viel Kultur.

APPS
CityBikeApp
Wien hat ein sehr gutes Netz an Citybike-Stationen, die man mithilfe dieser App rasch findet.
iOS | 0,89 €
qando
Mit diesem Service der Wiener Linien erfährt man sofort, wann die nächste Straßenbahn, U-Bahn oder der nächste Bus fährt, inkl. Echtzeit-Angaben für alle Haltestellen.
iOS | gratis

Medizinische Versorgung
KRANKENVERSICHERUNG
Für Deutsche und Schweizer ist die Vorlage einer Europäischen Krankenversicherungskarte (EHIC) ausreichend. Als zusätzlicher Versicherungsschutz empfiehlt sich der Abschluss einer Auslandskrankenversicherung, da diese Krankenrücktransporte mitversichert.

KRANKENHAUS
Allgemeines Krankenhaus der Stadt Wien　　　　　　C1
IX., Währinger Gürtel 18–20 | U-Bahn: Michelbeuern-AKH | Tel. 40 40 00 | www.akhwien.at

APOTHEKEN
Apotheken sind in der Regel Mo–Fr von 8–12 und 14–18 sowie Sa von 8–12 Uhr geöffnet.
Graben Apotheke　　　　　　F3
I., Graben 7 | U-Bahn: Stephansplatz | Tel. 51 24 72 40

Nebenkosten
1 Tasse Kaffee .... 2,80 €
1 Bier .... 3,70 €
1 Cola .... 2,60 €

Klima (Mittelwerte)

	Januar	Februar	März	April	Mai	Juni	Juli	August	September	Oktober	November	Dezember
Tages-temperatur	4	5	9	14	21	25	28	27	24	18	12	6
Nacht-temperatur	-4	-4	0	5	11	17	20	19	16	10	4	-2
Sonnen-stunden	5	6	7	8	8	10	9	8	8	7	5	4
Regentage pro Monat	12	10	12	11	11	10	11	10	9	9	9	10

1 Brot (ca. 500 g) .... 2,60 €
1 Schachtel Zigaretten .... 4,50 €
1 Liter Normalbenzin ....1,20 €
Öffentl. Verkehrs-
mittel (Einzelfahrt) .... 2,20 €
Mietwagen/Tag .... ab 50,00 €

Notruf
Euronotruf Tel. 112
(Polizei, Feuerwehr, Rettungsdienst)

Post
Postämter haben in der Regel Mo–Fr
von 8–12 und 14–18 Uhr geöffnet. Rund
um die Uhr stehen das Hauptpostamt
(I., Fleischmarkt 19) und die Postämter
am Westbahnhof, am Südbahnhof und
am Franz-Josefs-Bahnhof zur Verfügung. Das Porto für eine Karte nach
Deutschland und in die Schweiz kostet
0,70 €, ein Brief (bis 20 g) ebenfalls.

Reisedokumente
Deutsche und Schweizer können mit
einem gültigen Reisepass oder Perso-
nalausweis (Identitätskarte) einreisen.
Kinder unter 16 Jahren benötigen einen
Kinderreisepass.

Reiseknigge
Als Deutscher und auch als Schweizer
kann man sich in Wien durchaus heimisch fühlen. Auf einige kleine Dinge
sollte man trotz der (weitgehend) gemeinsamen Sprache und Gebräuche
dennoch achten – wobei die meisten
Stolpersteine im Bereich Essen und
Trinken lauern (▶ S. 190): Klöße sind
in Österreich Knödel, Sahne ist
(Schlag-)Obers und Wiener Würstchen heißen Frankfurter. Vielfältig,
auch in der Namensgebung, sind vor
allem die Gerichte der Wiener Rind-

fleischküche. Fragen Sie also ruhig den
Kellner, wenn Sie sich nicht zwischen
Hieferscherzl und Vanillerostbraten
entscheiden können!
Den Kellner ruft man üblicherweise mit
»Herr Ober«. Wird man – meist in ei-
nem Kaffeehaus – trotzdem geflissent-
lich übersehen, sollte man das nicht zu
tragisch nehmen: Ins Kaffeehaus geht
man in Wien nicht, um schnell einen
Espresso zu trinken, sondern man si-
gnalisiert schon durch den Eintritt in
ein solches Etablissement, dass man
Zeit mitbringt.
Rauchen: Auch in Österreich ist das
Rauchen in Ämtern, Behörden, Flughäfen und auf Bahnhöfen untersagt. Eine
Ausnahme bilden spezielle Raucher-
zonen, die klar gekennzeichnet sind.
Anders ist es in Restaurants, Bars oder
Kaffeehäusern: Hier obliegt es dem
Besitzer, ob er sein Lokal als Raucher-
oder Nichtraucherlokal deklariert, vor-
ausgesetzt, die Gasträume sind kleiner
als 50 m². Größere Gaststätten können
getrennte Räumlichkeiten für Raucher
und Nichtraucher bereithalten. Bei einer Tischreservierung sollte man daher
immer hinzufügen, welchen Bereich
man bevorzugt.

Reisezeit
Die beste Reisezeit für Wien ist Frühling und Herbst. Der Winter bringt
auch in Wien des Öfteren Schneefall
und Frost, im Juli und August hingegen steigt die Temperatur schon mal
auf über 30 Grad. Niederschläge halten
normalerweise nicht allzu lange an.

Sicherheit
In Wien kann man sich in allen Stadtvierteln ohne Gefahr, ausgeraubt oder

bedroht zu werden, bewegen. Lediglich vor Taschendieben sollte man sich in Acht nehmen, sie sind zum Teil in der Innenstadt unterwegs. Tragen Sie Ihre wichtigsten Utensilien daher stets in Innentaschen bzw. Geldbörsen nicht in Gesäßtaschen.

Stadtführungen
Austria Guides

Bei der Wiener Fremdenführer-Vermittlung können Sie individuelle Führungen buchen. Die Preise liegen bei etwa 150 € für 2–3 Stunden.
www.austriaguides.at

Bike & Guide

Von April bis Oktober bietet Bike & Guide Führungen mit dem – eigenen oder geliehenen – Rad an (Kosten ab 112 € für 1–4 Personen). Voranmeldung notwendig.
Tel. 06 99/11 75 82 61 | www.bikeand guide.com

Fiaker

Die berühmten Pferdekutschen, von den Wienern »Zeugl« genannt, gibt es seit dem 17. Jh. Sie sind eine schöne, aber nicht ganz billige Alternative zur Stadtrundfahrt per Bus: 40 Minuten kosten rund 70 € – allerdings haben im Wagen fünf Personen Platz. Standplätze: Augustinerstraße vor der Albertina, Heldenplatz vor dem Erzherzog-Karl-Denkmal und Nordseite des Stephansdoms (alle im 1. Bezirk).

Verein Wiener Spaziergänge

Unter dem Motto »Wiener Stadtspaziergänge« werden diverse themenspezifische Routen angeboten: auf den Spuren von Mozart oder dem »Dritten

Mann« bis zum Unterirdischen Wien. Kinderführungen gibt es ebenfalls.
Die Spaziergänge dauern ca. 2 Stunden und kosten für Erwachsene 15 €, für Kinder 8 € (exklusive Eintritte).
Tel. 4 89 96 74 | www.wienguide.at

Vienna Sightseeing Tours

Viele verschiedene Führungen sind im Angebot, z. B. durch das Imperiale Wien. Zudem gibt es einen Hop-on-hop-off-Bus; unterwegs können Sie also jederzeit aus- und wieder einsteigen (Tageskarte 25 €, Kinder 12 €).
Tel. 71 24 68 30 | www.viennasight seeingtours.com

Strom

Die Spannung von 220/230 Volt entspricht dem Standard. Steckdosen ebenso, lediglich für Schweizer dreipolige Stecker ist ein Adapter notwendig.

Telefon
VORWAHLEN

D, CH ▸ A 00 43
A ▸ D 00 49
A ▸ CH 00 41
Vorwahl Wien 01

Ferngespräche innerhalb Österreichs sind nach Zonen gestaffelt, die günstigste ist die Regionalzone bis 50 km. Gespräche nach Deutschland oder in die Schweiz (Auslandszone 1) kosten derzeit rund 0,40 € pro Minute. Samstags und sonntags sowie zwischen 18 und 8 Uhr sind die Gebühren erheblich niedriger.
In Österreich stehen gegenwärtig drei verschiedene Mobilfunknetze zur Verfügung: A1, T-Mobile (mit Telering) und 3.

Tiere

Hunde und Katzen benötigen zur Einreise einen EU-Heimtierausweis (stellt der Tierarzt aus) mit Nachweis einer Tollwutimpfung. Das Tier muss durch einen Mikrochip identifizierbar sein.

Trinkgeld

Trinkgeld ist nicht obligatorisch, wird aber von Kellnern, Hotelpersonal und Taxifahrern gern angenommen. Üblich sind fünf bis zehn Prozent der Rechnungssumme, meist wird aber auf die nächsthöhere Zahl aufgerundet.

Verkehr

AUTO

Das Hauptproblem in Wien ist, einen Platz zu finden, wo man sein Auto länger als ein paar Stunden – und zu bezahlbaren Preisen – parken kann. Meist besitzen nämlich nur die größeren Hotels Parkplätze.

Man muss sich also entweder in eine Parkgarage begeben oder das Auto – innerhalb des Gürtels – in der Kurzparkzone abstellen. Diese gilt im 1. bis 9. und 20. Bezirk werktags von 9–22 Uhr, die maximale Parkdauer beträgt zwei Stunden.

In den Wiener Außenbezirken 12 und 14 bis 17 ist die Kurzparkzone werktags von 9–19 Uhr in Kraft. Die maximale Parkdauer beträgt hier drei Stunden. Kurzparkscheine, die man gut sichtbar hinter die Windschutzscheibe legt, erhält man in den Tabaktrafiken, bei Banken, auf Bahnhöfen und den Wiener Linien – die Kosten variieren zwischen 0,60 und 2,40 €.

Die günstigere Lösung: Außerhalb des Gürtels ist das Parken normalerweise kostenlos.

PARKHÄUSER

Garage am Hof ⚑ E 2/3
I., Am Hof

Tiefgarage Kärntner Straße ⚑ E 4
I., Kärntner Str. (neben der Staatsoper)

MIT DEM FAHRRAD

Wien ist eine überraschend fahrradfreundliche Stadt: Durch die gesamte Metropole kommt man ohne Schwierigkeiten mit dem Fahrrad. Einen Fahrradverleih findet man z. B. am Westbahnhof (Tel. 05 17 17) und bei PEDAL POWER (I., Elisabethstr. 13, und II., Ausstellungsstr. 3, Tel. 7 29 72 34, www.pedalpower.at).

Informationen über radfahrerfreundliche Unterkünfte und Sonstiges, was mit dem Rad zu tun hat, gibt es bei ARGUS Die Radlobby (IV., Frankenberggasse 11, Tel. 5 05 09 07, www.argus.or.at).

ÖFFENTLICHE VERKEHRSMITTEL

Wien ist optimal mit öffentlichen Verkehrsmitteln erschlossen. Fünf U-Bahn-Linien, Straßenbahnen, Busse – und alle sind mit demselben Ticket zu benutzen.

Die Einzelfahrt kostet 2,20 €, die 24-Stunden-Karte 7,60 €, die 48-Stunden-Karte 13,30 €, die 72-Stunden-Karte 16,50 € und die 8-Tage-Klimakarte, die von mehreren Personen benutzt werden kann, 38,40 €. Recht günstig ist auch die Wochennetzkarte für 26,90 €, die von Montag bis Montag ab 9 Uhr gilt. Kinder bis 6 Jahre fahren generell gratis, Kinder bis 15 Jahre an Sonn- und Feiertagen und während der Schulferien ebenfalls.

www.wienerlinien.at

TAXI

Taxis sind durch das Dachschild »Taxi« gekennzeichnet. Es gibt rund 200 Standplätze. Der Fahrpreis wird nach Taxameter berechnet, höhere Tarife an Sonn- und Feiertagen und nachts sowie für Funktaxis.

Funktaxi Tel. 3 13 00, 4 01 00, 6 01 60

Wien-Karte

Die Wien-Karte ist in interessantes Angebot für Leute mit großem Besichtigungsprogramm: Alle City-Bummler über 15 Jahre können mit dieser Karte zum Preis von 13,90 oder 21,90 € bzw. 24,90 € 24 oder 48 bzw. 72 Stunden lang U-Bahn, Bus und Straßenbahnen benutzen. Außerdem erhält man Vergünstigungen in 210 Museen, Sehenswürdigkeiten und Restaurants. Erhältlich im Hotel, bei der Wiener Tourismusinformation und bei den Vorverkaufsstellen der Wiener Linien.

www.wien.info

Zeitungen und Zeitschriften

Die Stadtzeitung »Falter« erscheint jeden Mittwoch. Auch die großen Tageszeitungen informieren über Veranstaltungen, Museen etc.

Zoll

Reisende aus Deutschland dürfen für den privaten Gebrauch Waren abgabenfrei mit nach Hause nehmen. Bestimmte Richtmengen sollten jedoch nicht überschritten werden (z. B. 800 Zigaretten, 90 l Wein, 10 kg Kaffee). Weitere Auskünfte unter www.zoll.de und www.bmf.gv.at/zoll.

Reisende aus der Schweiz dürfen Waren im Wert von 300 SFr abgabenfrei mit nach Hause nehmen, wenn diese für den privaten Gebrauch bestimmt sind. Tabakwaren und Alkohol fallen nicht unter diese Wertgrenze und bleiben in bestimmten Mengen abgabenfrei (z. B. 200 Zigaretten, 2 l Wein). Weitere Auskünfte unter www.zoll.ch.

Entfernungen (in Minuten) zwischen wichtigen Sehenswürdigkeiten
* mit öffentlichen Verkehrsmitteln

	Belvedere	Burgtheater	Hofburg	Kapuzinergruft	Karlsplatz	Prater	Schönbrunn	Staatsoper	Stadtpark	Stephansdom
Belvedere	–	15*	25*	20*	20*	30*	45*	15*	20*	25*
Burgtheater	15*	–	10	20*	20*	25*	40*	15*	15*	15
Hofburg	25*	10	–	5	10	30*	40*	10	10*	10
Kapuzinergruft	20*	20*	5	–	15	30*	40*	5	10	10
Karlsplatz	20*	20*	10	15	–	20*	25*	10	10	10*
Prater	30*	25*	30*	30*	20*	–	45*	25*	20*	25*
Schönbrunn	45*	40*	40*	40*	25*	45*	–	30*	30*	30*
Staatsoper	15*	15*	10	5	10	25*	30*	–	15	10
Stadtpark	20*	15*	10*	10	10	20*	30*	15	–	10
Stephansdom	25*	15	10	10	10*	25*	30*	10	10	–

ORTS- UND SACHREGISTER

Wird ein Begriff mehrfach aufgeführt,
verweist die **fett** gedruckte Zahl auf die Hauptnennung.
Abkürzungen: Hotel [H] · Restaurant [R]

Liebe Leserinnen und Leser,

vielen Dank, dass Sie sich für einen Band aus unserer Reihe MERIAN *momente* entschieden haben. Wir freuen uns, wenn Ihnen der Reiseführer gefällt. Wenn Sie aber Anregungen, Korrekturen oder Kritik haben, zögern Sie bitte nicht, uns zu schreiben. Denn das hilft uns, MERIAN *momente* noch besser zu machen.

Alle Angaben in diesem Reiseführer sind gewissenhaft geprüft. Preise, Öffnungszeiten usw. können sich aber schnell ändern. Für eventuelle Fehler übernimmt der Verlag keine Haftung.

© 2017 GRÄFE UND UNZER VERLAG GmbH, München
MERIAN ist eine eingetragene Marke der GANSKE VERLAGSGRUPPE.

GRÄFE UND UNZER VERLAG
Postfach 86 03 66
81630 München
merian-momente@graefe-und-unzer.de
www.merian.de
Tel. 0 89/41 98 19 41

Alle Rechte vorbehalten. Nachdruck, auch auszugsweise, sowie die Verbreitung durch Film, Funk, Fernsehen und Internet, durch fotomechanische Wiedergabe, Tonträger und Datenverarbeitungssysteme jeglicher Art nur mit schriftlicher Genehmigung des Verlages.

BEI INTERESSE AN MASSGESCHNEIDERTEN MERIAN-PRODUKTEN:
veronica.reisenegger@graefe-und-unzer.de

BEI INTERESSE AN ANZEIGEN:
KV Kommunalverlag GmbH & Co KG
Tel. 0 89/9 28 09 60
info@kommunal-verlag.de

2. Auflage 2017

REDAKTIONSLEITUNG
Susanne Kronester
REDAKTION
Wilhelm Klemm
LEKTORAT
Helga Thamm
BILDREDAKTION
Tobias Schärtl
SCHLUSSREDAKTION
Ulla Thomsen
HERSTELLUNG
Bettina Häfele
SATZ/TECHNISCHE PRODUKTION
Grizeto Verlag, Irsee
REIHENGESTALTUNG
Independent Medien Design, Horst Moser, München (Innenteil), La Voilà, Marion Blomeyer & Alexandra Rusitschka, München und Leipzig (Coverkonzept)
KARTEN
Kunth Verlag GmbH & Co. KG für MERIAN-Kartographie
DRUCK UND BINDUNG
Printer Trento, Italien

Ein Unternehmen der
GANSKE VERLAGSGRUPPE

PEFC/18-31-506

BILDNACHWEIS
Titelbild (Naturhistorisches Musem), Getty Images: S. Sonnet
Alamy: v. de bernardo 70, franky242 58, volkerpreusser 65 | ALIMDI.NET: S. Auth 22 | Anzenberger: T. Anzenberger 51, 114, R. Riedler 46 | Bildagentur Huber: G. Filipp 29, R. Massimo 159, R. Schmid 34, 88, 156–157 | bridgemanart.com: 171l | ddp images: L. Strauss 44 | dpa Picture-Alliance: allOver/VSL 63, W. Gredler–Oxenbauer 131, R. Hackenberg 126, M. Hombauer 125, E. Weiss 165 | C. Eder: 9 | F1online: 148, Austrophoto 132 | Fotolia: M. Desscouleurs 172, Kimsonal 13r | gemeinfrei: 170, 171r, 173l, 173r, 174l, 175 | Getty Images 141 | GlowImages: 6, 84, 128 | Heuriger Wieninger: 37 | Hotel Kugel: 25 | images.de: Art Archive 192o | IMAGO: 53, Caro 106, imagebroker 12, 152, United Archives Internatio 136, Viennareport 42 | iStockphoto: J. Sedmak 108 | JAHRESZEITEN VERLAG: GourmetPictureGuide 118 | L. Ilgner 57o | laif: P. Adenis 94, 154, Gladieu/Le Figaro Magazine 57, 72, G. Haenel 4–5, G. Knoll 50, L. Maisant/hemis.fr 41, 69, 112, P. Rigaud 14, E. Rois & B. Stubenrauch 13l, M.-O. Schulz 67, 78, B. Steinhilber 20–21, 138, 26 | look–foto: 55–56 | mauritius images: Alamy 49, 105, 142, 146, 166–167, imageBROKER 15, 120, E.-G. Kohout 162, United Archives 30 | A. Riedmiller: 161 | Schapowalow: O. Fantuz/SIME 81 | Steiereck: 56u | studio for photography LLC: T. Schauer 16 | Süddeutsche Zeitung Photo: W. Weiss 2 | vario images: Bildagentur Waldhaeusl 192u, imageBROKER 168, 38 | C. Wagner: 19 | F. West: 56o

KULINARISCHES LEXIKON

A

Abschmalzen – in erhitztem Fett
schwenken

Achterl – Achtelliter, kleinstes Wein-
maß

Aschanti – Erdnuss

B

Beinfleisch – Rindfleisch von der
Brust (Brustbein)

Beugel – Mürbgebäck mit Mohn- oder
Nussfüllung

Beuschel – geschnetzelte Lunge in
Mehlsauce, meist mit Knödel

Blunzn – Blutwurst

Brettljause – kalte Platte (Speck,
Wurst, Käse)

Buchteln – Hefegebäck, manchmal mit
Powidl gefüllt; wird vorzugsweise
heiß serviert (mit Vanillesauce)

Burenwurst – Brühwurst

E

Eierschwammerl – Pfifferling

Einspänner – Mokka im Glas mit
Schlagsahne

Eitrige – Käsekrainer

Erdäpfel – Kartoffeln

Erdäpfelschmarrn – Röstkartoffeln

Extrawurst – preiswerte Wurstsorte
(Fleischwurst)

F

Faschierte Laberln – Frikadellen,
Buletten

Faschiertes – Hack (meist Rind und
Schwein gemischt)

Fiakergulasch – Gulasch mit Würstchen, Gurke und Ei

Fisolen – grüne Bohnen

Frittaten – Suppeneinlage aus Pfann-
kuchenstreifen

G

Germteig – Hefeteig

Golatschen – gefüllte Mürbteigtaschen

Großer Brauner – großer Espresso mit
Milch

Gselchtes – Geräuchertes

G'spritzter – Weinschorle

H

Häuptelsalat – grüner Salat

Heiße (auch Haaße, Burenhäutl,
Burenwurst) – an Würstelständen
verkaufte Brühwurst – schwer, fett,
stark gewürzt

Herrenpilz – Steinpilz

Hieferscherzl – Stück von der oberen
Rindskeule

Holler – Holunder

K

Kaiserfleisch – geräucherter Schweine-
bauch

Kapuziner – kleiner Mokka, mit
wenig Obers und etwas geriebener
Schokolade bestreut

Karfiol – Blumenkohl

Karree – Rippenstück

Kleiner Brauner – kleiner Espresso mit
Milch

Klobasse – mit Paprika gewürztes
Würstchen

Kracherl – Limonade mit Fruchtge-
schmack

Krautfleckerl – gedünsteter Weißkohl
mit Teigwaren

Kren – Meerrettich

Kruspelspitz – mageres Fleisch von der Rinderflanke

Kukuruz – Mais

L

Laberl – längliches Brötchen

Letscho – Sauce aus Paprika, Tomaten und Zwiebeln

Liptauer – Streichkäse (Quark, Paprika, Zwiebel, Kümmel, Butter, Kapern)

Lungenbraten – Lendenbraten

M

Malakofftorte – Creme-Biskuittorte

Melange – kleiner Espresso mit viel geschäumter Milch

Millirahmstrudel – Strudel aus Milch, Rahm und Quark, mit Vanillesauce

Mohnnudeln – Germ- oder Kartoffelteigrollen, mit Mohn, Zucker und Butter übergossen

Mohr im Hemd – Schokoladenbiskuit mit Schokosauce und Sahne

O

Obers – Sahne

P

Palatschinken – gefüllter Pfannkuchen

Paradeiser – Tomate

Pofesen – böhmische Nachspeise aus Weißbrot und Pflaumenmus

Powidl – zähflüssig-dickes Pflaumenmus, als Fülle in Mehlspeisen

R

Ribiseln – Johannisbeeren

Russen – Bismarckheringe

S

Scherzl – Anschnitt des Brotlaibs

Schinkenfleckerln – Auflauf aus Teigwaren und Schinkenstücken

Schlögel – Kalbs- oder Hammelkeule

Schöberl – Suppeneinlage aus Biskuitteigwürfeln

Schwammerl – Pilz

Schwedenbombe – Schokokuss

Seiderl – Glas zu 0,3 l mit Bier

Selchfleisch – geräuchertes Fleisch

Selchkarree – Kasseler

Stamperl – Schnapsglas

Stelze – Haxe (Eisbein)

Striezel – Hefeteigzopf

Sturm – noch gärender Wein (Federweißer)

Surbraten – gebeiztes, nicht geräuchertes Schweinefleisch

T

Tafelspitz – gekochtes Rindfleisch

Topfen – Quark

Topfenstrudel – Blätterteig mit Quarkfüllung, warm oder kalt

V

Vanillerostbraten – gebratenes Rindfleisch in Sauce, mit Knoblauch

Verhackerts – Brotaufstrich aus gehacktem Speck

Verlängerter – Kaffee mit heißem Wasser verdünnt

Vogerlsalat – Rapunzelsalat

W

Weckerl – längliches Brötchen

Weinberl – Rosine

Z

Zubiss – die Torte zum Kaffee

Zuckerln – Bonbons

Züngerl – Kalbszunge

Zwetschkenröster – Kompott aus gedünsteten Pflaumen

WIEN GESTERN & HEUTE

Die **Gloriette** entstand 1775 als Hauptblickfang des Gartens von Schloss Schönbrunn. Die Kaiserfamilie pflegte vom nördlich gelegenen Schloss Schönbrunn hier-
her zu flanieren. Später diente sie als Speise- und Festsaal sowie als Frühstückszim-
mer für Kaiser Franz Joseph I. Dieser Bestimmung kommt der barocke Pavillon
auch heute wieder nach – beim Sisi-Frühstück (▶ S. 15) mit Livemusik, bei dem der
berühmte Guglhupf mit kandierten Veilchen serviert wird.